가족과 함께한 30일간의 유럽 여행

# 빵점 아빠,
# 가족을 품다

사진·글 정운성

도서출판 맑은샘

Prologue

가족 유럽 여행을
준비하면서

2014년 1월 1일 오늘은 고관절 수술을 하기 위해서 입원하는 날이다. 2013년 8월에 아버지께서 먼저 고관절 수술을 하다가 과다 출혈과 뇌경색으로 쓰러져 계시는 모습을 보고 조심스럽게 결심한 수술이었다. 처음에 염려했던 것보다 양쪽 고관절 수술은 4시간 동안이나 진행되었는데 의사 선생님은 비교적 성공적인 수술이라고 하셨으며, 처음에 염려했던 것보다는 수술결과가 좋았다. 또한 재활 과정을 통해서 2개월 만에 상해에 있는 집으로 돌아올 수 있었으며 현재의 건강은 50여 년 만의 최고로 좋은 상태이다. 25년 후의 나의 모습이 되어버린 아버지의 모습을 보면서 결정한 수술로 인해서 나는 가족을 새롭게 바라볼 수 있었다. 수술이란 과정을 통해서 나를 스스로 돌아볼 수 있는 시간을 가질 수 있었다. 특히, 아내와 두 자녀를 위해서 무엇을 할 것인가에 관해 고민하다가 결심한 것이 가족과 함께하는 여행이었다. 구체적인 계획은 2015년 초부터 준비하였다. 처음에는 2주 정도의 일정이었는데 욕심을 내서 30일의 여행을 계획하게 되었다. 최종 선택한 국가는 5개국 13개 도시로 확정하였다. 상해에서 출발하여 인천을 거쳐 영국, 프랑스, 스위스, 오스트리아, 이탈리아에서 아랍에미레이트를 거쳐 상해로 돌아오는 일정이었다.

처음 가족여행을 계획했을 때 예산의 확보와 여행지 선정, 여행 날짜 확정, 각자의 역할 분담 등 많은 어려움이 있었다. 또한 여행 시 느끼는 새로운 환경과 낯선 문화적 차이에서 오는 두려움도 있었으나 가족여행의 좋은 점은 혼자가 아닌 함께라는 사실을 알게 되었다. 또한 가족 여행을 통해서 사소한 의견 대립이 자주 발생하였으나 결국 시간이 지나면서 가족공동체의 중요성을 서로 알게 되었다.

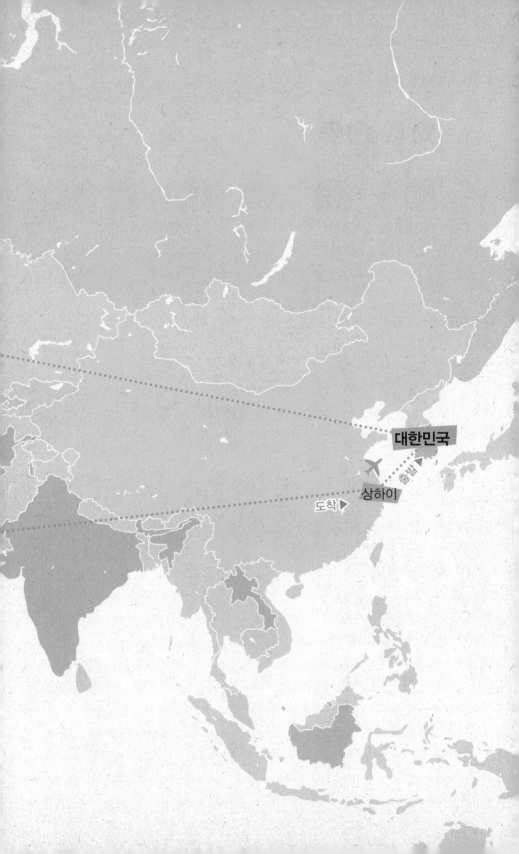

# ＃ 여행일정

**Jul 06**
**중국**
상해

✈

**Jul 07**
**대한민국**
인천공항

**Jul 08**
**영국**
캠든 록 마켓,
대영박물관

**Jul 09**
**런던**
내셔널 갤러리,
빌리 엘리어트
뮤지컬

**Jul 10**
**런던**
세븐 시스터즈

**파리**
살바도르 달리
박물관,
몽마르트 언덕
**July 14**

**Jul 13**
**프랑스**
개선문,
바토무슈,
샤요 궁,
에펠탑

**Jul 12**
**런던**
테이트 모던,
떼제베

**Jul 11**
**런던**
차이나 타운
길거리 공연,
런던아이,
빅벤,
타워교,
커미트먼트
뮤지컬

**파리**
베르사유 궁전
**Jul 15**

**Jul 16**
**파리**
루브르 박물관,
오르세 미술관

**Jul 17**
**스위스**
인터라켄

**Jul 18**
**인터라켄**
융프라우,
그린데발트,
피르스트

**Jul 21**
**취리히**
니더도르프
거리,
취리히 호수

**Jul 20**
**취리히**
루체른 호수

**Jul 19**
**인터라켄**
퐁듀,
패러글라이딩,
호수 피크닉

**Jul 22**
오스트리아
잘츠부르크

**Jul 23**
잘츠부르크
미라벨 정원,
게트라이데
거리

**Jul 24**
잘츠부르크
비엔나
오케스트라,
호엔잘츠부르크 성

**Jul 25**
잘츠부르크
할슈타트

**Jul 28**
피렌체
피렌체 시티
투어 버스,
미켈란젤로 광장

**Jul 27**
베네치아
산 마르코 광장,
리도 디
베네치아

**Jul 26**
이탈리아
베네치아

**Jul 29**
피렌체
산타 마리아
노벨라,
두오모,
산 로렌초
성당 투어

**Jul 30**
이탈리아
로마,
유피지 미술관

**Jul 31**
로마
로마 시내
관광 버스 투어

**Aug 01**
로마
버티칸시국

**Aug 02**
로마
포로 로마노,
콜로세움

**Aug 03**
아랍에미리트
두바이

**Aug 04**
중국
상해

Chapter 1

대 한 민 국

✈

**2015.07.06-07.07** **대한민국** 서울

상해 서포대교 徐浦大桥 에서
서울의 인천대교 仁川大桥 로

　갑작스러운 메르스 확산으로 애초 인천에서 출발하기로 한 일정을 취소하고, 상해에서 출발하기로 하였다. 북경에서 대학교를 다니는 차홍이는 2주 전에 내려와서 유럽 여행에 관해서 준비했었고, 서울에서 대학교를 다니는 우형이는 출발하기 이틀 전인 7월 4일에 상해에 도착하였다. 2년 만에 갖는 가족 간의 오붓함이었다. 차홍이는 2012년 1월에 북경으로 유학을 갔고 우형이는 2014년 1월에 서울로 유학을 떠나 그간 우리 부부만 상해에 남아 있었다.

　차홍이는 현재 칭화대학교에서 패션디자인을 전공하고 있고, 우형이는 현재 한양대학교에서 경영학을 전공하고 있다. 전체적인 유럽 여행 일정은 7월 6일에 상해를 출발하여 7일 인천을 거쳐서 런던에 도착하고, 29일 후인 8월 4일 상해로 돌아오는 일정으로 유럽여행을 계획하였다.

민항체육관을 옆으로 두고 외환고속도로를 타고 서포대교徐浦大桥를 막 건너는데 소나기가 쏟아지기 시작했다. 아침부터 하늘이 흐려져 있었는데 갑자기 빗방울이 쏟아졌다. 다리 위의 서포대교라는 문구가 눈에 들어왔다. 서포대교는 중국말로 쉬푸따차오라는 뜻으로 쉬徐는 한글로 서徐씨가 많은 지역을 뜻하며 포浦는 포구浦口의 의미하며 '따차오大桥'라는 말은 대교大橋라는 뜻이며 정확한 중국식 명칭은 '쉬푸따차오徐浦大桥'라고 표현하며 한글로는 서포대교로 이야기할 수 있다. 평상시에는 별로 보지 않았던 서포대교의 이름이 나의 눈에 들어왔다.

서포대교를 지탱해주는 중앙 기둥을 중심으로 앞, 뒤편에 원근법의 형태를 보이고 있었으며 바닥으로 뻗어있는 밧줄의 조형적 선의 모습이 흡사 종이 위에 연필로 그려지는 조형적 선의 형태보다도 선명하게 드러났다. 대교의 규모를 짐작할 수 있는 순간이었다. 푸동공항에 도착할 무렵에는 빗방울의 속도는 물론이고 소나기의 강도가 좀 더 세게 들려왔다. 혹시 오늘 비행기가 이륙할 수 있을까 하는 조바심이 나기도 하였다. 유럽여행의 시작은 이렇게 비를 맞으면서 시작하였다. 집에서 출발해서 민항체육관 근처의 사무실을 거쳐 외환선을 이용하여 서포대교를 거쳐서 푸동국제공항上海浦东国际机场에 도착했는데 아직도 비는 멈추지 않았다.

상해 푸동에서 인천 공항까지는 1시간 40분 밖에 걸리지 않았다. 정확히 2시간이면 중국 상해에서 한국 인천으로 올 수 있는 가까운 거리였다. 인천 공항에 도착해 보니 평상시 보이지 않았던 한국 전통문화를 접할 수 있었다. 정확히 말하면 2007년 홍차오 공항과 김

포 공항의 연계 운항이 시작되면서 2007년 이전에는 푸동 공항을 이용했으나 이후부터는 대부분 홍차오 공항을 이용했었기에 인천 공항의 한국 전통문화에 대해서 접하지 못한 것이었다. 공항에 내려 이미그레이션Immigration에 도착하기까지 복도에 전시되어 있던 비주얼 소나무, 솟대, 얼굴 무늬 수막새, 양반탈, 각시탈, 부녀탈, 저고리, 한국의 장 문화, 한국 방문 포스터 등이 우리 가족을 포근하게 반겨 주었다.

또 하나, 이미그레이션에 못 미쳐서는 최근 중동 호흡기증후군 MERS 관련 발열, 기침, 호흡 곤란 등의 증상이 있으면 신고해 달라는 홍보 피오피POP가 서울을 방문하는 인천 공항 내에 비치되어 있었다. 2003년에 중국 상해에서 사스를 경험한 터라 한국의 상황은 이야기하지 않아도 어느 정도 짐작할 수 있었다.

원래 장녀인 차홍이도 S 병원에서 2년 전에 무릎 수술을 해서 무릎 부분에 대한 검사를 받고 12월에 무릎 안에 넣은 물질을 빼는 수술을 해야 하는데, 메르스의 영향으로 연기했다. 6월 말 한국에 들어

와서 S 병원에서 검사를 받고 7월 초에 여행을 가려고 계획했던 것이 메르스 때문에 취소되었고, 한국 인천에서의 출발이 아니라 상해에서 출발하게 된 것도 같은 이유에서였다.

인천 공항을 빠져나와 인천대교를 건너는데 상해의 비 오는 날씨와는 정반대의 쾌청한 날씨였다. 역시 한국의 날씨가 좋다는 즐거움도 잠시, 우리를 인천의 차홍이 친구네 집에 가는 동안 택시 운전사의 엄청난 과속에 모두 숨죽이고 있었다.

인천 공항에서 인천 연수동까지 시속 160~180km로 달리고 있었으며, 그것도 정상적인 도로 운행이 아니라 갓길을 이용한 소위 20년 전 총알택시의 모습을 하고 있었다. 운행 도중에 급하지 않으니 천천히 가셔도 된다고 했지만, 대답 없이 총알처럼 숙소에 도착하였다. 인천 공항에서 택시의 승차를 도와주신 안내원이 내게 준 택시 이용 시 고객 불만 신고서가 내 손에 있는 것을 잊고 있었다. 차에서 내릴 무렵 신고서를 가져가도 되느냐고 물어보니 "가져가세요" 하는 것이었다. "가져가서 불편하면 신고하셔도 됩니다." 라는 말이 빈정대는 투로 들렸다. 가족 모두가 이러한 기사의 말에 할 말을 잃었다. 차홍이, 우형이가 "아빠, 신고해야 하는 거 아녜요?"라고 했는데, 내일 런던으로 출발하기 때문에 시간을 내어서 신고하기는 무리였다. GDP 34,000달러(2014년)로 세계 22위인 대한민국, 선진국 대열에 합류한 일류 국가라 해도 무방한 나라인데, 20년 전에나 성행했던 총알택시가 2015년 7월 인천 국제공항에도 있다는 사실이 상당히 놀라웠다. 아이들 보기에도 한편으로 민망했다.

얼마나 가슴이 아팠는지 모른다. 외국 사람들이 처음 도착하는 국제공항인데, 의식 없는 운전사의 행동 하나가 국격을 얼마나 손실시키는지를 알기에 너무 서글펐다. 오히려 내가 국가를 대신해서 미안하다는 이야기를 하고 싶었다.

시간이 있었으면 꼭 신고하고 싶었다. 다시는 그런 불친절로 인해 상처받는 일이 없도록. 그 택시 기사의 생각은 그다음 날까지 잊을 수가 없었다.

그렇게 해서 도착한 인천 연수동의 첫 번째 숙소에 도착했다. 연수동의 숙소는 차홍이의 친구 집이며, 이번 여행은 인천을 거쳐서 유럽으로 간다고 하니, 흔쾌히 집을 내주셨다. 무척 고마웠다. 차홍이 친구의 부모님께서 중국에 계셔서 비어 있는 집에서 1박 하고 다음 날 아침 일찍 인천 공항에서 출발하여 런던에 도착하는 일정이었다.

# 07.07 대한민국 인천에서 런던으로

둘째 날 아침 어제 준비한 아침을 간단하게 먹고 인천 공항에 도착했는데, 날씨가 무척 맑았고 공항 안쪽으로 '세계 공항 서비스 평가 10년 연속 세계 1위'라는 현수막이 보였다. 어제는 후진국의 전형적인 서비스를 보고 오늘은 선진국 전형적인 모습을 보면서 어제의 일을 잊고 싶었는데, 오늘 공항의 좋은 모습보다는 어제 그 기사님의 얼굴이 떠오르는 건 아마 해외에 오랫동안 살면서 느끼는 모국을 사랑하는 마음의 표현이 아닐까 싶다. 공항 내 기둥 곳곳에 보이는 10년 연속 1위 평가라는 표어가 나의 마음을 설레게 했다.

또한, 상해에서 출발하지 않고 메르스의 영향으로 스케줄이 바뀌는 과정을 통해서 인천에서 런던으로 출발하게 된 것이 가족의 여행 일정에 좋은 의미로 다가왔다. 물론 아시아나항공을 타고 유럽의 심장부인 런던으로 가서 가족과 함께 여행하는 것도 가슴 벅찬 감동이었다. 비행기 탑승권을 자동 발급기에서 뽑고 나서 데스크에 가서 아시아나 항공사 직원의 친절한 서비스에 감동하였다. 역시 글로벌 아시아나 항공사였다.

그리고 인천 공항과 아시아나 항공사의 친절한 미소가 유럽으로 가는 우리 가족의 마음을 기분 좋게 만들었다. 여행의 필수품인 핸드폰 로밍은 우형이 핸드폰으로 하기로 했다. 유럽 어느 곳에서도 사용할 수 있는 와이파이를 장착하기 위하여 SK 로밍^Roaming에서 신청을 하였으며, 직원들이 신속하게 처리를 해 주었다. 입국 수속을 마치고 이미그레이션을 통과하면서 공항의 입출국 프로세스는 세계 최고라는 느낌을 받았다. 정체되는 시간도 적었으며 군더더기 없는 입국 과정

은 왜 인천 공항이 세계 공항 서비스 평가 10년 연속 세계 1위 국제공항인지를 알게 해주었다.

입국장을 통해서 내 눈에 들어온 것은 두 가지였다. 첫째는 한류의 선두 주자인 화장품은 물론 의류, 패션 매장, 둘째는 한국의 문화 상품이었다.

내 눈에는 그러한 한류의 화장품, 의류, 패션 상품은 물론이고 대한민국 문화 상품도 다양하게 전시된 것으로 보였다. 아마 직업의식에서 나오는 어쩔 수 없는 행동이 아닐까 싶다. 나에게는 31년 전부터 함께했던 절친한 친구가 바로 카메라이다.

1980년 초 대학에 입학하고 나서부터 사진반 동아리를 시작으로 현재까지 카메라는 사랑하는 아내와 차홍이, 우형이보다도 더 먼저 알고 지낸 사이이다.

제일 사랑하는 영원한 나의 친구이자 여행 때는 특히 빠짐없이 함께하는 나의 절친한 동반자이며 삶의 방식이며 꿈이라고 할 수 있다. 나의 시각과 생각을 정리·보관해 놓는 유일한 도구이기도 하다.

처음 유럽 여행을 시작할 때 아내는 물론이고 차홍이와 우형이를 포함해서 가족 모두가 반대한 나의 유일한 품목은 풀 프레임 캐논 카메라였다. 무게가 상당히 나가며 특히 유럽 여행지에 도둑이 많아서 잃어버릴 수 있다고 모든 식구가 반대했으나, 나는 카메라를 두고 갈 수가 없었다. 핸드폰도 좋은데 뭐 그리 큰 카메라를 들고 가느냐고 아내가 이야기할 때는 아무 대꾸도 하지 않았다. 30년 넘게 함께 동고 동락한 친구를 두고 가는 것은 나의 꿈을 버리라고 하는 것과 같은 의미여서 반대하는 가족에 대해서 아무 말 하지 않았다. 단 잃어버리지 않고 가족들에게 누가 되지 않겠다고 결심하고 카메라를 들고 여행을 갈 수 있었다.

United
Kingdom

*Chapter 2*

영          국

**2015.07.08-07.12 영국** 런던·브라이튼·세븐 시스터스

런던의 히드로국제공항<sup>Heathrow Airport</sup>에
도착하여 킹스크로스 역<sup>King's Cross railway station</sup>으로 출발

인천에서 출발한 지 11시간 만에 런던에 도착하였다. 히드로국제공항<sup>Heathrow Airport</sup>에는 많은 외국인이 런던 입국을 줄지어 기다리고 있었다. 여름철에는 워낙 외국인들이 많아서 런던 입국을 위해서는 시간이 오래 걸렸다. 영국은 1900년대를 전후해서 많은 식민지를 거느린 '영원히 해가 지지 않는 나라'라는 것을 대기하면서 그 광경을 볼 수 있었다. 이미그레이션에서 입국 심사를 하는 사람은 인도 계통의 사람들과 흑인과 백인 등 세 부류로 보였다. 그런데 특히 백인이 하는 입국 심사 쪽으로 사람이 많이 몰리는 것을 볼 수 있었다.

보통 백인들이 인도나 흑인들보다 입국 수속이 쉽다는 것은 미리 알았다. 영국에는 밀입국자가 상당히 많다. 이곳에 밀입국하면 유럽의 어디라도 갈 수 있다. 또한, 이곳에서는 여행자들 이외에는 입국 심사가 까다롭기로 유명하다. 여행하는 사람은 금방 돌아가는데 그

렇지 않은 사람들은 불법으로 이곳 영국에 머물기 때문에 입국 수속을 엄하게 하였다. 과거 인도는 영국의 지배 아래에 있었기 때문에 그곳에서 이민 온 사람들이 출입국 관리소에서 근무하는 경우가 많은데, 이들의 출입국 심사는 상당히 엄격했다.

우리 가족은 어렵지 않게 런던의 이미그레이션을 통과할 수 있었다. 공항을 빠져나와 짐을 찾고 전철을 타기 위해 사인을 보면서 자리를 이동했다. 이때부터는 가이드를 맡은 우형이가 안내하였다. 우형이는 핸드폰을 켜고 와이파이를 연결해 구글에서 런던 전철을 입력하더니 자기를 따라오라고 했다.

구글을 통해서 위치를 파악하고 우형이의 지시에 따라 가족은 일사불란하게 움직였다.

첫 번째는 지하철 티켓을 구매하여 히드로국제공항 전철역에서 전철 티켓을 구매하려고 줄을 섰는데 우리와 똑같이 매표소 근처를 서성이던가 앉아서 기다리는 관광객이 뜻밖에 많았다.

히드로국제공항 전철역에서 한 번에 가는 전철은 없었으며 첫 번째 전철 안에서는 아내와 차홍이 그리고 내가 건너편에 앉았으며, 우형이는 다정한 연인이 앉아있는 우리 맞은편에서 앉았는데 꽤 어색한 표정을 짓고 있었다.

두 번째 기차로 환승할 때는 엘리베이터가 없어서 무거운 짐을 들

고 계단을 올라가거나 내려갈 수밖에 없었다. 그러한 과정을 통해서 킹스크로스 역행 기차를 타게 되었다. 건너편에 앉아서 있던 우형이가 무슨 일이 있는지 손짓을 하고 있었는데 그 당시에는 왜 그런지 알 수 없었으나 게스트하우스에 들어와서 그 사실을 알게 되었다.

우형이 핸드폰에 찍혔던 화면은 피곤함에 지쳐서 우형이 어깨에 기대어 자는 사람의 머리가 화면에 들어왔다. 런던에서 맞이한 갑작스러운 환경을 우형이는 즐기는 듯하였다. 웃으면서 촬영한 화면이 인상적이다.

전철 환승을 통해서 킹스크로스 역<sup>King's Cross railway station</sup>에 도착하였다. 킹스크로스 역사 근처에는 많은 사람이 오가는 거리였다. 바로 옆에는 프랑스로 가는 기차도 이곳에서 출발하니 한국으로 보면 서울역쯤 되는 곳이다. 킹스크로스역에 도착하여 게스트하우스에 전화를 했는데 아주머니께서는 와이파이를 켜고 걸어서 오면 10분 걸리는 곳에 있다고 하였다. 무거운 짐을 들고 걸어서 그랬는지 킹스크로스

역에서 내려 30분 가량을 걸어서 도착했는데 뜻밖에 민박집은 교통이 편리한 곳에 있었다.

주인아주머니의 상세한 안내를 통해서 이곳의 규칙을 들을 수 있었다. 제일 중요한 것은 아침 식사였는데 항상 7시 30분부터 9시까지 1시간 30분이 식사 시간으로 정해져 있었다. 이곳에는 이미 주인아주머니랑 친한 관광객이 있었는데 아마도 며칠 전에 온 손님으로 보였다. 대학생, 자매, 형제와 직장인들로 구성된 다양한 손님들이 있었으나 우리처럼 한 식구가 함께 온 사람들은 보이지 않았다. 특히, 테니스 교사 자격증을 따기 위해 런던에 왔다는 대전 아저씨가 기억에 남았다. 아침 일찍 식사하고 저녁 늦게까지 운동하고 돌아오는 30대 중반의 사람이었는데, 열심히 노력하는 모습이 보기 좋았다.

런던의 첫날밤은 이렇게 지나갔다.

# 07.08 캠든 타운 Camden Town 에서 만난 다양한 패션 매장

런던의 일정 중에서 첫 번째 찾아간 곳은 한국의 이태원이라고 할까? 아니 이태원보다는 좀 더 규모가 크고 강한 이미지였다. 런던의 빈티지 마켓이라고 불리고 있다. 캠든 마켓 Camden Market 은 숙소에서 274번 버스를 타고 모닝 크레슨트 Morning Crescent 역과 캠든 타운 스테이션 Camden Town Station 역 사이의 버스 정류장에서 내려서 캠든 타운 스테이션으로 넘어가는 코스였다. 캠든 역부터의 거리는 평소 볼 수 없던 다른 세상이었다.

길을 걷다 보면 로드숍이 나타나고 대형 신발들이 간판 위에 매달려 있는 것을 볼 수 있다. 런던에서 유명한 마켓이라는 별명답게 쇼핑을 하는 관광객들의 시선을 끌기에 충분했다. 우리 가족은 런던 캠든 타운에 자리한 다양한 패션 매장을 구경하면서 걸어갔으며, 조금 걸어가다 보면 어느덧 가족들은 저 멀리 앞에서 걸어가고 있었다. 내가 사진 촬영하는 시간만큼 거리 차이가 날 수밖에 없었다. 처음 여행부터 나는 사진을 촬영하는 것이 목표였기 때문에 가족의 짜증을 이해할 수밖에 없었다. 주위를 촬영하면서도 항상 앞쪽의 가족들을 보면서 걸어갔는데, 가족들이 나를 기다려 주는 일이 많았다. 나는 기다리는 가족들을 보면서도 캠든 타운의 패션 매장을 구경하였다.

이곳에서도 특히나 더 독특한 매장을 볼 수 있었다.

첫 번째 매장은 마네킹 이미지로 구성되었다. 갑자기 내 머리 위에 스타킹 차림의 마네킹이 나타나 깜짝 놀랐다. 솔직히 말하면 가족 일행이 마네킹이 있는 곳을 지나간 것이 정확한 표현이다. 여성용 스타킹을 판매하는 피어싱 다운$^{Piercing\ Down}$ 상점인데, 캐노피$^{Canopy}$ 위쪽에 다양한 마네킹의 다리를 구조물로 설치하여 고객의 시선을 잡기 위한 광고 기법으로 사용하였다.

두 번째 매장은 스콜피온$^{Scorpion}$과 슈즈$^{Shoes}$의 이미지를 윈도 상단에 크게 전시하였으며 특히 전갈이 갖고 있는 절지동물의 강한 이미지와 신발의 이미지를 적절하게 조화시켜 고객의 시선을 빼앗고 있었다.

세 번째 매장은 다크 엔젤$^{Dark\ Angel}$ 매장이 눈에 들어왔다. 특히 익스테리어$^{Exterior}$는 모든 배경을 어두운 블랙$^{Black}$으로 처리하고 그 위에 브랜드를 실버$^{Silver}$색상으로 처리하였으며 상단에는 천사의 모습을 한 여신을 예수 십자가의 형태로 처리하여 시각적인 측면에서 강함을 표현하였다.

네 번째 매장은 다크 엔젤 오른쪽 매장으로 맥스 오리엔트 뷔페 레스토랑$^{Max\ Orient\ Buffet\ Restaurant}$의 콘셉트가 시선을 끌었다. 용의 강렬한 모티브와 동양적인 레스토랑의 이미지를 결합하여 익스테리어(외부장식)에 적용하였다. 이렇게 적용한 익스테리어가 고객에게 시각적인 강렬함을 줄 수는 있지만, 고객 유치를 위한 식당 본래의 취지와는 거리가 멀게 느껴졌다.

다섯 번째 매장은 뉴 록 캠든<sup>New Rock Camden</sup>으로, 캐노피가 구성되어 있으며 상단에 두꺼운 신발을 상징물로 표현하여 익스테리어에 적용하였다.

여섯 번째 매장은 알도<sup>ALDO</sup> 브랜드로, 캐노피 상단의 벽면을 만화에 나오는 캐릭터<sup>Character</sup>를 슈퍼 그래픽<sup>Super Graphic</sup>으로 처리하였으며, 이는 젊을 층의 소비 욕구를 반영한 외부 광고 전략으로 보인다.

일곱 번째 매장은 쿼터 슈즈<sup>Quarter Shoes</sup>로, 음악을 즐기는 마돈나<sup>Madonna</sup>, 엘비스 프레슬리<sup>Elvis Presley</sup> 등의 캐릭터와 신발을 이용하여 디자인되었으며, 블랙 바탕에 신발과 캐릭터의 조합을 통해서 율동적이고 낭만적인 매장이 될 수 있도록 하였다.

여덟 번째 매장은 카오스<sup>Chaos</sup>로, 청바지의 이미지를 매장 익스테리어에 적용하였으며, 아홉 번째의 매장은 조종사의 상징적인 가죽 재킷과 비행기의 이미지를 자연스럽게 벽면 디자인에 적용하여 매장을 돋보이게 하였다.

마지막 열 번째 매장은 로킷<sup>Rokit</sup>, 다크 사이드<sup>Dark Side</sup>, 뉴 록<sup>New Rock</sup> 등 시대적이고 젊은이들이 좋아하는 브랜드 매장이 대부분이었는데, 매장 전체가 런던의 패션 트렌드를 반영한 독특한 곳이었다.

# 07.08 다양한 아티스트를 만나다

캠든 타운 역을 지나 리젠트 카날<sup>Regent's Canal</sup> 방면으로 올라가면서
로드숍과 다리를 지나자마자 캠든 록 마켓이 눈에 들어왔다. 입구에
서 현지인이 반갑게 우리를 맞이하듯이 웃는 모습이 참 좋아 보였다.
현수막을 보면서 약간 비탈길을 올라가니 캠든 마켓이 보였다.

첫 번째로 눈에 띈 것은 철사로 이름을 새기면서 고객들과 대화
를 나누는 분이었다. 손님이 말하는 이름을 철사를 메인 재료로 손
님이 원하는 대로 글씨를 만들어 주고 있었으며, 완성된 철사로 만든
조형물을 가지고 기뻐하는 모습에 잠시 멈추어 작업하는 광경을 보
고 있었다.

수공예품 1개를 완성하는 데 10분 전후의 시간이 소요되었는데, 기다리고 있는 관광객들은 만들어진 수공예품을 가리키면서 서로 이야기를 나누었다. 짧은 시간에 만들어지는 작품이 마음에 들었는지 '원더풀<sup>Wonderful</sup> 원더풀<sup>Wonderful</sup>'을 외치는 사람들이 많았다. 대부분 하트 모양을 기본으로 남녀의 이니셜<sup>Initials</sup>을 넣어서 만든 작품이어서 그런지, 서로들 마음에 들었던 모양이다.

두 번째로는 수공으로 은반지를 만드는 작가가 눈에 띄었다. 반지, 목걸이, 팔찌 등 다양한 액세서리 Accessory를 판매하고 있었는데, 현장에서 관광객의 요구에 따라 맞춤으로 제작해 주는 것이 특징이었다. 밝은 웃는 모습과 콧수염이 인상적이었으며, 금속 작품의 작품성은 물론 그의 미소를 통해서 금속공예가로서의 여유로움도 볼 수 있었다.

세 번째로는 다양한 나비<sup>Butterfly</sup> 형태의 귀걸이를 판매하는 디자이너를 볼 수 있었다. 일반적으로 귀걸이 디자인은 주얼리<sup>Jewellery</sup> 디자이너들이 선호하는 분야이기도 하다. 실제 나비를 코팅해서 만든 귀고리와 나비 형태로 디자인해서 판매하는 2가지 종류가 있었는데, 실제 나비로 제작한 귀걸이의 값이 비싼 걸 볼 수 있었다. 아마 오리지널 제품에 따른 가격 차이가 아닌가 싶다.

마켓 바깥쪽 마켓 홀로 들어가는 입구에서는 아트 앤 크래프트<sup>Arts & Crafts</sup> 상점이 눈에 띄었는데 가장 먼저 일러스트 작가의 작품을 볼 수 있었다. 마이클 잭슨<sup>Michael Jackson</sup>, 모차르트<sup>Mozart</sup>, 수녀의 모습, 오드리 햅번<sup>Audrey Hepburn</sup>을 주제로 일러스트화하였다. 첫째 마이클 잭슨 작품은 얼굴의 형태를 먼전 완성하고 다양한 색상의 종이를 오려서 덧붙이는 스타일의 일러스트였다. 두 번째 모차르트 작품으로 보이는 작품은 과거의 클레식한 이미지와 현대의 과학적인 이미지를 적절하게 혼합하여 일러스트화 하였다. 세 번째, 네 번째 작품은 각각 종이를 오려서 수녀와 오드리 햅번의 이미지를 적절하게 표현하여 작품으로 승화시켰다.

일러스트의 작품 우수성을 논하기는 힘들지만, 나름대로 완성도가 돋보이는 작품이었다. 다음으로 눈에 띈 작품은 페이퍼<sup>Paper</sup> 일러스트였다. 배, 마차, 에펠탑, 콜로세움, 피아노, 성당 등 다양한 작품을 볼 수 있었다. 물론 작품성은 뛰어나지 않지만, 일반 관광객이 보기에는 다양함을 느낄 수 있어서 보기 좋았다.

# 07.08 런던 할아버지와 손녀

캠든 마켓 홀 안에서 내 눈을 즐겁게 했던 매장은 웰빙 비누를 판매하는 곳과 네일 아트Nail Art를 하는 광경이었다. 웰빙 비누를 판매하는 곳은 중앙 홀 뒤편에 위치한 조그마한 공간이었는데, 전면에 내추럴Natural 비누가 진열되어 있었으며, 비누 뒤편에 제품의 성분과 콘셉트가 자세하게 설명되어 있었다.

최근 유럽과 미국은 물론 일본, 한국을 포함한 중화권에서는 젊은 20~30대 여성들이 내추럴 화장품을 선호하고 있으며, 특히 프랑스의 록시땅L'occitane 화장품은 물론 한국의 이니스프리Innisfree와 더페이스샵The Face Shop에서 네이처리퍼블릭Nature Republic에 이르기까지 천연 화장품의 콘셉트를 찾기 위해 다각적인 노력을 기울이고 있는 시점에서 런던에서 나오는 채소 및 과일 등의 콘셉트를 이용한 수제 화장품을 보

는 순간 마음을 잠시 빼앗겼다. 첫 번째 런던 여행 중 전혀 예상치 못한 장소에서 자연주의 로컬 화장품 비누를 본 셈인데, 역시 문화가 있는 곳에서 만날 수 있는 깊이 있는 제품이었다.

또한, 건너편에서는 일반적인 초가 아니라 예술 작품을 담은 초를 판매하고 있었는데, 제품보다도 초를 판매하는 사장님의 멋진 의상이 돋보였다. 특히, 짧은 백색 머리와 뚜렷한

이목구비와 귀고리가 눈에 들어왔으며, 손님과 상담하는 모습은 무척이나 진지했다. 매장에 진열되어 있던 천연 색상의 초 디자인도 관광객의 마음을 끌기에 충분했다.

조그마한 네일 아트 상점에서 고객이 네일 서비스를 받고 있는 모습과 아티스트의 진지한 모습을 보면서 네일 아티스트의 작품성과 고객이 행복한 모습을 직접 눈으로 확인할 수 있었다. 중앙 홀을 빠져 나와 밖으로 나오는데 정면의 웨스트 야드<sup>West Yard</sup>에는 클래식 게임과 카페 등이 있었다. 또한, 건너편은 미들 야드<sup>Middle Yard</sup>로 세계적으로

유명한 스탠드 타입의 밴드와 라이브 뮤직을 들을 수 있으며, 옆에는 샤카 줄루<sup>Shaka Zulu</sup>라는 레스토랑, 바, 클럽, 인디언의 형상을 한 조형물이 눈에 띄었다. 그리고 계단을 내려오는데 마침 노천 매장이 눈에 들어왔다. 그 속에서 아내를 포함한 차홍이, 우형이를 발견할 수 있었으며, 나와는 관심 분야가 다른 둘은 옷을 구경하면서 디자인이 이쁜 옷을 만지작거리며 가격을 물어보고 있었다.

계단을 통해서 노천 매장이 있는 곳으로 내려왔는데, 특히 눈에 들어왔던 매장 안에는 동물을 형태를 이용한 의류 제품이 많이 전시되어 있었다. 다양한 동물의 특징적인 요소를 강조하여 사실적으로 표현한 의류디자인이 눈에 들어왔다. 물론 관광객들 또한 그러한 디자인이 좋아 보였는지 젊을 청년들이 옷을 사는 모습이 아마도 나와

같은 생각으로 접근하지 않았나 보다. 또한, 건너편 매장에 있는 아랍계 사람인 듯한 분이 잡지를 보는 모습에서 여유로움을, 또 다른 매장의 손님을 기다리는 젊은 종업원 모습에서 편안함을 느꼈다. 한편에는 모바일 조형물을 판매하는 곳이 있었는데, 디자인이 다양한 장식품들이 많이 전시되어 있었다.

이곳 미들 야드에는 다양한 노점상들의 있었는데, 편하게 입을 수 있는 옷들이 대다수였으며 특히 20대를 위한 제품들이 많이 진열되어 있었다.

차홍이 역시 그러한 옷을 보며 내 의사를 묻는 것이었는데, 사 주지 않을 수 없는 표정을 짓고 있었기에 사고 싶으면 사도 된다고 했다. 얼마냐고 물어보니 10유로 밖에 안 된다고 했다. 한국 돈으로 1만 6천 원인 셈이어서 바로 허락했다.

차홍이가 옷을 구매한 그곳 건너편에는 아프리카 추장과 해골의 디자인된 티셔츠가 진열되어 있으며, 그 옆 매장에는 아프리카에서 만든 나무로 된 얼굴 조각상에 남성 의류가 진열되어 있었다. 또한, 바로 옆에는 기둥 나무에 얼굴의 형태를 조각해서 전시해 두었는데, 조각의 형태가 상당히 미려해서 발길을 멈추고 그곳을 볼 수밖에 없었다.

아마 아프리카의 이미지를 강하게 어필하기 위해서 만든 환조의 형태를 띤 조각 작품인 듯했다. 잠시 조각의 상태를 보고 있는데 건너편에서 우형이의 목소리가 들렸다.

"아빠, 건너편에서 시원한 음료수나 한잔 하고 가시죠!"

쇼핑하는 동안에 너무 더워서였는지 우형이의 음료수나 하자는 소리가 반가웠다.

캠든 미들 야드 광장의 '논에스트Nonest'란 커다란 건물 입구 오른편 해치Hatch에서는 차홍이가 음료수를 사고 있었고, 나는 그 건물 안으로 들어갔다. 그 공간에는 참으로 재미난 광경이 놓여 있었다. 내추럴 나무로 만든 의자들이 있었으며, 건너편 벽 쪽에서는 파란색 바탕에 흰색의 글씨로 단순화한 그림을

볼 수 있었는데, 자세히 보니 그곳에서 판매하는 제품이나 음식 등을 시각적으로 표현한 것이었다. 자세히 보면 책상 위에 여러 제품의 그림이 있고 하단 부분에는 @camden_lock 이라고 씌어 있었다. 또한, 천정에는 전등이 있었는데 전깃줄은 적색이고 전등은 꼬불꼬불한 흰색의 전등이 전혀 가공되지 않은 나체의 몸으로 불을 밝히고 있었다.

사진으로 나타난 화면은 무척이나 원시적이고 천연적인 요소로

구성되어 있으면서도 고도의 전략적인 사고로 조성된 공간이었으며, 천연적인 의자에서 뭔가를 보고 있는 아이의 모습과 컴퓨터를 열고 전화를 하는 손님의 모습을 통해 자연적이고 원초적인 공간의 아름다움을 볼 수 있었다.

그 공간에서 잠시 시각적인 행복감에 잠겼으며, 밖에 나와서 음료수를 마시면서 캠든 록 마켓에 대해서 서로의 의견을 나누고 나서 자리를 이동했다.

캠든 록 마켓을 빠져나오는데 왼쪽의 안내문이 눈에 들어왔다. 모퉁이에서 공사하느라 쳐 놓은 바리케이드 벽면에 '리얼리 굳 땡스 커밍순$^{Really Good Thanks Coming Soon}$'이라고 쓰여 있는 것을 보면서 우리는 항상 새로운 것을 준비해야 한다는 다짐을 했다. 그것도 긍정적이고 새롭고 좋은 모습으로… 다시 태어나려고 하는 캠든 타운의 모습처럼.

이곳은 한국으로 치면 이태원과 인사동을 합쳐 놓은 곳으로 볼수 있었는데, 참으로 유익한 시간이었다.


캠든 마켓의 다양한 의류 매장, 액세서리, 음식점 등을 구경하고 빠져나가던 차에 커밍 순$^{Comming Soon}$, 캠든 마켓 닷 컴$^{camden market.com}$이라고 쓰인 사이니지$^{Signage}$를 볼 수 있었는데, 수많은 사람들이 이곳을 구경하기 위해 캠든 타운으로 들어오고 있었으며 가족과 함께 캠든 타운을 막 빠져나오는데 갑자기 길 건너편의 천사 날개를 한 신발이 눈에 들어왔다. 스콜피온$^{Scorpion}$ 매장 위에 빨간색 신발 뒤편에 천사의 하얀 날개가 달려 있었는데 매우 인상적이었다. 그 광경을 보면서 캠든 타운에 강렬한 신발 매장이 있음을 관광객에게 각인시켜 주는 효과가 있

을 것이라는 생각이 들었다. 길을 걷다 보니 영국 국기가 그려진 기타가 진열되어 있었다. 역시 오른쪽 로드 상점에도 다양한 기타가 진열 전시되어 있었는데, 기타를 파는 전용 악기상이었다. 갑자기 20세기 가장 영향력을 끼친 록밴드 비틀스<sup>The Beatles</sup>의 '예스터데이<sup>Yesterday</sup>'가 떠올랐다. 다양한 장르의 음악을 통해서 여러 음악가에게 영향을 준 그들은 항상 기타를 메고 연주를 하였는데, 이곳 길거리에서 본 기타가 그들이 사용했던 기타가 아닌지 잠시 착각을 하기도 하였다.

비틀스를 생각하고 걷는데 문득 재미있는 광경을 볼 수 있었다. 할아버지와 손녀로 보이는 두 사람이 길거리에서 휴식을 취하고 있었는데, 특히 할아버지의 패션이 매우 멋있었다. 알록달록한 모자에 티셔츠는 아메바 모양의 문양이 들어간 핑크<sup>Pink</sup> 색상이었고 청바지를 입고 있으셔서 참 인상적이었다. 적어도 60살은 넘어 보이는 할아버지였는데, 어깨에 자연스럽게 가방을 멘 그의 모습이 무척이나 아름다웠다. 핑크의 셔츠 색상이 눈에 비쳤는지 얼굴도 핑크빛이었고 밝게 웃는 모습이 정말 멋졌다. 특히 손녀를 바라보는 그의 눈길에서 사랑을 발견

할 수 있었다. 영국 런던으로 손녀와 함께 여행을 온 유럽인으로 보였으며, 즐거워하는 두 사람의 모습이 무척 좋았다.

두 사람 옆에 레스토랑이 있었는데 손으로 손수 그린 메뉴판이 시선을 사로잡았다. 캠든 타운 초크 팜 로드<sup>Camden Town Chalk Farm Road</sup> 버스 정류장에서 버스를 타고 다음 목적지인 영국 박물관<sup>British Museum</sup>으로 향했다.

# 07.08 영국 박물관 그레이트 코트 Great Court 에서

차홍이는 북경에서 상해로 우형이는 서울에서 상해의 집으로 모여서 출발한 지 3일째 되는 날, 우리 일행은 18세기 전 세계를 지배했던 '영원히 해가 지지 않는 나라'라 불린 영국의 문화 예술이 숨 쉬는 영국박물관을 방문하게 되었다. 우리 가족은 4명이 각각 다른 재능을 가지고 있다. 예술팀(아빠, 딸)과 음악팀(엄마, 아들)으로 나누어지는데 박물관, 미술관은 차홍이가 가이드 역할을 하고, 뮤지컬, 음악회는 우형이가 가이드 역할을 맡기로 하여, 이곳 영국 박물관은 차홍이가 계획한 동선에 맞춰서 관람하기로 하였다.

이전에 영국 박물관은 대영 제국의 대영 박물관이라고 소개되었으며, 나 역시 대영 박물관으로 기억하고 있으나 정식 명칭은 브리티시 뮤지엄 British Museum, 즉 영국 박물관이다. 영국 박물관에 도착해서 보니 정문 왼쪽에 더 브리티시 뮤지엄이라는 사인과 하단부에 포스터가 있었다. 또한, 정문에 들어서니 그리스 복고 양식의 건물이 눈에 들어왔으며 중앙 상단에 영국 국기가 게양되어 있었는데, 과거 대영 제국의 명예를 지키는 모습으로 보였으며 중세의 고풍스러움을 입구에서 느낄 수 있었다.

계단을 통해서 올라가는 입구 왼쪽에는 고대 유물이 있고, 오른쪽에는 오스트레일리아 Australia의 유물이 상설로 전시되고 있다고 전시

포스터가 크게 진열되어 있었다. 박물관에는 오스트레일리아 토착 원주민들 삶의 아트 컬렉션을 감상할 수 있도록 포스터가 가로로 전시되었으며, 가족과 누구를 기다리는 아빠와 두 아들의 모습이 인상적이었다.

전시관을 마주했을 때 왼쪽에 'Indigenous Australia: Enduring Civilisation British Museum, Bloomsbury' 전시가 2015년 8월 2일까지 열린다고 안내되고 있었다. 다행히 우리 일행이 이곳에 왔을 때 전시회를 통해서 오스트리아 토착 원주민들의 삶을 볼 수 있어서 참 좋았다.

입구의 계단은 지나 본관 정문에 들어섰는데 밖에서 보던 고전적인 이미지와는 상반된 전시관이 입구에서 떡 버티고 있었다. 이곳이 그레이트 코트Great Court이다. 그레이트 코트는 2000년 12월에 개장하여 영국 박물관의 새로운 중심지로 주목을 받았다. 그레이트 코트 천장에 뉴 밀레니엄을

축하한다고 조각되어 있다. 이러한 전면에 펼쳐진 전시관은 원형 기둥을 중심으로 천장이 아크 형태의 유리로 부챗살의 형태를 띠고 있어 상당히 모던한 전시관으로 다가왔다. 원기둥은 화사한 파스텔 조의 연한 황색을 띠고 웅장하면서도 포근한 전시관은 노먼 포스터 경의 설계 의도대로 첫인상이 매우 강렬했다.

전시관 정면을 보고 왼쪽의 전시관으로 향하는 도중에 거대한 사자상이 나타났다. 영국 박물관은 지키고 있는 수호신처럼 웅장하게 왼쪽에 자리 잡고 있었다. 사자상은 소아시아(현재의 터키)의 네 다스에서 온 대리석 사자상은 기원전 4세기에 만들어진 것으로 그레이트 코트에 전시물을 지나면 좌측 전시관에서 이집트 유적을 볼 수 있었다. (2686 BC-AD 395년)

건물 전체는 총 3층으로 구성되어 있고 메인 층인 1층은 고대 이집트, 그리스, 아메리카, 아시아 유물들이 전시되어 있다. 일반적으로 영국 박물관 관광은 고대 이집트 조각관부터 시작하는데, 그것은 이집트의 문화가 오래되어 시대적인 관점에서 바라보는 것이 일반적인 상황인 것으로 보였다.

또한 그리스관 전시실에 또 하나의 유명한 유물은 파르테논신전Parthenon이 유명하다. 18세기 말에 그리스의 고대 유물이 파괴되는 것을 안타깝게 여긴 영국의 엘긴Earl 경이 1799년 콘스탄티노플Constantinople 대사로 임명되어 그 유물을 조사하였다.

19세기 초기에 예술가와 건축가로 구성된 조사단이 조사한 유물을 런던으로 옮겨서 개인 소장하였다. 현재 영국박물관에 전시된 파르테논신전은 아마도 실제 사이즈 보다 작게 만들어진 모조 작품으로 보인다.

# 07.08 고대 이집트 조각관 Egyptian sculpture 에서

영국 박물관 투어는 보통 고대 이집트 조각관(2686 B.C. 2686 ~ A.D. 395년)에서부터 시작한다. 많은 관람객이 있는 로제타석<sup>Rosetta</sup> Stone을 지나면 람세스 2세의 거대한 얼굴이 나타난다. 오늘날 세계에서 가장 유명한 파라오<sup>Pharaoh</sup>를 꼽으면 첫 번째가 투탕카멘<sup>Tutankhamun</sup>, 두 번째가 클레오파트라<sup>Cleopatra</sup>, 세 번째는 람세스 2세<sup>Ramses II</sup>인데, 이곳에서 다양한 파라오를 볼 수 있었다.

왕 중의 왕이며 긍정적인 이미지와 위풍당당한 이미지로 모습으로 이집트 신왕국 시대의 전성기를 대표하는 파라오는 단연 람세스 2세이다. 람세스 2세는 세토스 1세(아버지)에 이어 기원전 1279년부터 67년간 이집트를 통치했으며 이집트의 대표적 왕으로 손꼽힌다.

영국 박물관의 으뜸인 이집트관의 맨 앞의 람세스 2세 조각상은 기원전 1300년경의 작품이라고 보기에는 매우 정교하였으며 많은 세월이 흘러 3300년 전, 람세스 2세의 살아 있는 모습을 볼 수 있어 무척 기뻤다.

조각상의 특징은 얼굴을 감싸는 외형상의 모습에서 왕의 근엄함을 볼 수 있으며, 웃는 눈매와 입술의 표현을 통해서 조각가의 심정을 충분히 읽을 수 있었다. 주위의 전시된 람세스 2세의 조각상은 찡그린 미간과 주름 잡힌 입술을 통해서 엄숙하고 냉정한 왕의 근엄함을 볼 수 있었으나 전시장 입구의 람세스는 그와 반대로 자상하고 친근감을 느끼기에 충분한 모습이었다.

4대 문명 중 메소포타미아 문명<sup>Mesopotamian Civilization</sup>의 웅장함을 볼 수 있는 아시리아 민족의 수호신인 사자상은 석회암으로 제작되었다.

B.C. 710년경, 높이 4,000mm로 코르사바드<sup>Khorsabad</sup>에서 출토되었으며, 스핑크스<sup>Sphinx</sup>의 좌상과는 다르게 입상인 게 크게 다른 점이다. 그리고 조상影像 궁전의 수호자로서 문과 왕궁 벽면에 안치되어 왕궁을 떠받치고 있는 게 큰 특징이다.

아시리아 미술의 영향을 많이 받은 것이 특징이고 이후 우랄투와 스키타이 미술에도 인면수신상人面獸身像이 나타났다. 각 지방 혹은 민족마다 다르게 변화되었으며 날개가 고기로 혹은 동물무늬(쌍수문雙獸文)의 형태를 띠곤 하였다. 너무나 어마한 역사의 예술품인 아시리아 시대의 라마수는 300년이 모자란 3000년 전의 조각품으로 추정된다. 유물의 크기와 조각 상태 또한 시대적인 부분을 생각해도 참으로 놀라운 작품이라고 할 수 있다.

고대 이집트의 조각상들 앞에 있던 네 가족 중에서 세 가족이 핸드폰에 나온 무언가를 보면서 열심히 토론하는 장면과 가족 뒤에서 호랑이 얼굴을 한 조각상을 물끄러미 바라보고 있는 학생의 모습이 눈에 띄었다. 사자 머리를 하고 머리 위는 둥근 태양을 상징한다. 실제로 매우 호전적이어서 파라오(국왕)를 지키는 일을 주로 한다. 세크메트는 여신이며 여성의 신체에 수사자 머리를 단 것이 특징이며 원

손에 쥐고 있는 것은 앙크^Ankh라는 생명의 표지이다. 이러한 조각 작품들이 관람하는 가족들을 물끄러미 보고 있는 듯한 모습이 눈에 들

어와 장면을 담을 수 있었다.

연대를 알아볼 수 없으나 조각품의 상태를 통해서 그 작품성을 충분히 느낄 수 있는 다양한 조류의 조각상을 볼 수 있었다. 때로는 암탉의 모습과 수탉의 모습으로 비쳤으며, 사랑하는 한 쌍의 비둘기의 모습을 조각 작품의 형태로 표현하였다. 특히 사나운 싸움닭이 서로 싸움하는 조각품은 조금 더 인상적이었으며, 세월의 흐름 속에서 변화된 돌의 색상과 조각품의 상태를 보면서 수천 년 전으로 되돌아가 보는 느낌이었다. 박물관에서 본 조각 작품의 조형물은 현시대에 살아가는 관람객이 보기에도 충분한 작품성을 느낄 수 있었다.

멧돼지의 사냥, 호랑이의 사냥, 사자가 노루를 사냥하는 모습을 섬세하게 조각한 작품들도 있었다. 특히, 전시관 한편에 있던 유럽인으로 보이는 작가의 스케치를 통해서 수천 년 전의 작품이 현시대의 상황에 맞게 재현되는 모습을 볼 수 있었다.

수천 년 전의 동물들의 생활상을 무명의 조각가에 의해서 탄생하였으며, 그러한 작품은 후대에 의해서 출토되고 출토된 작품이 새로운 작가에 의해 새롭게 태어나는 모습이었다. 스케치하는 모습을 보

는 순간에도 과연 어떠한 모습으로 다시 태어날까 하는 기대와 함께 어깨너머로 기웃거렸는데, 아마 서양화가 혹은 조형물을 다루는 조각가의 솜씨로 보였다.

　　고대시대의 살아있는 동물의 조형작품은 무명의 조각가에 의해서 탄생하였다. 특히 이곳에 전시된 작품 중에서 멧돼지를 사냥하는 모습과 사자가 노루를 사냥하는 모습을 사실 그대로의 모습으로 조각 작품을 통해서 현대를 사는 우리에게 훌륭한 작품으로 다가왔다. 특히 호랑이로 보이는 동물이 사냥하기 위해 맹렬히 무언가를 쫓고 있는 모습의 그대로 보존되어 있었다. 이렇게 박물관에 진열된 작품을 박물관 한쪽에서 조형이 스케치하고 있는 작가의 모습이 눈에 들어왔다. 사진촬영을 할 때도 조심스럽게 접근하였다. 가까이 가서 작가의 스케치하는 모습을 보았는데 스케치하는 작품의 수준이 보통 이상의 실력을 갖추고 있었다. 조형작가 혹은 서양화를 전공하는 사람으로 보였는데 조용히 작품을 그리는 모습에 숙연함까지 느끼게 하였다. 연대를 알 수 없는 수천 년 전의 작품을 후대의 사람들에게 출토되었으며, 이곳 영국박물관에 전시됨은 물론 후대의 사람들이 그 작품을 재해석하여 무명의 작가에 의해 새롭게 태어나는 모습을 영국 박물관 현장에서 직접 경험할 수 있었다.

# 07.09 로마의 카스텔 산탄젤로 <sup>Castel Sant'Angelo</sup>

영국 런던의 내셔널 갤러리<sup>National Gallery</sup> 는 미켈란젤로<sup>Michelangelo,</sup> 레오나르도 다빈치<sup>Leonardo da Vinci</sup>의 작품이 보관된 곳으로 유명한 곳이다. 특히 다른 갤러리와는 달리 입장료 없이 방대한 규모의 미술관의 작품을 볼 수 있다는 것이 내 마음을 사로잡았다. 내셔널 갤러리에 들어가려면 트래펄가 광장<sup>Trafalgar Square</sup>을 거쳐서 입장해야 한다. 트래펄가 광장 버스 정류장에 도착해서 내셔널 갤러리 쪽으로 향하다 보면, 트래펄가 광장의 높은 탑을 발견할 수 있으며, 그곳을 보면서 걸어오다 보면 내셔널 갤러리가 눈에 들어온다.

트래펄가는 1830년 존 내시<sup>John Nash</sup>가 설계하였고, 광장 중앙에는 높이가 50m인 해군 제독 호레이쇼 넬슨<sup>Horatio Nelson</sup>의 기념비가 세워져 있으며, 런던의 집회와 공공 모임이 있는 곳으로 유명하다. 이 근처에

는 내셔널 갤러리, 세인트 마틴인 더 필즈 교회Church of St. Martin-in-the-Fields가 있고, 광장을 중심으로 사방에 4마리의 사자상이 기념비를 지키고 있는 수호신의 역할을 담당한다. 사자 동상에 올라가서 사진 촬영을 하는 사람들을 종종 볼 수 있었다. 트래펄가의 기념비를 지나서 만난

내셔널 갤러리의 웅장함은 영국 박물관보다는 좀 더 규모가 크다는 것을 실감하게 해 주었다. 또한, 내셔널 갤러리 입구에서는 스타워즈의 요다와 해골의 모습으로 분장한 사람이 미술관을 찾아온 세계 각지의 고객들에게 즐거운 퍼포먼스를 보여 주었다.

해골 분장한 사람의 퍼포먼스는 소름이 돋을 만큼 무서웠으며 미술관을 찾아오는 관람객들에게는 색다른 퍼포먼스로, 나름대로 전위 예술 차원의 아티스트로 승격하려고 하는 의지가 보였으나 행위 예술의 순수성에서 크게 벗어나지 못하였다.

단지, 전 세계에서 찾아온 관람객들에게 상행위를 하는 정도에서 크게 벗어나지 못하는 정도로 비추어졌다. 물론 관람객들이 갤러리 안으로 들어가기 전에 약간의 긴장감을 풀 수 있는 정도의 전위 퍼포먼스로는 나름대로 의미가 있었다.

내셔널 갤러리의 정문을 통과한 가족 일행은 예술팀 차홍이의 안내에 따라 감상을 하기로 하였다. 대영 박물관의 작품들이 기원전 전후의 조형적인 작품이 대부분이었다면, 내셔널 갤러리의 전시 구성을 보면 12~15세기는 세인스버리Sainsbury, 16세기는 서관, 17세기는 북관, 18~20세기의 동관에 전시되어 있다. 세인스버리관(1250~1500)

에서는 보티첼리<sup>Sandro Botticelli</sup>, 마사초<sup>Masaccio</sup>, 우첼로<sup>Paolo Uccello</sup> 등의 작품을 볼 수 있으며, 서관(1500~1600)에서는 미켈란젤로<sup>Michelangelo</sup>, 라파엘로 산치오<sup>Raffaello Sanzio</sup>, 피터르 브뤼헐<sup>Pieter Bruegel the Elder</sup> 등의 작품을 볼 수 있다. 북관(1600~1700)에서는 니콜라 푸생<sup>Nicolas Poussin</sup>, 루벤스<sup>Peter Paul Rubens</sup>, 안토니 반 다이크<sup>Anthony Van Dyck</sup>의 작품을 볼 수 있다. 특히 동관(1700~1900)에는 우리가 익히 잘 아는 모네<sup>Claude Monet</sup>, 르누아르<sup>Pierre-Auguste Renoir</sup>, 쇠라<sup>Georges Pierre Seurat</sup>, 반 고흐<sup>Vincent van Gogh</sup>, 드가<sup>Edgar De Gas</sup> 등의 작품을 만날 수 있어 나는 18세기 이후의 작품이 많이 전시된 동관을 특별히 추천하고 싶다.

전시관을 들어서서 첫 번째 눈에 들어온 것은 내셔널 갤러리의 경험이 많으신 큐레이터<sup>Curator</sup>로 보이는 분이었다. 학생들 20여 명이 유화 작품 밑에서 작품의 설명을 듣고 있었고, 그 뒤편에서는 부모님이 함께 작품 설명을 듣는 모습이 인상적이었다. 세계적으로 유명한 명화들을 전시하는 이곳 내셔널 갤러리에서만 볼 수 있는 장면이었다. 물론 기증받은 작품들도 있고 때로는 대영 제국의 힘으로 식민지에서 약탈한 작품도 함께 전시되었지만, 영국 국립 미술관에 와서 미술관 내에서 체험 학습을 하는 모습이 무척 감동적이었다.

두 번째로 눈에 들어온 작품은 〈대화 속에 있는 미술〉이란 작품으로 두치오<sup>Duccio</sup>와 안소니 카로<sup>Anthony Caro</sup>의 공동 작품이다. 두치오가 1307년 8월부터 11월까지 그린 그림으로, 700년이 지난 시점에서 영국 조각가 카로에 의해서 재해석된 조형 작품과의 함께 전시되고 있었으며, 유럽에서만 느낄 수 있는, 700년의 세월을 초월한 작품의 재해석으로 보인다. 두치오 그림을 보고 조형물로 승화시킨 7번째 작품 중의 3번째 작품으로 보인다. 특히, 전시된 작품은 내셔널 갤러리가 컬렉션 초대 작품으로 유명하다.

주세페 데 리베라Jusepe de Ribera(1591~1652)는 스페인의 화가이다. 그의 작품은 어두운 색체에서 살아 숨쉬는 밝은 색채와 더불어 확고한 구도를 통해서 인간의 감정을 사실적으로 표현하는 화품을 가진 화가이다. 젊은 시절 로마로 건너가 나폴리파Scuola Napolitana인 카라바조Caravaggio(1573~1610)와 A.카라치Annibale Carracci(1560~1609)의 작품으로부터 영향을 받은 화가로서 구도를 바라보는 솜씨는 당대의 최고의 화가로 유명하다.

1620년에 주세페 데 리베라가 그린 〈그리스도의 죽음에 대한 애도〉는 오크 패널에 붙인 종이와 캔버스에 유채Oil oncanvas로서 예수의 죽음을 제자로 보이는 이들이 세밀하게 보살피면서 애도하는 모습이 사실적인 관점에서 묘사되었다. 어두운 색채에서 묻어 나오는 살아 숨 쉬는 듯한 모습을 밝게 처리하였다. 특히, 예수의 발을 유심히 살피는 모습과 예수의 등을 잡고 있으면서 애잔하게 바라보는 장면과 가운데 여성으로 보이는 사람이 두 손을 모으면서 애도하는 모습이 시선을 사로잡는다.

❖ 갤러리 초대로 부터 Caro가 나중에 썼던 "내가 그 속에서 본 것은 나로 하여금 처음으로 관심을 갖게 한 그림이었고 무엇보다도 그 이미지가 엄청나게 건축적이었다는 점이다." 그 그림은 마치 음악의 첫 번째 멜로디 처럼 조각품들의 출발점이 되었다고 평한다.

루벤스Peter Paul Rubens의 〈모자를 쓴 여인Portrait of Susanna Lunden〉 속 모델은 루벤스의 두 번째 부인 헬레나 푸르망Helena Fourment의 언니 수잔나 푸르망Susanna Fourment로 알려졌다. 그녀는 루벤스의

1630년대 작품에 등장하는 관능적인 여인의 모델로 추측되며, 특히 작품상에 나타난 여인의 모습은 풍만함과 농익은 미모의 여성미를 나타내고, 그녀의 오른손 첫 번째 손가락에 낀 반지와 그녀의 붉은색 의상과 청회색의 소재의 드레스는 배경 속 푸른 하늘과 극적으로 대조된다. 여인의 수줍은 모습과 다소곳한 자세에서 나오는 설렘의 모습과 조심스럽게 앞을 내다보는 그녀의 시선을 통해서 결혼에 대해 기쁘고 설레는 감정을 켄버스에 유화로 표현하였다.

〈로마의 티베르 강에서 열린 운동 경기〉는 프랑스 국적의 로코코 양식의 대표 화가인 조제프 베르네<sup>Joseph Vernet</sup>(1714~1789)에 의해서 탄생하였다. 1750년의 작품으로 로마의 중심인 테베레 강<sup>Tevere R</sup>에서 귀족으로 보이는 사람들이 배에 각각 나뉘어 탄 채 시합을 하고 있으며, 그 광경을 높은 곳에서 구경하는 사람들의 모습과 귀족들 사이에서 뛰어놀고 있는 두 마리의 개를 통해서 여유로움과 풍요로움을 볼 수 있었다.

카스텔 산탄첼로<sup>Castel Sant'Angelo</sup>는 이탈리아 로마에 있는 '바티칸 광장<sup>Piazza di vaticano</sup>'에서 20분 이내의 거리에 있으며, 8월에 바티칸 시국<sup>Vatican City State</sup>을 여행하는 가운데 우연히도 내 눈을 사로잡은 곳이었다. 카스텔 산탄젤

로 <sup>Castel Sant'Angelo</sup>는 과거 '하드리안의 터널<sup>Hadrian's Mole</sup>'이라고도 불렸다. 이곳은 로마 테베레 강 북쪽 둑에 있으며 보르고 리오네<sup>Rione of Borgo</sup> 지역에 이 '천사의 성<sup>Engelsburg</sup>'이 세워진 것은 기원후 123~139년경이었다.

특히 이곳은 65년 로마에서 처음으로 국가가 승인한 그리스도교 신자들의 처형한 장소였다. 그 이후 67년에는 성 베드로<sup>San Pietro</sup>와 수많은 그리스도교인 이 카스텔 산탄젤로라 불리는 천사의 성에서 순교를 했던 곳으로 유명하다. 로마 테베레 강변의 기적이며, 인간의 아픔과 기쁨과 슬픔이 함께 숨 쉬고 있는 모습을 작품을 통해서 간접적으로 볼 수 있었다.

260년 전에 프랑스 화가가 그린 로마의 풍경을 영국의 내셔널 갤러리에서 관람하고, 프랑스 화가가 그린 그 장소를 직접 여행하였으며, 계획적이지 않은 상황 속에서 그 현장을 직접 촬영하게 된 사실에 깜짝 놀라지 않을 수가 없었다. 그것도 2층 관광버스를 타고 움직이는 과정에서 오전, 오후는 물론이고 저녁 늦게 내 카메라에 담았다는 사실에 두 번 놀라지 않을 수 없었다.

그림 여행의 재미는 이런 곳에 숨어 있는 듯하다. '천사의 성'이 세워진 것은 123~139년경이었으며, 그림은 1700년대에 로마를 사랑한 로코코 풍의 프랑스 화가인 조제프 베르네에 의해서 그려지고 그 작품이 현재는 영국의 런던 내셔널 갤러리에 전시되어 있다. 그러한 환경 속에서 보면 유럽은 300년 전에도 하나의 경제권에 속했던 것 같은 생각이 든다. 자유롭게 외국에 나가서 작품 활동을 하는 것을 보면, 아마도 1750년대는 프랑스의 강성함이 사회 전반적인 측면에 반영되며, 왕의 이동에 따라 궁정 화가들도 함께 했음을 간접적으로 알 수 있었다.

우리 가족은 대한민국에서 태어나 중국 상해에서 13년을 살고 있으며, 가족과 함께 우연히 찾아온 내셔널 갤러리에서의 작은 발견이 새롭게 다가왔다. 내셔널 갤러리에서의 우연히 만난 유화 작품을 통해서 유럽의 미술학적인 측면에서의 역사와 사회를 바라볼 수 있었다. 또한, 유럽의 미술 분야의 교류와 역사적인 배경을 조금 알 기회였다. 미술사적인 관점에서 100년경에 만들어진 '천사의 성'을 둘러싼 이야기는 시대적인 상황에 따라서 다르게 표현된다.

1750년에 프랑스의 화가가 천사의 성에서 이루어지고 있는 〈티베르 강에서 열린 운동 경기〉를 작품으로 승화시켰으며, 그 이후 260년이 지나서 그곳을 여행하는 여행객의 눈에 새롭게 비추어진다. 역사적인 사실을 어떤 사람은 음악으로 어떤 사람은 글로 나타내며, 어떤 이는 그림이란 언어로 표현하기도 한다. 유럽 연합의 탄생(1991)이 24년 전의 일이기도 하다. 그러나 수백 년 전부터 유럽은 하나의 공동체로 생활하고 있었으며, 그러한 생활이 미술사적인 측면에도 반영된 것을 직접 목격할 수 있었다. 동서양의 사람들에게 세계사와 미술사적으로 진한 감동을 줄 수 있는 영국, 프랑스, 이탈리아의 역사 속에 한 현장을 직접 목격할 수 있었던 사실이 놀라우며, 우연히 만난 시공간을 초월한 역사 속의 한 장면이 지금도 생생하게 전달된다.

# 07.09 빛의 화가 렘브란트와 천재 화가 고흐의 '해바라기'를 만나다

바로크 시대의 네덜란드를 대표하는 화가로 렘브란트Rembrandt를 꼽을 수 있다. 1635년에 렘브란트가 그린 〈그리스도의 죽음에 대한 애도〉는 오크 패널에 붙인 종이와 캔버스 조각에 유채로 그리스도의 죽음에 대한 당시 상황을 사실적 묘사로 표현하였다.

렘브란트는 자화상을 많이 그린 화가로 유명하다. 그의 유화 작품이 명성을 얻게 된 것이 자화상 덕이라고 볼 수 있다. 이 작품은 런던의 내셔널 갤러리에 전시되어 있는데, 자신이 늙어서 아무것도 남아 있지 않을 때의 자신이 자신을 보고 그린 작품이라고 볼 수 있다. 젊었을 때 렘브란트의 모습은 무척 멋있었다. 물론 사생활이 문제가 있었지만, 노후의 렘브란트 모습은 그리 밝지 않은 것이 그림에 충분히 나타났다.

렘브란트가 63년을 생일을 맞이하여 그린 자화상은 차분하고 온화한 이미지로, 두 손을 곱게 잡은 모습 속에서 세월의 흐름을 볼 수 있었으며, 모자와 옷의 색상과 재질을 통해서 늦가을 혹은 겨울의 넉넉함을 볼 수 있었다. 1669년의 자화상 작품은 아마 렘브란트 생전의 마지막 자화상이 아니었나 싶다. 아름답고 패기 넘치고 멋스러운 화가인 렘브란트의 마지막 자화상 작품은 기쁨이나 흥분보다는 고요함과 약간의 적막함과 쓸쓸함을 느낄 수 있는 작품이었다.

렘브란트의 그림을 감상하고 있는데 갑자기 바르셀로나 축구복을 입은 사람이 시선에 들어왔다. 자세히 보니 10번 메시의 유니폼을 입고 있었다. 이어폰을 끼고 양손은 청바지 주머니에 넣은 채 작품을 감상하는 모습을 보면서 축구 선수의 여유로움을 느낄 수 있었으며, 실제로 메시가 내셔널 갤러리에 온 듯한 착각을 불러일으켰다. 멀리서 그린 그림을 같이 보면서 작품 안의 빛에 시선이 집중되는 것을 보았는데, 렘브란트의 작품이거나 같은 풍의 그림을 그리는 화가의 작품으로 기억된다.

인상주의 화가 중에서 점묘법의 대가인 조르주 피에르 쇠라<sup>Georges-Pierre Seurat</sup>의 〈아스니에르<sup>Asnières</sup>에서의 물놀이〉를 만날 수 있었다.

모네와 같은 작가가 순식간의 나타난 순간을 포착하여 작품에 접목하였다면, 쇠라는 순간을 영원한 것으로 승화시키기 위해 성실하게 작업한 것이 큰 차이임을 알 수 있으며, 그는 대형 작품이 탄생하기 전까지 수많은 습작을 통해서 작품을 완성하였다. 점묘법을 이용한 화법은 시간이 많이 소요되며 작품의 깊이가 깊다. 이 그림에서는 파리 근교 센 강<sup>Seine R.</sup>의 풍경이 작품 안으로 들어왔다. 센 강가에서 평범한 노동자들이 물놀이를 하면서 휴식하는 모습이 작품에 나타났다.

특히 신인상주의의 대표 작가인 쇠라는 근대적인 일상생활의 모습을 빛과 색채의 변화를 통해서 표현하고자 하였다. 작품의 특징을 3가지로 볼 수 있다. 첫째는 작품에 나타난 구도의 완성도가 무척 뛰어났다. 둘째는 녹색, 파랑, 적색의 채도를 표현함에 순색의 작은 색상의 점들을 사용하여 화면 전체에 꼼꼼하게 체계적으로 적용하여

색채의 깊이 있는 멋이 두드러진다. 셋째는 과학적인 이론에 근거하여 안정감 있는 형태적인 조형미를 중량감 있게 표현하였다.

나는 갤러리 현장에서 쇠라의 작품을 6등분 하여 촬영했었는데, 전체의 작품성도 뛰어났지만 6조각으로 나뉘어서 촬영한 6개의 화면에 나타난 각 부분도 나름대로 뛰어난 완성도를 보였다. 작품을 보면 평화로운 휴가를 즐기는 사람들로 보일 수 있으나, 내 눈에는 자연스러움 속의 긴장감도 엿보였다. 시선의 처리가 모두 강을 바라보고 있는 것이 하나의 특징으로 보이며, 배경 뒤쪽의 공장 굴뚝에서 나오는 연기를 통해서 18세기 중엽 산업 혁명 이후의 산업 발전 상황도 볼 수 있었다.

고갱은 기억이나 상상에 의존해서 작업했던 반면 고흐는 항상 직접적인 관찰에 기초해 작업했으며 특히 해바라기와 관련해서 여러 가

지 작품을 그렸는데, 특히 1888년의 〈해바라기〉는 그중에서도 제일 유명하다. 일반적으로 작품의 하단 부분 혹은 상단의 모퉁이에 작가

의 사인을 하는 경우가 대부분인데 고흐는 작품 안의 물체와 자연스럽게 연결해서 사인을 했다. 본 작품에서는 화병의 좌측에 빈센트Vincent라고 흘림체로 쓴 글씨가 눈에 띈다. 내 눈에는 정품보다 채색의 밝기가 약간 어둡게 보였으며, 작품의 완성도가 전체적으로 부족하게 느껴졌다. 아마 유명 작품의 도난 등을 고려해서 모작이 전시되어 있지 않나 싶었다.

고흐의 전시관에서 동양의 초등학생으로 보이는 남매 두 명이 그림을 그리면서 대화를 나누는 모습이 내 눈에 새롭게 들어왔다. 대화를 나누는 모습을 보고 중국 학생이라는 것을 쉽게 알 수 있었다.

여학생 오른편에는 엄마가 앉아 있었으며, 그림을 그리는 두 자녀한테 그림에 대한 의견을 이야기하고 있었다. 자녀를 위해 멀리 중국에서 이곳 런던으로 여행을 온 것으로 보아 자녀들에게 미술과 문화의 소중함을 체험 학습을 통해서 전하고자 하는 부모의 사랑을 느낄 수 있었다. 나는 환하게 웃으면서 그림을 그리는 어린 학생들의 모습에 크게 감동하였다.

# 07.09 빌리 엘리어트 Billy Elliot 에 나타난
## 30년 전 런던의 모습

뮤지컬 빌리 엘리어트 Billy Elliot 를 보기 위해 간 빅토리아 팰리스 극장 Victoria Palace Theatre 주위는 도로 공사와 건축 공사로 혼잡했다. 또한, 퇴근 시간과 겹쳐서 극장 주변은 많은 사람으로 매우 복잡했다. 저녁 6시 이후부터 시작하기 전까지 극장 안에서 사람들이 정장 차림으로 기다리고 있었으며, 한편에서는 맥주와 와인을 마시면서 즐기는 사람들도 눈에 띄었다.

우리 가족은 뮤지컬 빌리 엘리어트 공연 티켓을 인터넷으로 예매했는데 극장에서 프로모션으로 아이스크림을 먹을 기회를 얻게 되었다. 일반적인 아이스크림이 아니라 뜻밖에도 온 가족이 하겐다즈 Haagen-Dazs 를 먹게 되어 기다리는 시간이 지루하지 않았다. 잠시 시간을 보낸 다음 6시 30분에 극장 안으로 들어갔다. 실내에서 본 극장은 4층으로 되어 있었고, 클래식한 이미지의 인테리어가 뮤지컬을 보러 온 정장 차림의 관객들과 어우러져 매우 멋지게 보였다.

잠시 뮤지컬 상단의 자막이 암전<sup>暗轉</sup>된 후 커다란 자막 배경에는 광부들로 보이는 이들이 어딘가로 바쁘게 걸어가는 모습이 나타났고,

자막 밑에서 어린아이가 그 장면을 보면서 뮤지컬은 시작되었다. 처음에는 광부들의 움직이는 모습에, 나중에는 그 광경을 자막 밑에서 파란색 점퍼를 입고 있는 어린아이에게 관객의 모든 시선이 집중되었다.

　잠시 시간이 흐른 후 그 어린아이의 시선과 관객의 시선은 모두 광산의 노동자들에게 집중되었다. 1980년대 초반 대처 정부는 석탄을 미리 비축해 두고 나서 국영 기업의 민영화와 구조 조정을 강력하게 추진하여 노동자들의 극심한 반발을 초래하게 되었다. 1994년이 되자 20개의 탄광을 폐쇄하고 인력을 감축하겠다고 발표하면서 영국 광부 80%가 이 파업에 참가하였으며, 그때 파업에 참여했다가 연행된 광부의 숫자가 1만 명이 넘는다고 전해졌다.

대처 정부의 강경 진압과 1년이 넘는 파업 속에서 조직원들이 서서히 와해되기 시작했다. 뮤지컬에서는 파업에서 이탈해 업무에 복귀한 광부들을 향해 노조원들이 '파업 파괴자들'이라고 비난하는 장면이 나오는데, 이것이 화해의 과정을 묘사하기도 하였다. 1985년 3월 탄광 광부들의 노조 지도부들이 업무 복귀 결정을 내리던 날이 빌리 엘리어트가 런던 발레 스쿨로부터 합격 통지서를 받는 바로 그 날이었다.

탄광촌 출신 소년이 여러 가지 불확실한 환경 속에서도 일반적인 편견에 맞서 발레의 꿈에 도전하는 빌리 엘리어트. 현실의 어려움을 극복하고 예술적 성취를 이루는 내용의 성장담을 이야기할 때 대표적으로 언급되는 작품 중 하나로, 뮤지컬로 만들어질 만큼 많은 사랑을 받은 작품으로 평가받고 있다. 엔딩 장면은 〈백조의 호수〉에서 빌리가 주인공으로 나오는 모습을 아빠와 형인 토니 가 보는 가운데 화려하게 무대를 수놓아 관객들을 환호하게 했다.

2시간이 넘는 공연 내내 긴장과 흥미가 넘치는 뮤지컬이었다. 광부의 자식으로 태어나서 런던 로열 발레단에 입단하기까지의 역경을 뮤지컬로 만들었는데, 관객의 호응을 얻기에 충분했다. 멀리 런던에서 가족과 함께 어린 학생이 인생의 꿈을 이루는 장면을 한편의 뮤지컬을 통해서 공감할 수 있는 좋은 기회였다.

## 07.10 브라이튼<sup>Brighton</sup>의 창의적인 도시 디자인과 세븐 시스터즈<sup>Seven Sisters</sup>의 물결치는 하얀 절벽

영국에 도착한 지 셋째 날 아침에는 무척 맑고 투명한 하늘이었다. 브라이튼<sup>Brighton</sup>은 사실 민박 아주머니가 추천해 주신 여행지였다. 아침마다 식사를 챙겨 주시는 주인 아주머니께서 민박하시면서 영국 내 여행정보들을 빠짐없이 수집하고 계셨다. 특히, 한국에서 오는 손님들을 위한 다양한 여행 코스를 준비하고 있었는데 그중 하나가 세인트판크라스 역<sup>St Pancras railway station</sup>에서 출발하여 브라이튼에 도착해서 버스를 타고 세븐 시스터즈<sup>Seven Sisters</sup>까지의 여행코스를 준비하고 계셨다. 브라이튼은 영국 런던을 중심으로 동남쪽에 있는 작은 도시로, 서울을 기준으로 보면 인천의 송도와 연안 부두 정도의 위치인데, 인천보다는 자연 친화적인 곳이라며 도착한 날부터 민박집 아주머니가 추천해 주셨던 곳이기에 오늘은 이곳에 가기로 하였다.

아침에 민박집에서 버스를 타고 출발하여 킹스크로스 역 근처의 세인트판크라스 역에 도착한 시각은 11시가 조금 못 되어서였다. 역 내 안내원의 안내로 표를 구매하기 위해서 줄을 서서 기다리고 있었는데, 차례가 다 되어서 보니 이곳이 아니고 건너편에 매표소가 있다고 하여 그곳에서 표를 구매한 시각이 11시 40분 즈음이었다. 헐레벌떡 브라이튼행 기차를 타기 위해서 이동했는데, 기차는 정시에 출발

하지 않았고, 우리가 예약한 자리로 이동 중이던 11시 55분에 출발하였다. 가족들이 매표소를 정확히 알지 못해서 헤매는 등 우여곡절 끝에 브라이튼으로 향하는 기차를 탈 수 있었지만, 기차의 외부의 색상과 인테리어는 아주 깨끗하고 관리를 잘했다는 느낌이 들었다.

런던 시내에서 외곽 도시로 이동하는 2시간 동안 역시 영국은 신사의 나라이며, 동시에 깨끗한 도시를 꿈꾸고, 환경을 소중히 여기는 나라임을 차창 너머의 움직이는 동영상들을 보면서 충분히 느낄 수

있었다. 특히 잿빛 톤의 색상과 기차역 천정을 통해서 들어오는 채광, 파스텔 톤의 색상은 브라이튼 역사의 주위 풍경과 어우러져 하나의 작품으로 완성되었다.

11시 55분에 출발한 기차가 어김없이 오후 1시 35분에 브라이튼 역에 도착하였다. 도착해서 본 장면은 무척이나 새로웠다. 자연 채광을 이용한 역사의 건축 양식과 천정에 설치된 디지털과 아날로그의 조화를 통해서 복고와 현대가 숨 쉬는 것을 볼 수 있었다. 역사를 빠져나오기 전에 브라이튼의 안내 책자 등을 보고 있는 관광객들의 모습이 눈에 들어왔다. 잠시 시간을 내어 뒤편에 있는 공동 화장실을 이용하게 되었는데, 그때 내 시선에 들어온 것은 공중 화장실의 변기통의 에코 실드$^{Eco-shield}$였다. 피에이치에스$^{PHS}$ 브랜드의 제품으로 암모니아 가스등의 냄새 등을 제거할 수 있는 소취제 기능을 포함한 자연친화적 제품으로 보였으며, 역시 선진국 중에서도 으뜸이구나 하는 생각을 잠시 해 보았다.

브라이튼 기차역을 빠져나왔는데 갑자기 갈매기들이 손님을 맞이하였다. 생각보다 큼직한 갈매기 떼는 끼룩끼룩 소리를 내면서 브라이튼 역 주변을 비행하고 있었으며, 그 장면은 태어나서 처음 보는 광경이었다. 동시에 가까운 곳에 해안이 있을 것 같은 느낌을 바로 받을 수 있었다. 갈매기 소리와 더불어 길거리에서는 이쁜 상점을 쉽게 발견할 수 있었다. 특히 테이트 스페셜리스트 인 오피스 리쿠르먼트 $^{Tate\ Specialists\ in\ Office\ Recruitment}$는 브라이튼의 깨끗한 이미지와 부동산의 익스테리어 디자인 이미지가 눈에 띄었다.

또한, 브라이튼 역 버스 정류장 건너편에 있는 클리어런스 센

터<sup>Clearance Centre</sup> 건물 외벽의 슈퍼 그래픽 디자인은 파스텔 조의 다양한 색상을 이용하여 각각의 열기구 안에 서로 다른 캐릭터들을 디자인하여 전체적인 슈퍼 그래픽이 재미와 흥미를 펀<sup>Fun</sup>하게 표현하였다. 브라이튼 앤 호브<sup>Brighton & Hove</sup>와 에센셜 트래블 포 아우어 시티<sup>Essential Travel For Our City</sup>의 캐치프레이즈 <sup>Catchphrase</sup>가 눈에 들어왔다.

아마도 '우리 도시를 위한 필수적인 여행'을 브라이튼에서 한다는 의미로 다가왔다. 특히 빨간색 2층 여행 버스의 색상은 브라이튼의 도시 색상과는 보색 대비로 특별히 눈에 띄어 브라이튼 도시의 미관과 함께 예쁘게 보였다.

레드<sup>Red</sup> 색상의 2층 버스를 타고 45분 정도 걸린 곳에 세븐 시스터스가 있었으며, 그곳에 내려서 세븐 시스터스의 절벽까지는 첫째, 왼쪽의 산을 넘어서 가는 코스와 둘째, 산 밑의 길을 걸어가는 코스가 있었다. 우리 가족은 아무 생각하지 않고 앞의 팀들을 따라 산 쪽의 코스를 선택해서 길을 걷기 시작했다. 걸어서 10분 후에 갑자기 양들을 발견할 수 있었으며 양들이랑 잠시 함께하면서 걷고 있는데 오른쪽에 갑자기 용이 승천하는 것처럼 보이는 산 밑의 아름다운 풍경에 입을 다물지 못했다.

　1시간 30분 정도 걷고 나서 도착한 데가 세븐 시스터스의 해안 지역이었으며, 바닷가에서는 하루에 두 번씩 일정한 시간을 두고 바닷물이 빠져나가고 들어오는 밀물 썰물 현상 중에서 바닷물이 갑자기 육지를 향해 들어오는 밀물 현상을 직접 경험하게 되었다.

　차홍이와 우형이는 1시간 30분의 도보와 무더위 때문에 열을 식히기 위해 해안가에서 물놀이하고 있었다. 1시간 정도 물놀이를 하

고 있었는데 갑자기 바닷가에서 바닷물이 들어오는 밀물과 썰물(조석) 현상에 놓였다. 들어갈 때는 물이 없었는데 물이 해안가로 갑작스럽게 들어오면서 차홍이, 우형이가 있던 지역이 갑자기 섬이 되어 버렸으며, 두 사람과 함께 있었던 외국 아빠와 아이도 함께 고립되어 있었다. 내가 아이들이 위급함을 알리기 위해 수십 번 이

름을 불렀는데, 차홍이와 우
형이는 나의 목소리를 들을 수
가 없었다. 물이 가득 차기 일
보 직전에 차홍이와 우형이는
그곳에서 빠져나올 수 있었다.
정말 짧은 순간에 일어난 일인
데 본인들은 잘 모르고 있던
모양이었다. 외부에서 30분 동
안 일어난 상황을 바라본 나로
서는 애타는 상황일 수밖에 없
었다.

세븐 시스터스의 아름다
움에 취하고 나서 저녁 무렵에
처음 출발했던 브라이튼 시내
에 도착했는데 갑자기 눈에 들
어온 음식점은 '코코로 스시

앤 도시락'이었다. 처음에는 왜 일본 이미지를 사용해서 식당을 만들
었을까 하는 생각도 들었으나 시간이 조금 흐른 후에는 생각이 조금
바뀌게 되었다. 스시와 도시락의 이미지를 브랜드에 맞추어 글로벌 브
랜드를 만들려고 하는 주인의 의도를 식사하면서 조금씩 알게 되었
다. 일본 식당으로 알고 들어갔는데, 한국인 사장이 운영하는 매장임
을 안 것은 음식을 시키고 나서 30분이 지나서였다.

　주문한 음식을 먹고 있는데 점원이 처음에는 영어를 사용해서 주문을 받았는데 전화 주문을 받는 것을 보고 한국인이 사장인 것을 알게 되었다. 한국에서 거의 지구 반대편에 있는 이곳 런던의 동남쪽 브라이튼 시내에서 식당을 운영하는 한국 사장님!

　머나먼 이국땅에서 영국 런던의 동남쪽 브라이튼 도시에서 멋지게 식당을 운영하면서 한국을 알리는 사장님의 도전에 응원의 박수를 보낸다. 저녁 식사를 하고 브라이튼 시내의 사거리를 지나가는데 저녁놀의 모습이 매우 아름다웠다. 브라이튼 역 주변의 다양한 볼거리도 재미를 주는 요소였다. 런던 시내에서 2시간 걸리는 아름다운 여행지이자 자연과 역사와 예술이 살아 숨 쉬는 매력적인 브라이튼 세븐 시스터스를 뒤로하고 기차를 타고 런던 시내로 돌아오는 동안 좋은 추억을 마음에 담을 수 있어서 기분이 좋았다.

# 미께 런던의 차이나 타운<sup>China Town</sup>에서 만난 색다른 공연

피커딜리 서커스 근처에는 뮤지컬 극장이 몇 개 있었다. 마침 뮤지컬 〈더 커미트먼트<sup>The Commitments</sup>〉를 예약하고 나서 시간이 남아서 주위를 살피는데 극장 건너편에 마침 차이나 타운<sup>China Town</sup>이 눈에 들어왔다. 특히 런던 시내 한복판에 홍살문 상단의 '가족의 날 2015<sup>FAMILY DAY 2015</sup>' 현수막에 나타난 사자탈을 통해서 본 차이나 타운의 위력을 몸으로 체험할 수 있었다. 또한, 차이나 타운 안의 동양인들은 생각

보다 많았다. 대부분 중국 사람들이었으며 일본, 한국, 동남아 사람들도 간혹 눈에 띄었다. 런던 시내의 어떤 곳보다 사람이 많았으며 런던이 아니라 하나의 중국 시내에서 본 모습이었다. 처음에는 새로움으로 다가왔으나 우리는 왜 이런 타운이 없을까 하는 아쉬움이 더 컸다. 한국을 떠나 13년 차 해외 생활을 하는 나로서는 너무나 중국인들이 부러웠던 시간이었다. 개인의 능력보다 국가의 이미지, 단체적인 이미지가 주목받는 특별한 체험이었다.

런던의 차이나타운은 유럽 최대 규모를 자랑하는 곳으로 다양한 식당과 매장들이 자리 잡고 있었다. 중국인지 영국인지 모를 정도로 많은 중국 사람을 볼 수 있으며, 덩달아 아시아 사람들이 특히 많이 보이기도 했으며 레스토랑이나 슈퍼마켓에서는 영어를 사용하기도 하였으나, 대부분 이곳 차이나 타운에서는 중국어만 사용할 줄 알면 생활하는 데 불편함이 없었다.

차이나 타운에서 유일하게 눈에 들어온 한식당은 '코리안 칠리'라는 업소다. 영국 런던의 차이나타운 근처에서 만난 자그마한 음식점이 약간의 위안이 되었다. 고추를 상징적으로 표현한 영문 입간판이 특별히 눈에 들어왔다. 이러한 식당들이 모여서 타운이 형성되는데 우리의 코리아타운은 영국 런던에서는 볼 수 없었으며, 우리의 이웃 나라인 중국이 런던 한복판에 하나의 상권을 형성하고 있는 모습에 중국의 국력을 런던에서 느낄 수 있었다.

중국 식당은 물론 일본, 한국 식당 등도 있으며 저렴하게 아시아권의 음식을 원하는 관광객들은 이곳을 많이 찾는다. 현지인은 물론 유학생, 관광객에게 특히 유명한 지역이기도 하며 슈퍼마켓에서

는 한국 사람들이 좋아하는 라면, 김치 등도 판매한다. 런던을 여행하면서 한국 음식이 생각 날 때 찾으면 제일 좋다. 매년 구정에 열리는 'Chinese New Year's Day' 축제를 비롯한 각종 축제가 시즌별로 열리고 있으니, 런던 여행 시 미리 점검하고 차이나 타운에 찾아오면 유럽 속의 작은 차이나타운을 볼 좋은 기회가 될 수 있다.

런던 차이나 타운을 보면서 극장 쪽으로 걸어가고 있었는데 퀸스 하우스Queen's House 앞쪽 광장에 많은 인파가 모여서 무언가를 보고 있는 광경이 눈에 들어왔다. 관광객들의 소리로 인해서 자연스럽게 그곳으로 옮기게 되었다.

젊은이들과 나이 든 사람들은 물론 전 세계의 다양한 인종과 국가의 사람들로 보였으며, 작지만 세계인들이 함께 즐기고 있었다. 첫 번째 본 장면은 이탈리아 사람들로 구성된 팀으로 어린아이에게 춤을 가르쳐 준다거나 혹은, 신체 건장한 청년이 7~8명의 등을 넘는 묘기 등을 보이면서 영국에 여행 온 전 세계인들을 대상으로 본인들의 장기를 보여 주었다. 이러한 하나의 작은 이벤트가 관광객의

마음을 즐겁게 하였다.

첫 번째 공연이 끝나고 나서 자리를 옮기는데 또 하나의 야외 공연을 볼 수 있게 되었다. 동양인으로 보이는 청년이 진한 황색의 옷을 입고 무언가 이야기를 하면서 관중을 모으고 있었다. 외관상으로는  동남아 태국 사람으로 보였으나 확실한 것은 유럽의 중심인 런던에서 그것도 차이나 타운 근처에서 아시아 사람이, 본인의 신체를 이용하여 여러 가지 무술 시범을 보이고 있었다.

혼자 일방적인 묘기를 보여주는 것이 아니라 이야기를 하면서 투 웨이 커뮤니케이션<sup>Two Way Communication</sup>의 방법으로 진행하는 모습이 꽤 인상적이었다. 이소룡의 신체를 닮아 170㎝ 정도의 보통 키를 가진 그는 너무나 자연스럽게 20분 정도의 공연을 마쳤는  데, 관객과 호흡하면서 진행하는 모습이 너무나 자연스러웠다. 그와 함께 어린 학생에서부터 나이 든 어르신까지 다양한 관객을 손님으로 초대하여 본인이 준비한 무술 시범을 완성하였다. 이소룡이 다시 환생해서 런던 한복판에서 공연하는 것 같은 착각을 불러일으켰다.

차이나타운 근처에서의 공연은 흡사 중국인 무술인에 차이나 타운을 간접적으로 홍보하는 것이 아닌가 하는 착각을 불러일으키기에 충분한 의상과 외모를 지니고 있었다. 특히 중년의 유럽 관광객이 환호하면서 감동하던 모습이 지금도 눈에 선하다. 좋은 공연에 감동하고 표현하고 반응하는 유럽 관광객들의 모습에 흠뻑 젖어들 수 있는 뜻깊은 만남이었다.

공연이 끝나고 환호성과 감사로 성의를 표현하는 많은 관광객과 밝은 모습으로 선함의 표현을 받고 있는 공연자를 보면서 잠시 생각에 잠겼다.

만약에 이 거리가 차이나 타운이 아니라 코리아 타운이었다면 어땠을까? 이 공간에서 태권도 시범이나 우리의 전통문화를 알릴 수 있는 공연을 했으면 어땠을까? 혹은 난타, K-POP 공연 등을 통해서 대한민국의 한류의 우수성을 알릴 수 있다면, 하는 생각을 하면서 이곳을 빠져나왔다. 광장 옆편의 대형 시계를 보니 2시 15분을 향하고 있었다. 3시에 〈더 커미트먼트〉를 예약했기에 이곳에 있는 시계 밑의 종을 보면서 걸음을 옮겼다.

# 07. 〈더 커미트먼트〉의 풍경

오후 3시, 뮤지컬 〈더 커미드먼트〉를 보기 위해서 차이나타운에서 극장으로 자리를 옮기는 도중에 레미제라블<sup>Les Miserables</sup>을 공연하는 극장의 간판을 보면서 이곳이 런던의 뮤지컬 공연을 볼 수 있는 한국의 대학로 거리라는 것을 알게 되었다.

문득 걷다가 어디선가 본 듯한 사람이 눈에 들어왔다. 영국 마가렛 대처<sup>Margaret Thatcher</sup> 총리의 슈퍼 그래픽 앞에서 담배를 피우고 있는 유럽인의 모습과 다양한 홍보 포스터를 볼 수 있었다. 또한, 레스토랑 밖에서 맥주를 마시고 다정한 연인이 대화하는 장면들이 눈에 들어왔는데 오후 2~3시경의 영국 시내에서 볼 수 있는 여유로운 장면이었다. 블레이드 소호<sup>Blade Soho</sup> 매장 앞에서 잡지를 보고 있는 청년과 무언가를 먹고 있는 여인을 통해서 런던의 일상을 간접적으로 경험할 수 있었다.

이러한 시내 구경을 하면서 어느덧 〈더 커미드먼트〉를 볼 수 있는 뮤지컬 극장에 도착하였다. 오후 3시에 뮤지컬이 시작하는데 30분 전에 극장에 도

착했다. 영국 런던에서는 1985년 초연된 레미제라블과 더불어 오페라의 유령The Phantom of the Opera, 캣츠Cats, 미스 사이공Miss Saigon 등이 세계 4대 뮤지컬에 속한다. 대부분 유명 뮤지컬에만 관객이 모이는 줄 알고 극장에 들어갔는데 생각하지 못한 광경을 보게 되었다.

정장 차림의 중장년의 멋쟁이 할머니, 할아버지가 많았으며, 영국에 여행을 온 사람들은 거의 찾아볼 수 없었다. 대부분 뮤지컬을 좋아하는 런던의 멋쟁이 아저씨 아주머니로 보였다. 자매로 보이는 여성분들과 팔짱을 끼고 있는 노부부들이 많았으며, 그 바로 건너편에는 노신사들 서너 명이 밝은 표정으로 이야기를 나누고 있었다.

3시 뮤지컬을 관람하기 전에 로비에서는 다양한 모습의 관객들을 볼 수 있었으며 문득 20년 후의 나의 모습을 생각했다. 노년에 사랑하는 아내랑 혹은 나의 절친한 동생들이랑 같이 와서 뮤지컬을 관람하면서 즐겁고 행복한 문화생활을 영국 사람들처럼 할 수 있을까? 런던의 한복판 극장에서 처음 느껴 보는 미래에 대한 이미지를

보면서 그러한 영국 사람들의 문화생활이 참 부럽게 느껴졌다.

'참 예쁘게 늙어가는구나.'

그러한 생각을 하는 사이 입장하라는 장내 아나운서의 멘트와 동시에 우리 일행은 극장 안으로 들어갔다. 들어간 시간은 개막 20분 전이었다.

처음 자리를 잡으면서 보았던 광경은 동양인으로 보이는 이들이 단 한 명도 보이지 않았다. 암전되기 전의 모습은 우리가 이곳에 잘못 온 것이 아닌가 하는 착각이 들 정도로 관객들 대부분이 백인이었으며 흰머리와 갈색 머리에 정장 차림의 관객들이 4층을 제외한 1, 2, 3층에 자리를 잡고 있었다.

조용히 대화하는 모습들이 50대 이하의 사람들은 없는 것처럼 느껴졌다. 대부분 현업에서 퇴직하고 노후를 즐기는 사람들로 비추어졌다. 평일 오후 3시이니, 일반 사람들은 출근하는 시간일 테고, 여유를 즐기는 사람들이 볼 수 있는 뮤지컬인 만큼 주위 환경은 보통 여행자들의 모습이 가끔 보이곤 했었는데, 2층에서 바라본 광경은 우리 가족을 빼고는 모두 영국 사람들로 가득 찬 듯한 모습이었다.

3시 정각이 되어 관객석의 암전과 함께 무대는 환한 조명으로 3명이 강한 비트의 연주를 하면서 뮤지컬이 시작되었다.

워낙 빠르게 뮤지컬이 진행되고 있었으며, 개인 뮤지션의 성장 과정과 밴드를 결성하면서 겪는 다양한 생활상을 뮤지컬로 승화시켰다. 초기의 음악 생활 과정과 밴드 결성하기까지의 어려움과 그 과정을 극복하고 하나의 밴드를 결성해서 완성하여 최종 음악을 관객들에게 발표하기까지의 과정을 관객과 함께 호흡하고 있었다. 뮤지컬 초기에는 뮤지션과 밴드와의 갈등과 마찰을 통해서 극의 전개가 긴장을 늦출 수 없게 하였으며, 후반에 가면서 뮤지컬을 공연하는 공연자와 관객과 함께 호흡할 수 있는 시간이 되었다. 덕분에 뮤지컬 후반부로 갈수록 관객들이 엉덩이가 들썩들썩하게 하였다.

또한, 건너편에서 이미 춤을 추고 있는 유럽 아주머니의 모습도 쉽게 볼 수 있었다. 특히 춤을 추는 관객과는 별도로 앞쪽에서 공연하는 뮤지컬을 보는 중년 신사 숙녀들의 진지한 모습이 눈에 띄었다. 뒤쪽에서는 무심코 춤을 추는 관객의 모습을 보는 아주머니의 모습도 눈에 띄었다. 그렇게 진지하게 관람하고 있는데 문득, 그때까지 진지하게 관람하던 관객들의 박수 소리가 퍼져 가기 시작하였다. 1층에서 관객의 환호 소리와 박수 소리가 2층에 전달되었다. 이어서 3, 4층까지도 함께 손뼉 치는 소리가 들리기 시작했으며, 그 이후에는 1층

의 모든 관객이 일어나서 손뼉 치면서 춤을 추는 것이었다. 2층 맨 앞쪽에서 관람하고 있는 우리 가족의 시선에 이 모든 광경이 눈에 들어왔다. 처음에는 환호성과 박수 소리에서 시작한 관객과의 호흡이 박수에서 춤으로 옮겨가고 있는 것이었다.

1층에서 2층으로 3, 4층으로 전달되어 옆자리에 있던 사람들이 시합을 하듯 빠르게 자리에서 일어나면서 춤을 추었다. 2002년 한일월드컵 때 본 파도타기 응원이 런던의 뮤지컬 극장에서도 펼쳐졌다.

축구의 파도타기는 축구 경기장을 중심으로 원형으로 파도를 타는 게 보통인데 이곳 뮤지컬 극장에서는 바다에서 시작한 파도가 육지까지 오듯 뮤지컬 배우를 시작으로 1층 객석에서 2층, 3층, 4층으로 전달되어 마지막에는 파도가 아닌 흥분의 도가니로 만들어 주면서 모든 이들을 하나의 함성으로 만들어 버렸다.

문득 옆자리를 보았는데 몇 분까지만 해도 심각하게 뮤지컬을 보고 있던 차홍이, 우형이가 춤을 추고 있는 것이었다. 어렸을 때 예쁘게 춤을 추던 모습과는 달리 어느 정도 성장한 이후에 춤을 추는 아이들을 보니 너무나 기분이 좋았다. 또한, 차홍이, 우형이가 뮤지컬을 보면서 공적인 자리에서 가족과 함께 춤을 추는 것을 처음 맛보는 경험이었기에 기쁨은 더했다.

런던은 유럽의 중심, 산업 혁명
의 발상지이며, 18세기 이후 영원
히 해가 지지 않는 나라 영국의 수
도 런던에서 그것도 뮤지컬 극장
안에서의 색다른 가족의 체험은
말로 표현하기 어려울 정도의 감동
이었다.

나와 아내도 누가 시켜서가 아
니라 주변 분위기에 따라 저절로
일어나서 뮤지컬 배우들의 음악에

맞추어 함께 춤을 추었다. 25년 전에 결혼식을 하고 친구들과 함께
장흥 나이트클럽에 40~50명이 함께 어울려서 춤을 춘 이후에 아마
처음 맛보는 독특한 즐거움이었다. 제일 행복한 것은 가족과 함께 유
럽의 중심인 영국 런던 시내에서 유럽의 중년 분들이 좋아하는 뮤지
컬을 보면서 함께 즐긴다는 자체였다.

뮤지컬을 보면서 영국 사람들과 함께 춤을 출 수 있어 기뻤으며,
특히 차홍이, 우형이, 아내와 함께 춤을 출 수 있어서 무척 기뻤다.
가족의 표정 변화를 보면 첫 번째 심각하게 이 친구들 잘하나 보다가
두 번째는 밝은 표정으로 돌아가서 관람하다가 세 번째는 웃으면서
손뼉을 치면서 보다가 네 번째는 흥겨운 밴드와 미녀 3명이 빨간 색
상의 드레스를 입고 열정적으로 춤을 추면서 부르는 노래로 관객 모
두가 일어나서 흥겹게 춤을 추었다. 처음에는 1층부터 시작하여 마지

막 곡이 끝날 때까지는 단 한 사람도 일어나서 춤을 추지 않은 사람들이 없을 정도로 관객과 함께 호흡하는 뮤지컬이었다. 좀 더 확대해서 보면 관객을 고려한 진정한 뮤지컬의 정수를 맛볼 수 있었다.

차홍이, 우형이 표정에서 뮤지컬의 대단함을 직접 목격할 수 있었던 좋은 기회였다. 1시간 30분의 공연이 이렇게 빨리 지나갈지 몰랐다. 뮤지컬의 클라이맥스는 앵콜 송을 부르면서 한 사람 한 사람 인사하는 배우들의 모습이었다. 최선을 다한 후의 감동을 뮤지컬 배우와 관객이 함께 누릴 수 있음이 새롭게 느껴졌다.

뮤지컬 공연을 모두 보고나서 들뜬 마음으로 밖으로 나가는데 경험하고 싶지 않은 경험을 하게 되었다. 공연을 열심히 보고나서 흥분된 상태로 밖으로 나오는데 갑자기 덩치 큰 흑인 친구가 내 앞에서 영어로 왜 나를 치느냐고 시비를 걸었다. 몇 번씩 왜 나를 밀치느냐고 화를 내는 것이었다.

뭐 이런 놈이 다 있나 싶으면서도 당황할 수밖에 없었다.

뮤지컬 관람객들이 순식간에 밖으로 나오는 상황에서 발생한 일이라 정신을 차릴 수가 없었다.

족히 2m 가까이 되는 흑인이 내 앞에서 그렇게 시비를 걸기는 처음이었다. 출구로 빠져나오면서 내가 그 친구를 민 적도 없는데 덩치 큰 흑인의 갑작스러운 도발에 말문이 막혔다. 뜻하지 않는 엄청난 상황에 미안하다고 두 번씩이나 이야기하면서 상황을 정리하려고 하는데, 갑자기 왼쪽에서 유럽 여인으로 보이는 예쁘장하게 생긴 분이 나타나 사진을 찍어 주겠다며 접근해 왔다. 카메라를 달라는 뜻이었

다. 무의식적으로 이건 뭔가 있는 것 같다는 직감을 하면서 괜찮다고 사양을 했는데도 불구하고 계속 가족들 사진 촬영을 해 주겠다는 것이었다. 우리 일행은 괜찮다고 몇 번씩 양해를 구하면서 입구 쪽에서 뮤지컬 사이니지가 있는 옆자리로 이동했다. 갑작스럽게 밀려 나오는 관람객에 의해 옆으로 밀려났다는 게 옳은 표현이었다.

유럽 여행 시 조심해야 할 여러 가지 중에서 한 가지는 모르는 사람이 접근해서 사진을 촬영해 주겠다고 과잉 친절을 베푸는 사람이 있으면 상황을 봐서 잘 대처해야지 그렇지 않으면 카메라를 도둑맞을 수 있다는 정보를 책으로부터 본 기억이 생각났다. 덕분에 위급한 상황을 모면할 수 있었다. 깜박하면 카메라를 그녀에게 건네줄 뻔했는데, 지혜롭게 잘 대처했다.

처음에 시비를 건 흑인 친구와 그녀는 우리가 멈칫멈칫하는 사이에 순식간에 사라져 버렸다. 가족과 함께 흥분된 마음으로 멋진 뮤지컬을 보고 나오면서 경험한 좋지 않은 사건이었다. 그러나 가족과 함께한 〈더 커미트먼트THE COMMITMENTS〉 뮤지컬 만큼은 무척이나 좋은 추억으로 남았다.

France

Chapter 3

프 랑 스

France

✈
2015.07.13-07.16 **프랑스** 파리·베르사유

바토 무슈<sup>Bateaux-Mouches</sup>에 나타난
티라노사우루스<sup>Tyrannosaurus</sup>

　오늘은 센 강에 있는 바토 무슈<sup>Bateaux-Mouches</sup>를 이용해서 프랑스의 유적지를 보기로 했다. 민박집을 떠나 바토 무슈 선착장까지는 전철을 이용했다. 메트로 9호선 알마 마르소<sup>Alma Marceau</sup> 역에서 도보로 5분 거리에 바토 무슈 선착장이 있었는데, 알마 마르소 다리 북쪽 아래로 걷다 보면 선착장 앞쪽에 커다란 공룡 조형물이 나타났다. 바토 무슈의 상징이기도 티라노사우루스를 보면서 우리 일행은 선착장 입구 쪽을 향해서 걸어갔다. 공룡 오른쪽 위편에 있는 바토 무슈라는 간판이 눈에 들어왔으며, 바토 무슈를 타기 위해 강에 도착했을 때는 게시판에서 사진을 정리하는 사람이 눈에 들어왔다. 고객들을 위해서 촬영해서 판매하는구나 하는 생각과 함께 선착장에 도착해서 배를 기다리고 있었는데, 한편에서 단체 사진을 촬영하는 관광객들이 눈에 들어왔다. 매우 행복하게 보였다. 조금 시간이 흐른 후에 안내

방송과 함께 우리 일행도 바토 무슈 유람선에 올라탔다.

바토 무슈의 운행 코스는 알마교에서 출발하여 루브르Louvre 박물관, 노트르담 성당Notre-Dame을 지나 시테 섬을 한 바퀴 다시 돌아오는 코스이며, 1시간 30분 정도 소요되며 파리의 유명 건물은 물론 22개 다양한 다리를 관람할 수 있다. 흔히들 유람선의 이름 정도로 알고 있는 바토 무슈는 사실 유람선의 이름이 아닌 유람선을 운항하는 회사의 이름인 것을 이번 관광을 통해서 알 수 있었다.

배에 올라타는데 앞쪽에서 사진작가로 보이는 분이 배에 올라타는 사람들을 향해서 카메라라 셔터를 계속해서 누르고 있었다. 조금

전 선착장 바깥쪽에서 디스플레이Display하던 작품들이 이분의 작품이
구나 하는 생각을 하면서 배에 올랐다. 앞의 일행 중에 연세가 있으
신 분들은 1층으로 향하는 분도 있었으며, 우리는 2층 오른쪽에 자
리를 잡았다. 마침 앞쪽 한 자리와 뒤편에 세 자리가 있어서 우리는
같은 공간에서 관람할 수 있었다.

바토 무슈에서는 불어, 영어, 스페인어, 이탈리아어, 중국어, 마지
막 여섯 번째로 한국어 안내 방송이 나온다. 유람 코스에 따른 자세
한 안내를 들을 수 있었으나, 여섯 번째 언어로 방송되다 보니 보이는
것보다 한 템포 늦게 설명이 나와서 명소를 정확히 이해하는 데 조금
불편함이 뒤따랐다. 한편으로는 기쁨도 있었다. 아나운서가 예쁜 목
소리로 5~6개국의 언어로 방송하는데, 특히 마지막에 한국말로 안
내되어 깜짝 놀랐다. 12년

전에는 한국말로 방송하
지 않았었는데 국력이 많
이 높아졌구나 하는 생각
에 잠시 대한민국의 국민
으로서 뿌듯함을 느낄 수
있었다.

멀리 뒤에 보이는 노트
르담 대성당과 그 앞에서
물끄러미 센 강을 바라보
는 관광객과 어린 학생이

손을 흔들고 있는 모습이 무척 자연스러웠다.

센 강의 시테 섬에 위치한 12세기 고딕 건축의 걸작으로 유명한 노트르담 대성당이 장엄하고 웅장한 모습을 선보였다. 노트르담은 '우리의 귀부인'이라는 의미로 성모 마리아를 가리키기도 한다. 세계에서 가장 유명한 대성당. 노트르담 대성당의 장엄하고 웅장한 모습은 어느 쪽에서 보아도 감탄을 자아낸다. 그중에서도 아르슈베세 다리 Pont de Archeveche를 건너 센 강 왼쪽 기슭에서 보는 남쪽과 뒤쪽의 경관은 파리에서도 가장 아름다운 곳으로도 유명하다.

또한, 바토 무슈의 유람선에서 바라본 노트르담 대성당 앞쪽의 센 강 주변은 많은 연인이 즐겨 찾는 곳이다. 계단에 앉아서 무언가를 물끄러미 보는 청년의 모습과 다리 위에서 우리 쪽을 바라보는 두 부부의 다정한 모습이 눈에 들어왔다. 무언가를 생각하고 사색하고 있는 왼쪽의 젊은 부부와 오른쪽의 중년 부부의 여유로움을 함께 볼 수 있었다. 특히 오른쪽에 있는 중년 부부의 아내가 신랑의 어깨에 손을 얹은 모습이 다정스럽게 보였다.

센 강 다리 뒤쪽의 노트르담 서원이 우리 눈에 들어왔으며, 잠깐 한눈파는 사이에 다리 위에서 손을 흔드는 관광객의 모습 바로 아래로 열쇠 뭉치가 눈에 들어왔다. 유럽 및 전 세계를 여행하다가 보면 열쇠 꾸러미들이 다리 혹은 난간에 걸려 있는 것을 쉽게 볼 수 있다. 서울에서도 남산 정상의 팔각정에 가 보면 커플들이 사랑의 흔적을 남기기 위해 자물쇠에 서로의 이름을 쓰고 그곳에 매달아 두곤 한다. 흔히 이런 곳은 친구의 우정, 남녀의 사랑, 부부의 사랑 또는 가족의 사랑 등을 기념해서 자물쇠에 흔적을 남겨 놓는 것으로 유명한데, 이곳 센 강의 예술의 다리도 그런 사랑의 증표를 모아 놓은 장소로 유명하다.

바토 무슈가 노트르담 대성당 근처에 도착했을 때, 많은 관람객이 센 강에서 운행 중인 바토 무슈를 바라보고 있었다. 배에 타고 있는 사람들은 건너편에서 구경하는 관람객들을 향해서 연신 팔을 흔들어 환영의 인사를 건네곤 한다. 때로는 친구와 손잡고 걸어가면서, 또는 계단 위에 앉아서 답례로 손을 흔들어 주는 모습이 참 맑고 밝아 보였다.

센 강 강변의 젊고 밝고 다양한 모습은 낭만의 도시 파리를 대변해 준다. 왼쪽 화면의 계단 위 풍경을 보면 센 강을 등지고 앉아 있는 두 여학생의 모습과 그 아래에서 그림을 그리는 소녀의 모습이 담겨 있다. 또 4명의 가족 중에서 3명은 센 강을 바라보고 있으며, 아빠로 보이는 분이 카메라를 들고 계단의 어딘가를 주시하고 있는 모습도 무척 자연스러워 보였다. 그 아래에서 친구 4명이 계단에 차례로 앉아서 대화하는 모습과 뚱뚱한 미녀 두 명이 아래의 친구들을 보면서 무언가 이야기하는 모습, 밝게 웃는 모습 역시 매우 아름다웠다. 그 아래로 신발 끈을 매고 있는 젊은 여성이 눈에 들어왔다.

가운데 화면에서는 건강하게 생긴 여학생 두 명이 유람선을 향해서 밝은 미소로 손을 흔들어 주는 모습이 눈에 띄었다. 오른쪽 화면에서는 계단 위에서 핸드폰을 물끄러미 보고 있는 사람 사이로 4가

족으로 구성된 여행객들이 계단을 올라가는 모습이 보였다.

또한, 직장인으로 보이는 여성 3명이 계단에 걸터앉아서 건배하는 모습이 눈에 들어왔다. 매우 밝은 모습의 여성들이었는데, 포도주를 든 것 같았고 무언가를 기념하기 위해서 센 강 강변을 찾은 듯하였다. 3명 모두 청바지를 입고 캐주얼하게 자유로움을 즐기고 있는 모습이 무척 부러웠다.

왼쪽 나무에 녹색과 회색으로 표현된 낙서와 가운데 회백색의 바탕에 스프레이를 사용하여 흘림체로 쓴 낙서가 자연스러웠다. 물론 낙서로 인해서 자연이 파괴되는 것을 제외하고는 나름대로 미*적인 요소를 카메라로 담을 수 있었다.

센 강 강변 곳곳에 누군지 모르는 무명인에 의해 쓰인 낙서의 의미를 모두 파악하기는 힘들지만, 회백색 공간의 미보다는 여백의 미를 고려한 낙서라는 무기를 통해서 흔적을 남기는 사람들이 많으며, 그러한 낙서의 유형과 필체는 전 세계가 공통적이다.

전 세계 어느 나라에 가든 낙서는 존재하는데, 센 강에서 만난 낙서는 좀 더 색다른 묘미가 있었다. 배를 타고 가면서 낙서를 볼 수 있는 곳은 전 세계에 그렇게 많지 않다. 또한, 낙서를 그렇게 열심히 보는 사람도 많지 않을 것이다. 누군지 모르는 사람들에 의해서 남겨진 흔적을 센 강의 하나의 작품이라고 볼 때, 그 낙서가 된 작품을 잠시 훔쳐 간다는 착각을 불러일으켰다. 나는 유람선을 이용하여 그러한 낙서의 흔적을 담을 수 있어서 무척 기뻤다.

센 강 강변의 한 곳, 원형으로 만들어 놓은 화단 위에서 무언가를 유심히 보고 사색하는 프랑스 흑인의 모습에서 잠시 나를 되돌아보았다. 살면서 휴식은 항상 필요한 요소이다. 자아를 되돌아볼 수 있는 시간과 공간의 미학美學을 느낄 수 있는 시간이었다.

센 강 작은 섬에서 여름을 즐기는 여자 친구들이 요구르트를 먹으면서 무언가를 이야기하고 있는 모습, 음료수를 마시고 있는 연인을 물끄러미 바라보면서 웃는 모습이 무척 자연스럽게 보였다. 특히 오른쪽 화면의 커플이 밝은 의상을 입고 아름다운 미소를 지으며 손을 흔들어 주는 모습이 눈에 띄었다. 옆에서 빨간색의 모자를 거꾸로 눌러쓴 프랑스 청년의 무표정한 모습과 조금 있다가 환한 미소로 변하면서 여자 친구와 함께 손을 흔들고 있는 모습을 통해서 환경 변화에 따른 표정의 색다른 면을 볼 수 있었다.

센 강 작은 섬에서 기타를 들고 헤드폰을 쓰고 음악을 하는 아티스트와 가족이 함께 센 강 강변을 찾아서 여름을 즐기는 행복한 모습, 다양한 국적의 학생들로 보이는 5명이 바토 무슈를 타고 가는 관람객에게 손을 흔드는 모습을 통해서 환영의 인사하는 모습을 볼 수 있었다.

아시아 사람으로 보이는 모델이 자기 자신을 촬영하는 모습이 내 눈에 들어왔다. 모델 뒤편에서 아이들이 놀다가 모델의 촬영 장면을 무심코 바라보는 아주머니도 있었는데, 촬영할 때는 모른 척 아이들과 함께 노는 모습이 자연스러워 보였다.

며칠 후에 관람하기로 한 오르세 미술관을 바토 무슈에서 미리 볼 수 있었다. 파리는 예술의 도시답게 여러 미술관을 볼 수 있는데, 그중 첫째가 루브르 박물관$^{Louvre\ Museum}$과 오르세 미술관$^{Orsay\ Museum}$이 아닌가 싶다. 센 강 건너편에 엠오$^{MO\ :\ Musee\ d'Orsay}$, 즉 오르세 심벌마크$^{Symbol\ Mark}$가 눈에 크게 들어온다. 또한, 자세히 보면 건물 중앙에 원형 시계가 있는데 대형 시계가 센 강을 오고 가는 유람선의 외국 관광객을 맞이해 준다. 우리가 탄 바토 무슈 건너편에 모래를 실은 배가 운항하고 있었다. 이어서 프랑스 국기와 함께 프랑스 국회의사당$^{Assemblee\ Nationale}$ 외관을 볼 수 있었다.

센 강에 있는 37개의 다리 중에서 가장 화려한 다리이자 유일하게 금속으로 만든 다리가 알렉상드르 3세 다리<sup>Pont Alexandre III</sup>이다. 길이 107m, 폭 40m로 그랑 팔레<sup>Grand Palais</sup> 미술관과 앵발리드<sup>Hotel des Invalides</sup> 앞의 에스플라나드 데 쟁발리드<sup>Esplanade Des Invalides</sup>를 연결한다. 러시아 황제 알렉상드르 3세의 이름을 갖고 있

는 이 다리는 프랑스와 러시아의 동맹 제휴를 기념해서 만든 다리로, 교각의 오른쪽은 프랑스 르네상스와 루이 14세<sup>Louis XIV</sup>의 시대를 나타내며, 센 강과 네바 강<sup>Neva R.</sup>의 무늬는 프랑스와 러시아를 상징하기도 한다.

다리 양쪽 끝에는 20m가 넘는 금천동 마상이 있고, 다리의 중간에는 꽃과 금장식으로 수를 놓았으며, 승전의 기쁨을 표현하기 위해 세워진 양쪽의 기마상들도 금으로 도금하여 고급스러움은 더했다. 센 강 주변에 많은 다리가 있는데 가끔 고대 신들의 형상을 한 조형물들이 눈에 띈다. 보이지 않는 다리의 기둥은 색채가 변해 세월의 흔적을 느낄 수 있고 형상은 일부 깨진 부분도 있었는데, 이 다리에 사용된 벽돌 중 일부는 감옥에서 나온 것을 재활용했다고 한다.

바토 무슈 선착장 도착 전에 만난 작은 유람선 외벽의 시각적인

디자인이 특별히 눈에 띄었다. 유람선을 운영하는 회사에서 제작한 것으로, 각 명소를 상징적으로 표현한 심벌마크를 통해 관광객이 어디를 거쳐서 돌아오는지를 쉽게 알 수 있도록 배려하였다. 왼쪽 하단부의 에펠탑<sup>Eiffel Tower</sup>을 시작으로 루브르 박물관, 노트르담 성당, 오르세 미술관을 거쳐 다시 에펠탑으로 돌아오는 유람선의 동선을 알 수

있도록 관광객의 시각적인 흥미를 이끌어낸 부분이 인상 깊었다.

프랑스의 상징이자 파리의 상징이기도 하며, 만국 박람회의 상징이기도 한 에펠탑은 가까이에서 봐도 멋있지만, 센 강의 바토 무슈에서 바라본 탑의 모습은 특히나 아름다웠다. 과거 처음에 에펠탑을 만들었을 때 괴물을 만들었다는 혹평도 있었지만, 센 강에서 바라본 에펠탑은 으뜸 중의 으뜸이었다. 바토 무슈를 타고 센 강을 돌아본 1시간 30분의 여행이 너무도 즐거웠다. 바토 무슈에서 내려서 혹시 촬영된 사진이 없나 봤더니, 나와 우형이의 사진이 눈에 띄었는데 사람이 많아서 구매하지는 못하고 눈으로만 기억하고 돌아왔다.

# 07.13 파리 에펠탑에서 만난 애국 청년들

샤요 궁<sup>Palais de Chaillot</sup>을 통해서 에펠탑을 보기 위해서 자리를 옮겼다. 에펠탑 상단 부분이 보이는 듯싶더니 광장 오른편에 눈에 들어온 장면이 있었는데, 노랑 한복을 입은 모습의 사람들이었다. 이곳 파리에 와서 무슨 퍼포먼스를 하는지 궁금했다. 계단을 통해서 광장에 올라왔는데 10여 명의 젊은 학생들이 모여서 전단을 뿌리고 있는 모습이 내 눈에 들어왔다. 그런데 점점 가까이 가면서 뭔가 동질감을 느낄 수 있었다. 노란색으로 의상을 통일한 가운데 한복을 입고 있는 젊은 여학생이 눈에 띄었다.

직감적으로 한국 학생들이구나 하는 생각이 들었다. 우형이는 벌써 한복을 예쁘게 입은 여학생에게 이끌리어 뭔가를 작성하고 있었다. '일본군 위안부 피해자에게 명예와 인권을'이라는 표어를 통해서 학생들이 하고자 하는 목적을 알 수 있었다. 우형이를 시작으로 차홍이와 아내와 내가 차례로 서명 운동에 참여하였다. 서명하기 전에 서명지를 잠시 봤는데, 앞쪽에는 불어로 뒤쪽에는 한글로 표기하여 샤요 궁과 에펠탑을 보기 위해 나온 여행객들을 대상으로 서명을 받고 있었다. 우리 가족은 한편으로는 미안한 생각이 들었다. 위안부의 명예 회복을 위해 이곳 프랑스 파리에서 봉사하는 청년들의 모습을 보면서 마음이 찡했다.

한편으로는 함께하지 못한 아쉬움과 수천 리가 넘는 이곳에까지

와서 위안부들을 위한 후손의 의무를 다하는 모습에 박수를 보내고 싶었다. 또한, 서명하는 외국인들이 전한 고생한다는 그 한 마디 한 마디가 무척 고마웠다. 에펠탑을 관람하러 왔는데 관람하는 내내 그 청년들의 봉사하는 모습이 계속해서 내 안에 있었다. 머나먼 타국까지 와서 애국하는 청년들의 모습을 통해서 나 자신을 새롭게 발견할 수 있었다.

바토 무슈를 타고 건너편 에펠탑을 구경하고 있는데 갑자기 전철이 에펠탑 중간을 자르면서 가는 장면이 목격되었다. 감각적으로 그 장면 촬영하면서 잠시 행복하다는 생각이 들었다. 일반적인 에펠탑은 여러 곳에서 볼 수 있었으나, 이와 같은 장면을 우연히 목격할 수 있다는 생각에 무척 행복했다.

에펠탑을 관람하러 왔는데 수많은 해외 관람객들이, 한국에서 온 청년들의 봉사하는 모습이 계속해서 내 안에 있었다. 머나먼 타국까지 와서 애국하는 청년들의 모습을 통해서 나 자신을 새롭게 발견할 수 있었다. 샤요 궁은 1937년 파리 만국박람회장 L'Exposition universelle 으로 건설되었으며 에펠탑에서 가장 잘 보이는 곳이다. 샤요 궁 근처는 에펠탑을 배경으로 사진 촬영을 하기에 최적의 장소였으며, 에펠탑을 배경으로 좋은 장면을 잡기 위해서 분주하게 움직이는 모습이 눈에 들어왔다. 에펠

탑 근처에서 관람하는 내내 한국에서 이곳까지 와서 애국하는 청년
들의 헌신적으로 봉사하는 모습이 내 마음속에서 사라지지 않았다.

'일본군 위안부 피해자에게 명예와 인권을'이라는 표어를 앞쪽에
는 불어로 뒤쪽에는 한글로 표기하여 샤요궁과 에펠탑을 보기 위해
나온 여행객들을 대상으로 서명을 받고 있었다. 우리는 누가 먼저 이
야기하지 않았는데 자발적으로 서명하고 잠시 그들의 하고 있는 홍보
를 마음속으로 응원하였으며, 청년들이 봉사하는 모습을 보고 감동
했다. 한편으로는 함께 하지 못한 아쉬움과 수천 리가 넘는 이곳에까
지 와서 위안부들을 위한 후손의 의무를 다하는 모습에 박수를 보내
고 싶었다. 또한 서명하는 외국인들이 고생한다는 그 한 마디 한 마
디가 너무나 고마웠다.

# 07.14 몽마르트르 Montmartre 사크레쾨르 대성당 Basilique Sacre-coeur 에서 만난 레게 음악가들

아침 일찍 민박집에서 걸어서 리께Riquet 버스 정류장에 도착했다. 그리고 몽마르트르Montmartre로 가기 위해서 버스를 기다리고 있었다. 기다리던 중에 차홍이가 정류장의 사인물 옆에 설치된 유에스비USB를 가리키고 손짓을 하였다. 말로 표현을 하지 않았지만, 시민을 위한 작은 배려가 시내 곳곳에 묻어 있는 것을 알 수 있었다. 잠시 기다리고 있다가 54번 버스가 도착하여 버스를 타고 몽마르트르에 도착하였다.

몽마르트르 근처의 버스 정류장에 내려서 올라가는 골목에는 IS 무장 단체 등의 테러를 예방하기 위하여 경찰이 불심 검문을 하고 있었는데, IS 무장 단체의 테러를 대비한 경찰의 모습과 그 옆에서 밝게 사진 촬영을 하는 관광객이 대조를 이룬다. 건너편으로는 프랑스 지도가 있는 티셔츠와 착시의 효과를 응용한 이쁜 셔츠를 판매하는 곳이 눈에 들어왔다. 특히, 지그문트 프로이트Sigmund Freud(1856~1939)의 심리 성적 발달 이론(성 심리 이론)을 담은 대표적인 작품What's On A Man's Mind을 티셔츠에 인쇄한 제품이 진열되어 있어 관광객의 시선을 끌었다.

몽마르트르 언덕 입구에서 집시 일행을 만났다. 계단을 통해서 올라오는 해외 관광객을 상대로 상대방의 동의 없이 팔목에 밴드를 채우면서 제품 판매를 강요하는 집시 일행들이었는데, 지혜롭게 그곳

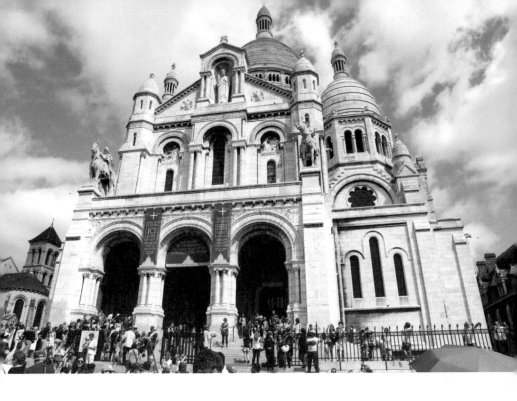

에서 빠져나온 사람들도 있었으나 집시들의 강매로 인해서 제품을 강제로 사는 사람들도 있었다.

이곳은 파시 시내에서 유일하게 높은 곳에 있으며, 전 세계의 관광객이 보고 싶어 하는 명소 중의 명소이다. 우리 일행은 왼쪽의 풍요로운 모습을 구경하면서 우측의 계단을 통해서 빠르게 성당으로 향했는데, 중간쯤의 공원에서 나무로 만든 작은 입체 조형물을 판매하는 곳을 지나게 되었다. 기차의 형태를 띠고 아이 러브 파리<sup>I LOVE PARIS</sup>라고 쓰인 작은 조각품을 파는 지역을 지나 어느덧 파리에서 가장 높은 곳에서 시내의 전경을 모두 볼 수 있는 새하얀 사크레 쾨르 대성당<sup>Basilica of the Sacred Heart of Christ</sup>에 도착했다.

우리는 미리 정보를 알고 왔기에 사람들 틈바구니를 뚫고 그들이 있는 곳에서 탈출할 수 있었다. 이윽고 도착한 곳에서는 낭만적인 풍경을 볼 수 있었다. 사크레 쾨르 성당으로 올라가는 양쪽 계단 사이의 잔디에서 일광욕을 즐기는 노부부도 눈에 띄었다.

　서로 사랑하는 연인이 다정스럽게 사진을 촬영하고 어린아이가 뛰어다니는 광경 등은 입구에서 집시들의 강매하는 모습과는 전혀

다른 풍경이었다. 그 너머의 높은 곳에서 성당을 등지고 시내를 관람하는 무리가 작게 눈에 들어왔다. 계단을 타고 올라가면 올라갈수록 많은 관광객을 볼 수 있었다.

　도착해서 바라본 성당의 모습은 무척이나 예뻤다. 특히 파란 하늘과 새하얀 성당과의 이미지는 관광객의 마음을 평안하게 만들었다. 그곳에서 바라본 파리의 시내는 작은 성냥갑으로 만든 작은 조형물들 같았고, 전면의 나무와 건물의 조화로움과 건

물 뒤편의 지평선과 그 위에 펼쳐진 하얀 하늘과의 조화로움이 정말 황홀했다.

　파리 시내에서 가장 높은 해발고도 129m의 언덕에서 아름다운 풍경을 보면서 잠시 휴식을 취하고 있는데, 대성당 왼쪽 위에서 흥겨운 레게 음악 소리가 들렸다. 우리 일행은 자연스럽게 그쪽으로 자리를 이동하게 되었다. 그중에서도 음악에 제일 관심이 많은 우형이가

맨 앞쪽에 서 있었다.

대성당을 오른쪽에 두고 계단에 3명의 뮤지션들이 있었다. 나무로 만든 통을 가지고 드럼을 연주하는 사람이 맨 뒤에 있었으며, 그 앞으로 기타를 치는 사람과 노래를 부르는 이가 보였다. 맨 앞에서 안경을 끼고 즐겁게 노래를 부르는 뮤지션 주변으로 50여 명의 관광객이 서로 다른 몸짓으로 노래를 따라 부르고 있었다. 간간이 어른들 혹은 10세 미만의 어린아이가 그들과 함께 사진을 촬영하는 모습을 보면서 음악의 힘을 느낄 수 있었다.

사크레쾨르 대성당 앞에서 자연스럽게 음악을 즐기는 사람들의 모습을 통해서 잠시 마음이 편한 관람을 하게 되었다. 그 속에서 살짝살짝 춤을 추고 있는 차홍이와 우형이는 물론이고 아내도 신 나서 손뼉을 치고 있는 모습을 통해서 가족 여행의 맛이 이런 거구나 하는 생각이 들었다.

특히 영어로 부르는 노래에 따라 하는 사람들과 불어로 부르는 사람들의 모습을 통해서 프랑스 사람과 관광객을 구분할 수 있었으며, 성당 옆에서의 레

게 공연을 통해서 관광객들이 하나가 되어 흥겹게 노래를 부르는 시
간을 가졌다.

　또한, 몽마르트르 언덕에 위치한 '성모의 마음'이란 의미의 가톨릭
성당은 석회석으로 지어진 흰 빛이 파란 하늘과 어우러지는 아주 이
쁜 성당이다. 파리 시내를 한눈에 볼 수 있는 언덕에 있으며, 전쟁 패
배 이후 사회 분위기를 쇄신하기 위하여 민간 기부 4,000만 프랑으
로 제작된 시민의 성당에서 즐거운 시간을 보냈다.

# 07.14 몽마르트르 언덕에서 만난 4명의 화가

사크레 쾨르 성당 옆의 레게 음악을 뒤로하고 골목길을 빠져나오는데 여러 사람이 모여서 웅성웅성 소리가 들렸다. 뜻밖에도 예쁘게 생긴 첫 번째 여성 화가가 선글라스를 머리 위에 꽂고 스케치하는 모습이 눈에 들어왔다. 그 화가 곁으로 가서 자세히 보니, 연필로 스케치하는 것이 아니라 마커를 사용하여 인물화를 그리는 것이었다. 일반적으로 웬만한 수준이 아니면 마커를 사용하기 힘든데 거침없이 마커를 사용하는 모습에 참 멋진 여성 화가라는 생각이 들었다.

선글라스를 머리 위에 꽂고 서서 무언가를 그리는 화가. 일반적으로 화가는 앉아서 그리는데 특이하게 이분들은 모델도 서 있고, 화가도 서서 그림을 그렸다. 더 놀란 것은 밑그림 없이 유성 마커<sup>Marker</sup>로 거침없이 인물화를 그리고 있었다. 모델과 이런저런 말을 하면서 주위의 시선을 아랑곳하지 않고 그림 그리는 데 몰두하는 모습이 아름다웠다.

불어를 사용하는 것을 보니 아마 프랑스인 같았다. 또한, 이 복잡한 거리에서 젊은

여성 화가의 퍼포먼스에 관광객들도 특별한 경험을 할 수 있었다. 사람들뿐만 아니라 건물 모퉁이에서는 점박이 개가 사람들처럼 그런 풍경을 보는 이색적인 장면도 있었다.

　길거리의 다양한 장면을 보고 내려오다가 12년 전에 보았던 화가들의 그림을 그리는 곳에 도착했다. 사람들이 이야기하는 몽마르트르 언덕의 전 세계 화가들이 모인 공동체 구역이라 볼 수 있는 곳에 도착하여 마주친 화가의 작품도 에펠탑이 보이는 센 강을 배경으로 한 수채화 스타일의 유화 작품이었다. 그 작품을 보면서 왼쪽으로 방

향을 돌려 그림을 보고 있었다.

　이곳에서 한국 화가로 보이는 여성분을 만날 수 있었다. 프랑스에 온 지 8년이 넘었다고 하면서 그동안의 파리 생활의 어려움을 이야기했다. 그녀는 나를 그리고 싶다고 하였다. 화가 왼편의 샘플로 그

린 중년 여성의 그림을 보니 제법 그림 솜씨가 좋아

보였다. 그래서 흩어져서 그림을 구경하는 가족들을 찾아서 이번 기회에 각자의 인물화를 그리는 것이 어떻겠냐고 의견을 모았는데 아내

만 빼고 모두 좋다고 하였다.

그렇게 가족들과 회의를 한 후에 먼저 우형이를 한국 화가한테 의뢰하며 화가의 눈에 잘 보이는 곳에 앉히고 초상화를 그리게 했다. 약 5~10분이 지나자 우형이 얼굴의 윤곽이 드러났다. 30분 정도 소요되는 과정이라 그곳에서 계속 있을 수 없어서 우리 일행은 자리를 이동했다.

10여 분이 지난 후에 우형이 그리는 모습을 보기 위해 갔는데 생각보다 실망스러웠다. 우형이 앞에서는 내색하지 않았지만 그림을 그릴 때 전체적으로 구도를 잡고 세부적으로 들어가는 게 보통인데, 한국 화가는 그렇지 않고 반대의 스타일로 그림을 그리고 있었다. 그런 작품을 보면서 문득 우형이한테 미안한 감정이 들었다. 괜히 이분한테 의뢰했구나 하는 후회가 들었다. 이미 15분 이상이 지난 시간이라 다른 선택을 하기 어려운 환경이었다. 그런 상황에서 화가 왼쪽에 놓인 그림을 보았는데 지금 그리는 우형이의 그림과는 화풍이 다른 것을 발견할 수 있었다.

화가 왼쪽에 그린 그림은 다른 화가의 그림이었다. 우형이를 그리는 화가의 그림이 오른편 바닥에 작은 사이즈로 전시되어 있었는데 미처 확인하지 못한 나의 불찰이 있었다.

완성된 우형이 초상화는 내가 보기에도 작품이 우수하지 못했다. 우형이가 본인의 작품을 보고 실망할까 봐 계속 그 자리에 있기가 어려웠다. 나중에 그 한국 화가가 우형이에게 아빠 뭐 하는 사람이냐고 물었을때 한국의 H 대학에서 미술 전공했다고 하니까 그 화가가 잠시 당황하셨다고 하면서 걱정하는 눈빛이었다고 했다.

　차홍이의 인물화를 제일 잘 그릴 수 있는 화가를 만나게 되었다. 인물 스케치를 한 후에 수성 물감을 사용하여 그리는 화풍의 수채화 화가였다. 어느 나라 사람이냐고 물어보니 뜻밖에 루마니아<sup>Romania</sup> 사람이라고 하였다. 북경에 사는 한국 사람이 프랑스 파리의 몽마르

트르 언덕에 와서 루마니아 화가한테 인물화를 그리게 한다. 생각만 해도 재미있는 체험이었다. 차홍이가 모델로 자리를 잡고 난 후에 화가는 연필로 구도를 잡기 시작했다.

　일반적으로 여성은 측면을 그리면 여성미를 표현하기에 좋아서 모델의 우측면은 살짝 눈썹만 보이게 하고 좌측 얼굴이 많이 보이는 구도를 선택하였다. 스케치하는 손놀림을 통해서 좋은 작품이 나

올 것 같은 분위기가 들었다. 프랑스 파리의 몽마르트르 언덕에서 모델을 하는 차홍이 모습에서 단아함을 볼 수 있었으며, 그러한 표정이 작품 속에 담겨 있었다. 스케치를 10분 정도 한 후에 수채화 채색을 하는데 이미지가 좋게 보였다.

　차홍이한테 돌아온 시간은 수채화가 거의 마무리 되어 갈 즈음이었다. 그림의 완성도로 볼 때 60%였는데, 나름대로는 작품성이 있어 보였으며 특히 차홍이도 본인의 그림을 마음에 들어 하는 눈치였다.

일반적으로 마로니에 공원의 초상화는 최소 50유로 이상을 받는데 우리는 40유로로 20% 할인을 받아서 결제를 하였다. 결제를 하고 있는데 어디선가 갑자기 나타난 멋쟁이 아저씨는 그림을 담을 수 있는 그림통을 3유로에 판다고 하였다. 아마도 그림을 그냥 가지고 다니는 것 보다는 통으로 만든 수제 케이스에 담는 것이 좋을거 같아서 멋쟁이 아저씨가 판매하는 그림통을 구입하기로 하였다.

예쁜 케이스에 그림을 넣고 천연색의 커버 천을 뚜껑으로 씌워서 예쁘게 포장하였다. 친절하게 사진도 같이 촬영하면서 기분 좋은 분위기를 연출했다. 그리고 우형이가 있는 곳으로 향했는데, 환하게 웃으면서 요다처럼 그렸다고 하면서 실망한 표정보다는 약간 이상하다는 표정으로 나한테 다가왔다. 차홍이에 비해 인물화가 예쁘게 나오지 못해서 그런지 내 마음도 별로 좋지 않았다.

그렇게 마무리를 하고 이곳을 나오는데 나도 모델이 되어서 작품을 남기고 싶어서 차홍이와 상의를 했다. 차홍이는 내가 꼽아 놓았던 3분 중 한 분을 추천했다. 일반적으로 이곳의 화가들은 파스텔이나 연필로 그리는 사람들이 대부분인데, 내가 인물화를 맡기기로 한 화가는 색연필을 사용해서 그리는 분이었다. 그것도 회화적인 스타일로 그리는 모습이 무척 좋아 보였다.

네 번째의 화가는 차홍이와 함께 상의해서 결정하기로 했다. 차홍이의 그림 보는 안목을 평가해 보고 싶은 생각이 들어서였다. 나는 회화적인 느낌이 강한 화가를 선호했기에 수십 명의 화가 중에서 비교적 회화적인 이미지가 강한 화가를 선정하였다. 한국의 H 미술 대학에 다니는 동안 크로키는 물론 누드 데생까지 경험이 있었으나 직접 자화상 모델이 된 것은 태어나서 처음이었기에 약간의 흥분과 설렘이 있었다. 작업 시간은 30분이 넘지 않는다고 하였다.

모델을 서고 있는 30분 동안 주위 화가들의 작품을 곁눈질로 보기도 하였다. 건너편에서 그림 그리는 화가의 찡그리는 모습과 나와 같이 포즈를 취하고 있는 모델의 모습을 포함하여 몽마르트르와 함께 호흡할 수 있는 시간이었다.

과거 대학생 때 누드모델을 데생했던 기억도 떠오르며, 모델이 쉽지가 않네 하는 생각이 들었다. 얼마 시간이 지나지 않아 건너편에서 차홍이가 사진 촬영을 하는 모습이 시선에 들어왔는데, 그 모습을 가끔 보려고 하면 화가는 움직이지 말라고 불어로 이야기했다. 어느 나라에서 왔느냐고 물어봤는데, 프랑스 사람이라고 하면서 파리가 아닌 남부 지역의 미술 대학을 나왔다고 했다. 화가가 잠시 색연필을 깎을 때 잠시 그림을 봐도 되느냐고 하면서 자리에서 일어나서 화가가 있는 곳으로 갔는데 생각보다 작품이 좋아 보이지 않았다.

첫째는 화면에 꽉 차게 그려야 하는데 화면 안에 작게 얼굴이 들어갔으며, 두 번째로는 화면의 얼굴 쪽에 여유 공간이 많지 않아 답답하게 보이는 단점이 눈에 들어왔다. 30분 동안 40유로의 돈을 지급하고 얻는 작품의 수준을 고려할 때 적당하다 할 정도의 작품이었다. 10여 분의 수정 과정을 통해서 얻은 작품의 수준보다는 이곳 파리의 몽마르트르에 와서 화가들과 함께 호흡할 수 있는 기쁨이 더 큰 시간이었다.

몽마르트르 언덕의 예쁜 추억을 담고 내려오는 골목길은 1900년대 전후 화가들의 작품 중에서 샤갈, 고흐, 모네, 피카소 등의 작품을 응용하거나 프랑스 파리를 배경으로 물랭 루주<sup>Moulin Rouge</sup>, 몽마르트르의 문화 예술을 포스터로 표현하여 거리의 품격을 높여 주고 있었다. 특히 산업 혁명 이후 순수 예술에서 벗어나 대량 생산을 위한 산업의 발전에 따른 응용 미술로의 변화를 한눈에 볼 수 있었다.

몽마르트르 언덕은 근대 미술 발달을 촉진한 예술가들이 살았던 지역으로서도 유명하다. 특히 19세기 후반 이래 고흐, 로트레크<sup>Henri de Toulouse-Lautrec</sup>를 비롯한 많은 화가와 시인들이 모여들어 인상파, 상징파,

입체파 등의 발상지를 이루었다. 문화 예술의 중심지 파리에서도 가장 중심이 되는 몽마르트르 언덕, 그림, 마임, 악기 연주, 마술 등 다양한 예술을 즐길 수 있다. 대부분의 길

거리 아티스트가 초상화를 그려 주는 곳이며 추억을 남기고 싶은 사람들은 이들을 통해서 개인의 초상화를 믿고 맡겨도 좋은 곳이기도 하다.

# 07.15 베르사유 궁전의 정원에서 마시는 천연의 맛

아침 일찍 숙소인 리케에서 전철을 타고 오페라<sup>Opera</sup> 역을 거쳐 발라르<sup>Balard</sup> 역에서 베르사유<sup>Versailles</sup> 역까지 이동하였다. 전철 종점(발라르 역)에서 내리는고 있는 과정에서 갑자기 우형이가 핸드폰이 없어졌다고 하는 것이었다. 그래서 가족들은 이 역이 종점이니 잘하면 전철이 정차되어 있을 수 있으니, 그곳에 가서 다시 찾아보고 오라고 하였다. 얼마 지나지 않아 우형이가 나타났는데 우형이 표정이 너무 어두워 보였다. 우형이는 핸드폰을 소매치기당한 것을 믿기 싫은 눈치였다. 다만 본인이 어디서 잃어버렸는지도 모를 정도로 소매치기의 수법이 대단하다는 것을 깨닫게 되었다.

우형이 핸드폰은 해외 어디에서나 사용할 수 있는 유료 와이파이를 탑재한 핸드폰으로, 단순하게 통화의 기능을 넘어서서 여행하는 우리 가족을 보이지 않게 안내해 주는 역할을 하였다. 상해에서 출발해서 서울, 런던, 파리에서 여행하는 동안 우리의 길 안내를 말없이 해주었던 길잡이였는데 그런 중요한 도구를 우리 일행으로부터 빼앗아가 버린 것이었다.

30분가량을 우리 가족은 잃어버린 핸드폰을 찾기 위해 분주하게 움직였다. 더운 날씨에 가족의 사기가 많이 처져 있을 수밖에 없었다. 햇볕을 피해 카페에 들어가 보기도 했으나, 마음을 다스리기에는 부족한 환경이었다. 마음을 추스르고 발라르

역의 지상 열차를 타고 베르사유 역에 도착하였다. 베르사유 역에서 베르사유 궁전<sup>Château de Versailles</sup>까지는 도보로 15분 정도의 거리에 있었으며, 몹시 더운 여름 날씨로 땀이 많이 났다. 정문에 들어서서 오른쪽을 보니, 많은 인파의 여행객들이 길게 줄을 서 있었다.

우리 일행은 애초 계획대로 정원을 먼저 보기로 했기에 궁전 오른쪽 옆의 문을 통해서 정원 안으로 들어갔다. 들어가는 정문 옆에서 기다리고 있는 많은 사람 중에서 외국인 초등학생들의 모습도 눈에 들어왔다. NY 이니셜의 모자를 쓰고 있는 모습이 아마도 미국에서 온 학생들로 보였는데 무척 밝은 모습이었다.

베르사유 궁전은 생각보다 엄청난 규모였다. 베르사유 궁의 수백
배 이상의 면적이었으니, 적어도 사방 5~10㎞는 족히 넘어 보였다.
도보로 보기 위해서는 하루 동안 볼 수 없을 만큼 크고 웅장했다. 그
래서 소형 전동차를 이용하기 위해서 많은 사람이 줄을 서서 차례를
기다리고 있는 곳으로 자연스럽게 발걸음을 옮겼는데, 그야말로 전

세계의 관광객이 몰려 있
었다. 그런데 매표소 입구
에서 웅성웅성 소리가 들
렸다. 자세한 내막을 알아
보니, 면허증이 없으면 소
형 전동차를 운전할 수 없

다는 것이었다. 남미 사람들로 보이는 사람들이 한창 시비를 하다가
뭐라 소리를 지르면서 다른 곳으로 빠져나갔다. 아마 면허증이 없다
고 해서 못 탄다고 매표소 직원이 이야기했던 것으로 추측된다.

문득 잘하면 우리 일행도 못 탈 수 있다는 생각이 들었다. 운전면
허증은 고사하고 여권도 민박집에 두고 나왔으니, 걱정스러운 상황
속에서 30분 정도 시간이 지나자 앞에 몇 팀밖에 없었다. 또 앞쪽에
서 여러 사람이 웅성거리고 있었다. 좀 전에 있었던 상황과 같은 상황
이었다. 면허증이 없는데 여권으로 대체할 수 없느냐는 등 그런 대화
의 내용이었다.

중국 할아버지 할머니에게 우리 가족이 상해에서 왔다고 하자 동
양인으로서 동질감을 느꼈는지 흔쾌히 면허증을 빌려주었다. 덕분에

앞쪽에 있었던 대만 할아버지 일행과 거의 동시에 소형 전동차를 타고 출발할 수 있었다. 빨리 서둘러야 1시간 안에 돌아올 수 있다는 안내원의 이야기에 우리 일행은 속도를 냈다.

북쪽 화단 쪽을 이용하여 운전했는데 가는 곳마다 미로처럼 되어 있었고, 세계 최고의 정원으로서 손색이 없었으며, 정원을 둘러싼 가지런히 단장된 나무 길과 길 입구 좌우에 세워져 있는 조각작품들이 우리를 반겨 주었다. 넓은 정원 안에서 작은 규모의 성을 보기로 했다.

마침 더위에 지친 우리의 눈에 띈 것은 천연 귤로 생즙을 직접 만드는 모습이었다. 우리는 그 주스

를 마셨다. 판매원의 이야기로는 베르사유 농장에서 재배한 자연 친화적인 무공해 과일이라고 하였다. 시원하지는 않았지만 생 귤로 직접

주스를 만들어 주는 서비스를 받으면서 일반적인 음료수를 마시는 것과는 좀 더 차별화된 만족감을 느낄 수 있었다. 프랑스 베르사유 궁전 정원에서 마시는 천연의 맛을 체험하면서 프랑스 귀족들이 누리는 기쁨을 간접 경험하게 되었다.

프티 트리아농<sup>Petit Trianon</sup> 별궁의 모습을 보기 위해 자리를 이동하였다. 프티 트리아농은 1768년 루이 15세가 퐁파두르 부인 Marquise de Pompadour 을 위해 지은 식물원이다.

퐁파두르가 거처하는 별궁이 있었으며, 그곳은 은은한 카펫과 앤티크 식탁, 대리석은 물론 창문의 장식용 커튼이 자연스럽고 고급스러움을 더했으며 특히 천장의 고급스러운 샹들리에와 절묘하게 어우러져 있었다. 그리고 다른 방으로 이동했는데 그곳은 실버색과 핑크색으로 장식되어 젊은 왕비가 지냈던 방으로 추측되었고, 당시 귀족들의 생활 스타일을 볼 수 있는 귀한 공간이었다. 특히 같이 구경한 차홍이가 보고 매우 예쁘다는 말을 두 번씩이나 했을 정도로 핑크<sup>Pink</sup>, 실버<sup>Silver</sup>, 골드<sup>Gold</sup> 색상의 조화가 돋보이는 예쁜 공간이었다. 300~400년이 지난 현대에서 보기에도 매우 아름다운 공간이었다.

의자와 탁자의 작은 조명들과 실버와 골드 장식의 인테리어까지

그야말로 작은 궁전의 모습이 무척 아름다웠다. 또한, 벽 쪽에 공간에 놓여 있는 앤티크 가구와 그 위에 진열된 그림과의 조화도 아름다웠다. 화이트 벽과 액자의 골드 컬러와의 조화 역시 고풍스러운 이미지였다.

그러한 모습을 보고 복도로 나왔는데 원형 모형의 창살을 통해서 보이는 잘 정돈된 나무와 그 너머로 보이는 하늘과 구름의 이미지가 다른 세상의 모습으로 비쳤다.

베르사유 궁전 안의 또 다른 작은 별궁에서 바라보는 밖의 모습에 잠시 취하면서 자리를 옮기게 되었다. 작은 궁전을 빠져나와 전동차를 몰고 정원의 중앙 호수 방향으로 자리를 옮겼다. 이 거대한 호수는 운하에서 물을 끌어와서 조성한 곳인데 곳곳에서 물놀이하는 일행과 호수를 배경으로 사진을 촬영하는 사람이 눈에 들어왔다.

　　삼각기둥 모양으로 예쁘게 단장된 화단과 그 사이 사이에 보이는
하얀 조각상과 하늘에 떠 있는 뭉게구름과의 조화는 형언할 수 없이
아름다웠다. 정원의 새로운 장을 연 분수, 베르사유 정원에서 가장
인상적인 것 중의 하나가 분수이다. 요즘에는 분수를 만드는 것이 어
려운 일이 아니지만, 전기를 사용할 수 없었던 그 당시를 참작하면 어
려운 작업임이 틀림없었다. 운하에서 물을 끌어와 수력학을 이용하여
만든 분수는 19세기 이후 프랑스 과학을 발전시키는 데 크게 이바지
하였다.

## 07.15 다비드의 〈나폴레옹 대관식〉을 만나다

　베르사유 정원을 오전에 관람하고 오후에는 베르사유 궁전을 관람하기로 하였다. 오전에는 많은 인파로 줄을 서서 기다리는 사람들이 많았으나 오후에는 잠시 기다렸다가 베르사유 궁전 안으로 들어갈 수 있었다. 베르사유 궁전이 있는 곳 날씨는 정말로 아름다웠다. 파란 하늘과 함께 뭉게구름과의 조화가 베르사유 궁전을 더 아름답게 보이게 하였다.

　베르사유 궁전은 유럽 역사상 최고의 절대 권력을 자랑했던 루이 14세가 재증축한 궁이다. 태양왕으로 더 잘 알려진 루이 14세는 프랑스뿐 아니라 유럽 역사를 통틀어 가장 큰 권력을 누렸던 군주였다. 1682년 궁전이 완성되자 국왕은 파리를 떠나 베르사유를 본 궁정으로 사용하였다. 파리 시내에서 약 25㎞ 떨어진 곳에 있으며, 공기가 맑고 경치가 좋은 곳으로 유명하다.

　루이 14세 이후에는 루이 16세[Louis XVI]와 마리 앙투아네트[Marie Antoinette]가 거주했던 궁전이기도 하였으며 앞으로 프랑스 대혁명의 도화선이 되어 많은 사람이 죽임을 당했던 현장이기도 하다. 1643년 4살의 나이에 등극하여 1715년까지 무려 70년 이상 왕좌를 지켰던 루이 14세의 왕정은 절대주의라는 새로운 정치 개념을 만들어 냈다. 왕정은 국가의 운명이고 왕은 바로 국가였다. 유럽 내에서 프랑스는 만년 2등 국가를 넘어서지 못했다. 그러한 만년 2등 국가인 프랑스를 유럽

최강의 나라로 만들었으며, 수많은
유물과 예술 작품은 물론 궁정 예술
을 통한 에티켓은 유럽 여러 제후들
에게 모델이 되는 사례를 남겼다.

베르사유 궁전은 첫째, '비너스의
방'을 구경하고 둘째로는 '전쟁의 방',
세 번째로는 '거울의 방'을 거쳐 네
번째로는 '왕실의 안'을, 다섯 번째로
는 '평화의 방'을 관람하고 여섯 번째
로는 '왕비의 방'을 관람하면 궁전 내
부의 모두 관람할 수 있다.

특히, 내부에서 좌측 평화의 방
과 우측 전쟁의 방 사이에는 가장 화
려한 '거울의 방'이 있는데, 기다란
회랑의 양 벽면에 17개 거울과 창문
이 대칭적으로 놓여 있어 화려함을

더해 준다. 또한, 그 옆에 유난히 화려하게 생긴 침대가 놓인 방이 실
제 국왕의 침실이었다고 한다.


비너스의 방이라고 하면 흔히 비너스 조각상이나 그림 등이 전시
되어 있으리라고 생각하지만, 이곳에는 루이 14세의 조각상이 전시
되어 있다. 복도에서는 베르사유 궁전을 홍보하는 동영상을 방영하고
있었다.

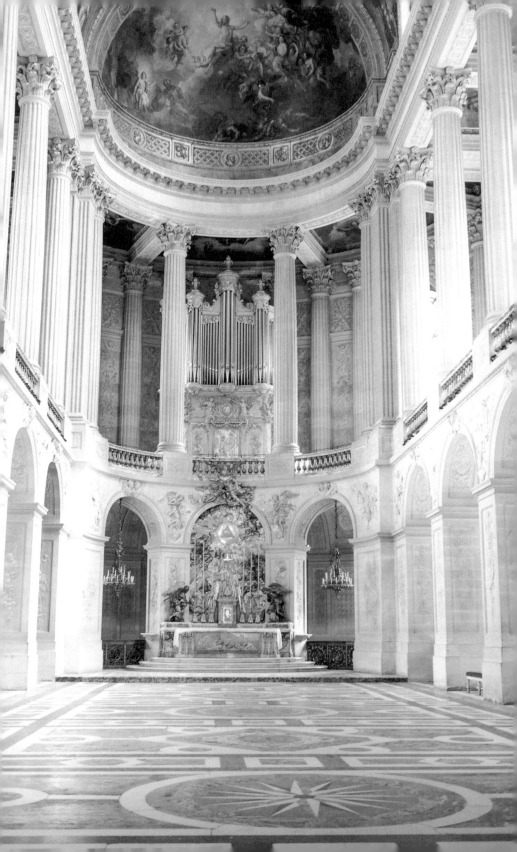

전쟁의 방은 거울의 방 북쪽에 있으며, 전투 현장을 묘사한 작품들을 전시한 갤러리와 천장에는 루이 14세와 16세의 전쟁장면을 사실적으로 그린 작품이 수놓아져 있었다.

주로 프랑스가 전쟁에서 승리했을 때의 상황을 주제로 그려진 작품이 대다수며, 특히 집무실 중앙에는 백색의 대리석 바탕에 루이 14세가 말을 탄 모습의 부조 조각이 있는 방으로도 유명하다. 루이 14세의 전쟁 그림부터 나폴레옹 Napoleon이 직접 전쟁에 참여하는 모습 등 수많은 작품이 전시되어 있다. 베르사유 궁전의 2층으로 올라가다 보면 화려하고 눈이 부실 정도의 아름다움을 볼 수 있다. 천정에 그려진 고풍스러운 그림도 골드와 크리스털과 외부에서 들어오는 빛을 통해서 거울의 방이 돋보이게 하는 역할을 한다. 거울의 방이라 불리게 된 이유는 전체 길이가 70m가 넘으며 거울은 578개가 붙어 있었기 때문이다. 거울의 방에 들어오면 오른쪽 창문을 통해서 외부 정원을 볼 수 있는데, 이곳에서 내려다보는 정원의 모습은 정말 아름다웠다. 특히 한국에서는 전혀 볼 수 없는 아름다운 풍경이 내 눈에 들어왔다.

　한쪽 면에는 17개의 창문을 통해서 정원과 호수와 그 주위의 돌아보고 있는 관광객들의 모습, 호수 왼쪽 뒤편에 놓인 원형의 거울에 비친 작은 하늘이 시선을 사로잡았다. 천정에는 루이 14세를 영웅적으로 표현한 그림을 볼 수 있으며 눈부신 샹드리와 대리석과 금으로 장식된 방은 화려함의 극치이며 권력과 욕망을 단편적으로 보여주는 사례이다.

　뒤편으로는 길게 드리워진 운하, 그 주위의 자연환경과 더불어 하늘에 떠 있는 뭉게구름의 조화는 한 폭의 그림이라고 볼 수 있다. 베르사유 궁전의 으뜸인 거울의 방에서 느꼈던 황홀함과 아름다움을 뒤로하고 창밖에 비친 물과 사람, 사람과 호수, 호수와 하늘, 하늘과

구름, 구름과 자연, 자연과 사람의 조화로움은 이곳 베르사유 궁전의 거울의 방에서만 볼 수 있는 새로움이었다. 이곳은 프랑스 정부의 주요 행사들이 거행되는 장소로 사용된다. 바로크 양식의 화려한 이 방은 제1차 세계 대전을 종식하는 베르사유 조약[Treaty of Versailles](1919)이 체결된 장소로 유명하다.

평화의 방은 베르사유 궁전의 남쪽 끝에 있다.

다비드[Jacques Louis David]의 〈나폴레옹 황제의 대관식〉 그림이 있는 방으로도 유명하다. 루브르 박물관에도 동일한 그림이 전시되어 있는데, 아마도 나폴레옹이 그림이 무척 마음에 들어서 한 작품을 추가로 주문한 듯하다.

이 작품은 대단히 큰 작품이며, 역사적인 사실을 그린 그림으로, 구도와 구성면에서 다비드의 천재성이 나타나는 작품이다. 우리의 눈높이는 낮게 설정되어 있다. 다비드는 우리의 시선을 낮은 곳에 배치하였다. 왼쪽과 오른쪽에는 어둡게 표현하여 중앙에 시선이 머무르게 하였는데, 조제핀[Josphine de Beauharnais] 왕비에게 황후에게 관을 씌워 주는 장면이다. 나폴레옹의 대관식인데 왜 황후가 관을 쓰고 있는지 의

문이 생길 수 있다. 사연인즉, 원래 나폴레옹은 교황을 모셔서 대관식에 참여하게 되었다. 나폴레옹은 교황의 권위보다 본인을 높게 보이고 싶어했다. 교황이 든 황제관을 스

스로 받아서 본인이 직접 쓰고 난 후에 황후에게 직접 관을 씌워 주면서 전 세계의 사람들에게 나폴레옹과 프랑스의 위대함을 보여 주기를 원했다. 그리고 그 역사적인 장면을 다비드를 통해서 표현하였다.

르네상스와 비교해서 바로크의 가장 눈에 띄는 점은 왕권 강화에

따른 왕 중심의 구도이다. 웅장하고 거대하고 더욱 빛나는 색채, 음영과 질감의 풍부한 대비 효과, 자유롭고 표현적인 붓질 등으로 비고전적, 동적, 남성적, 불규칙한 성격과 심한 과장성의 표현이 특징이라 볼 수 있다.

왕비의 방은 루이 16세의 부인이며 비운의 왕비로 단두대의 이슬로 사라져 간 마리 앙투아네트가 실제로 사용했던 침실로 유명하다. 바로크 예술은 전체에 종속되는 부분들의 조화를 통한 균형미를 강조한다. 벽 쪽에 수놓은 수예 작품과 바닥에 펼쳐진 장식품들이 왕비들이 사용하는 공간임을 바로 알 수 있도록 해 준다. 고급스럽

고 장식적인 요소를 고려하여 작품에 적용한 것이 커다란 특징이다.

6개 전시관을 모두 마치고 복도로 나왔는데 마지막에 눈에 들어오는 작품 2개는 프랑스 국민 공회가 1792년 9월에 왕정을 폐지하고 공화 정치를 수립하는 역사적인 장면이다. 하단부 작품 중앙에 프랑스 국기가 보이며 그 작품 앞에서 무언가를 기다리는 할머니와 손녀의 모습이 인상적이었다.

**07.16** 이스턴 섬<sup>Easter Island</sup>의 모아이<sup>Moai</sup> 석상

세계 3대 박물관인 **루브르** 박물관에는 35,000점 이상의 작품들이 전시되어 있다. 정상적으로 박물관의 작품을 보기 위해서는 3~4일 걸려서 봐도 충분히 볼 수 없으며 짧은 여행 기간에 모든 작품을 다 본다는 것은 어렵기에 우리 일행은 보고 싶은 작품 위주로 선정해서 작품을 감상하기로 하였다. 루브르 박물관 하면 바로 떠오르는 이미지는 투명 피라미드이다. 루브르 박물관에 들어가기 위해서는 항상 줄을 서야 한다.

첫 번째로는 지하철 1호선 팔레로얄 뮤즈 드 루브르<sup>Palais Royal Musee du Louvre</sup>역을 통해 지하로 접근하는 방법이 있으며, 두 번째로는 지상의 루브르 박물관 측면에 위치한 레 차를로우셀<sup>Le Carrousel</sup>의 루브르로 접근하는 방법이 있다. 카루젤 개선문 왼쪽에 위치한 지하도를 이용하여

카루젤 개선문 남쪽에 있는 '포르트 데 릴라Porte des Lilas' 입구를 통해 접근하면 손쉽게 들어갈 수 있다.

우리 일행은 피라미드 외관을 구경하고 걸어서 카루젤 개선문 쪽으로 와서 왼쪽의 사자의 문을 이용했다. 정문에 사자 두 마리가 지키고 있는 듯한 모습으로 우리 일행을 환영해 주었다. 수요일과 금요일은 개방해 주지 않으니 그때만 빼고는 줄을 서지 않고도 박물관 안으로 쉽게 들어갈 수 있다. 아프리카의 고대 유적으로 보이는 나무로 만든 조형물이 우리의 시선을 사로잡았다. 전체적인 조형물을 볼 때 몸은 최대한 간략하게 표현하였고 머리의 모양을 사실적으로 표현하였는데, 머리를 곧게 가운데로 정리하였고 얼굴의 문양을 넣은 것을 봤을 때 문신을 한 부족장을 입체적으로 표현한 것으로 보였다.

시대를 정확히 알 수 없으나 최소 4000년 이상은 족히 되어 보이는 조형물을 관람하고 돌아서는데 갑자기 우형이가 자연스럽게 포즈를 취하고 있었다. 나도 모르는 사이에 촬영했는데, 원시 시대의 유인원과 비슷한 조각 작품과 2000년대를 살아가는 현대인의 모습 속에서 비슷한 면을 찾아볼 수 있었다. 작품의 형태로 볼 때 의식주 중에서 그릇을 들고 있는 표정을 조각 작품으로 표현하였다. 아마 무언가 기원하는 의식의 모습을 작품으로 옮긴 것이 아닐까 하는 생각이 들었다.

또 다른 고대의 작품으로는 여성과 남성상을 가감 없이 직설적으로 표현한 작품이 많이 전시되어 있었다. 여성미를 강조한 작품들이 많았는데 가슴의 조형적인 표현이 특히 눈에 들어왔다. 이러한 작품들을 볼 때 모계 사회의 가족상을 간접적으로 알 수 있었으며, 가끔 엄마가 아기를 위해 젖을 준다든지 품고 있는 모습 등을 통해서 고대 시대의 모성애를 간접적으로 느낄 수 있었다.

여러 가지 전시 작품 중에 제일 돋보이게 눈에 들어온 작품은 나무 재질의 투박하고 자연스러운 터프함을 그대로 살려 어머니가 아이에게 젖을 주고 있는 모습을 조각한 것이었다. 곧은 자세로 아이를 안고 있는 엄마와 먹기 위해서 몸부림치는 아이의 모습을 통해서 고대 사회의 모습을 간접적으로 경험하게 되었다. 일반적인 작품보다 가슴 표현이 강조된 것이 특징일 수 있으나 나무의 재질과 작품의 형태적인 측면에서의 조화는 무척 아름다웠다.

때로는 엄마와 물동이의 만남과 살며시 아이를 안고 있는 엄마의 모습 속 혹은 여성 8명이 함께 손을 올리고 있는 상징성이 있는 조각 작품이 눈에 띄었으며, 그 아래에 무언가를 안고 있는 작은 조형적 요소들이 전체 작품에 균형미를 가져왔다.

그렇게 작품을 감상하고 있는데 수염 난 할아버지 모습의 조형물이 보였다. 실제 사람의 머리 크기의 조각 작품이었는데, 갑자기 차홍이, 우형이가 그 옆에서 팔∧ 자╪ 모양의 포즈를 취했다. 이것도 돌발상황이었다. 이렇게 갑자기 취한 모습을 카메라에 담을 수 있었다. 촬영한 사진을 보면서 참 똑같이 표정을 짓는구나 하는 생각이 들었는데 실제 모델인 할아버지는 인위적인 모습이 아니라 노년의 얼굴이었고, 이 모습을 작가의 시각으로 표현한 것 같았다. 작품의 형태적인 측면을 봤을 때 알래스카<sup>Alaska</sup>에서 출토된 작품으로 추정된다.

칠레<sup>Chile</sup> 서쪽의 남태평양에 있는 이스터 섬<sup>Easter Island</sup>에 900개 정도의 석상이 보존되어 있다. 이스터 섬의 모아이<sup>Moai</sup> 석상은 전 세계의 유명한 예술 작품 중에서 특히 남성미를 대표하는 상징적인 조형물이다. 1995년 유네스코 세계 문화유산에 등재되었다. 아직까지 모아이를 제작한 이유와 제작 방법 등이 정확히 알려지지 않아 신비의 작품이라 볼 수 있으며, 특히 프랑스 파리의 루브르 박물관에서 만날 수 있어서 행복했다. 남성미의 상징적인 모습이 무척 멋있었다.

원석을 이용한 조형 작품으로 역사, 사랑, 감성 등을 느끼게 해주는 훌륭한 작품이었다. 첫 번째 작품을 보면 눈썹과 입술이 특징적이며 자연스러운 돌에서 나오는 무게감과 중간에 살짝 묻어 나오는 적색 계통의 색상 등은 작품의 깊이감을 더해 준다. 두 번째 작품은 특히 눈 부분이 구멍이 나 있으며 입술부분이 두툼한게 마스크의 특징으로 나타났으며 작품의 형태는 부조의 형태를 띠고 있다.

　　캐나다<sup>Canada</sup>, 알래스카 지역에서 출토된 마스크 조형 작품은 얼굴의 표정이 사실적이지는 않지만, 최대한 절제미를 작품에 표현하여 마스크 작품으로 승화시켰다.

# 07.16 다비드의 첫 번째
## 〈나폴레옹의 대관식〉을 만나다

　　루브르 박물관의 역사는 크게 3단계로 볼 수 있다. 먼저 1190년에 처음 건축될 때는 군사적인 요새로 사용됐으며, 다음으로 16세기 중반 이후에 왕궁으로 재건축되었다. 그리고 1981년 공모전에 의해서 미국 건축가인 이오 밍 페이<sup>Ieoh Ming Pei</sup>의 새로운 설계에 따라 변화된 것을 마지막 단계로 볼 수 있다.

　　1981년 미테랑 대통령이 루브르 건물 전체를 박물관으로 사용하기 위하여 '루브르 박물관 계획'을 발표하였는데, 많은 응모자 가운데 중국계 미국 건축가인 이오 밍 페이의 설계가 최종 채택되었다. 이 설계안인 루브르 궁 뜰 중앙에 유리로 된 피라미드를 설치하는 것에 대한 반대의 의견도 많았다. 그러나 공모를 한 지 8년 만인 1989년 루브르는 새롭게 태어났다. 루브르 궁의 투명한 피라미드 조형물이 중세와 현대를 자연

❖ 루브르 박물관에서 만난 다비드의 첫 번째 〈나폴레옹의 대관식〉(1809)은 원래 베르사유 궁전에서 보관하던 작품이었다. 이후에 루브르 박물관으로 이전되었으며, 두 번째 다비드의 작품은 첫 번째 〈나폴레옹의 대관식〉을 완성하고 나서 13년 후인 나폴레옹이 사망(1821) 한 바로 다음 해인 1822년에 완성된 작품이다.

스럽게 이어 주는 매개체 역할을 한다.

피라미드는 끊임없이 물이 흐르는 연못으로 둘러싸여 있고, 분수와 어울려 중앙의 피라미드와 더불어 절묘한 음, 양의 조화를 창출하고 있다. 파리의 루브르 박물관처럼 헬레니즘 문화인 그리스 문화와 오리엔탈 문화가 한곳에서 살아 숨을 쉬고 있는 건물을 거의 없다. 특히 피라미드 안으로 들어가면 현대적인 미를 볼 수 있으며 복도를 따라서 작품을 관람하면 역사적으로, 문화적으로 값진 작품을 볼 수 있다.

전시관은 리슐리외Richelieu 관, 드농Denon 관, 쉴리Sully 관으로 나누어지며, 특히 루브르 박물관의 3대 작품 중에서 1층에는 고대 이집트·그리스·로마 미술품이 전시돼 있다. 밀로의 비너스도 이곳에서 만나 볼 수 있다. 헬레니즘 조각의 걸작인 사모 트라케의 니케Winged Victory of Samothrace, 레오나르도 다빈치(1452~1519)의 모나리자Mona Lisa도 2층에 함께 전시되어 있었는데 관람객들이 이곳에 특히 많았다.

　루브르 박물관에서 가장 큰 작품 중의 하나가 예수님께서 혼인 잔치에 초대받아서 참석한 장면을 예술 작품으로 승화시킨 〈가나의 혼인 잔치〉이다. 그림 중간의 난간 아래에는 예수님이 자리를 잡고 있으며 우측 하단부에 노란색 옷을 입은 남루한 하인이 항아리를 들고 포도주를 따르는데, 예수님께서 원래 물이었던 것을 포도주로 바꾸는 지적의 장면을 표현하였다.

　100여 명이 넘는 사람들과 다양한 의복, 유럽과 아시아의 황족과 고관대작들이 직접 초대되어 음악과 흥을 즐기는 장면이 화면 가득하게 표현되었다. 특히 중앙에 예수님을 배치한 것이 눈에 띈다. 작품에 나타난 배경을 볼 때 베네딕토 수도원인 것으로 보이며, 초기에는 베네딕트 수도원의 식당을 위해 제작된 그림으로 전해진다. 예수님께서 첫 번째 기적을 행하신 성경적인 내용을 담은 배경에 당시 베네치아 Venice에 현존했던 인물들이 참여한 것이 특징이며, 베로나 출신의 베로네세Paolo Veronese가 베네치아에 나와서 그린 작품이다.

　쉴리 관에서는 밀로의 비너스 작품이 전시됨을 알려 주는 사인물과 그 앞에서 무언가의 작품을 촬영하는 모습이 인상적이었다.

　세상에서 가장 유명한 초상화 작품 중의 하나는 15세기경 레오나

르도 다빈치가 그린 모나리자라고 볼 수 있다. 모나리자의 모나는 이탈리아어로 유부녀를 높게 부르는 경칭이며 리자는 페렌체의 안토니오 마리아

디 놀드 겔라르니의 딸이다. 본명은 리사 게라르디니Lisa Gherardini이며, '리자 부인'이라는 뜻의 〈모나리자(여기서 '모나'는 '마돈나Madonna'의 준말로, '부인'을 뜻함)〉라 불리게 되었다. 부인의 나이 24~27세 때의 초상화이며 특히, '모나리자의 미소'는 보는 사람에게 신비성을 느끼게 하여 오늘날 수많은 이야기가 전해져 내려오는 작품중의 작품이다. 루브르 박물관의 전시 작품 중 절대 작품이며 값을 정하기가 어려운, 순수 회화적인 관점에서 레오나르도 다빈치의 명성과 더불어 천문학적인 가격의 작품이 바로 〈모나리자〉이다.

궁정 화가인 다비드가 두 번째로 완성한 〈나폴레옹 1세와 조제핀 황후의 대관식〉은 루브르에 전시된 첫 번째 작품보다 13년 이후인 1822년에 완성된 작품이다. 나폴레옹이 몰락하고 사망(1821)한 다음 해에 그린 작품이다. 작품의 중앙에 위치한 조제핀 왕후가 젊음을 유지한 모습으로 작품에 표현된 것이 하나의 특징이다. 그러나 대관식에 참석한 고관대작들은 첫 번째 작품보다는 나이들이 들어 보이는 것이 작품에 반영되었으며, 특히 의상과 머리의 모양이 그 시대의 유행을 반영하듯이 호화스럽고 장식적인 트렌드를 보여 준다.

루브르 작품 중에서 대작으로 손꼽히는 나폴레옹 대관식은 자크루이 다비드Jacques-Louis David가 궁정 화가로 있을 때 완성한 작품이다. 나폴레옹이 파리의 노트르담 대성당에서 성대하게 거행한 대관식을 배

경으로 하였는데, 궁정 화가로서 다비드가 1년 이상의 준비 과정을 거쳐서 완성한 프랑스 역사상 가장 큰 대작으로 볼 수 있다. 루브르 박물관에서 관람하는 사람들이 유난히 그 작품 앞에 많이 있었으며, 한편에서는 스케치를 하는 학생과 사진 촬영을 하는 관람객들과 어우러져 한 폭의 화면을 이루고 있다. 본 작품은 원근법을 고려하여 왕비인 조제핀과 나폴레옹 황제를 중앙에 위치시켰고, 왼쪽과 오른쪽 하단부를 어둡게 처리하였으며, 중앙에 조명을 준 효과를 고려하여 시선이 중앙에 머무르도록 하였다. 특히 황제가 황후에게 왕관을 주는 장면 뒤에서 교황이 물끄러미 보고 있는 모습이 눈에 띈다.

쉴리<sup>Sully</sup> 관에서는 밀로의 비너스<sup>Vénus de Milo</sup>가 전 세계 관람객들에게 둘러싸인 모습이 인상적이었다. 기원전 2세기경의 작품으로 추정되고 있다. 작품의 균형미는 8등신 이상의 최고 이상적인 비율의 몸매를 가지고 있는 밀로의 비너스는 미의 상징이며, 균형과 형태의 미를 대표하는 조각 작품으로도 유명하다. 1820년에 아프로디테<sup>Aphrodite</sup> 신전 근방에서 밭을 갈던 농부에 의해서 발견되었으며, 프랑스 해군이 입수하여 리비에르 후작을 통해서 루이 18세<sup>Louis XVIII</sup>에게 헌납하여 후에 루브르 박물관에 소장하게 되었다. 일반적으로는 밀로의 비너스는 멜로스의 아프로디테<sup>Aphrodite of Melos</sup>라고도 불린다. 특히 헬레니즘<sup>Hellenism</sup>의 특색을 인체의 비율과 두 발의 조각과 하반신을 덮는 옷의 표현을 통해서 사실주의에 근거해서 입체적으로 표현한 것은 고적 양식의 부활로 표현될 수 있으며, 헬레니즘 문화의 대표적 걸작품으로 유명하다.

예수 그리스도가 가시 면류관을 쓰고 있는 모습이며, 이 작품과 유사한 작품들이 몇 점 더 있는 것으로 보아 모조품일 확률이 높은 작품으로, 안토넬로<sup>Antonello da Messina</sup>가 직접 그린 작품으로 알려졌다. 그리스도의 눈이 단순하지 않게 육체적, 정신적인 측면을 볼 수 있는 것으로 묘사되어 있고, 고통받는 예수 그리스도의 감정 표현이 화폭에 정교하게 표현된 우수한 작품이다. 안토넬라는 플랑드르 회화와 이탈리아 르네상스 회화의 모두 종합한 능력을 가지고 있었으며 당시 두지역의 장점을 모두 갖춘 화가는 많지 않았다.

승리의 여신 니케<sup>Nike</sup>로 알려진 작품으로, 건물 계단 2층 중앙에 놓여 자연 채광으로 더욱 신비로워 보인다. 드농<sup>Denon</sup> 관 맨 오른쪽 계단에 있으며, 뱃머리 위에 서 있는 승리의 여신은 헬레니즘 조각 작품의 대표적인 걸작품이다. 1863년 에게 해<sup>Aegean Sea</sup>의 사모트라케 섬<sup>Samothrake</sup>에서 발견된 작품으로, 특히 역동성이 느껴지며 얼굴과 팔이 없는게 특징인데 발굴 당시에 회손된 것으로 본인다. 계단을 통해서 올라가고 내려가는 수많은 관광객들이 니케의 조각상 밑에서 작품을 감상하며 계단 위에서 핸드폰으로 촬영하는 모습이 눈에 띈다.

〈보르게스의 검투사라고 불리는 싸우는 영웅〉은 사람의 형상을 세밀하게 묘사하고 강조한 헬레니즘 문화의 대표적 조각 작품이며, 우형이가 같은 모습을 하는 것을 보면서 잠시나마 관람하면서 살짝 웃을 수 있는 시간을 갖게 되었다. 잠시 포즈를 취했는데 자연스러움이 보르게스의 검투사와 흡사하여 예쁘게 보였다.

France

# 07.16 거장 오귀스트 로댕<sup>Auguste Rodin</sup>과 카미유 클로델<sup>Camille Claudel</sup>의 사랑 이야기

오르세 미술관은 퐁피두 센터<sup>Centre Pompidou</sup>, 루브르 박물관과 함께 파리 3대 미술관으로 꼽히며, 파리 여행 필수 코스로 추천하고 싶은 미술관이다. 루브르 박물관은 고대에서 1800년 이전 작품을 전시하고, 오르세 미술관은 1800년 이후의 근대 미술 작품을 전시하는 것으로 유명하다. 우리에게 잘 알려진 조각가로는 로댕<sup>Auguste Rodin</sup>, 클로델<sup>Paul Claudel</sup> 등의 작품이 전시되어 있고, 화가로는 폴 고갱, 모네, 마네, 반 고흐, 폴 세잔 등의 수많은 작품이 전시되어 있다.

르네상스와 중세 미술품들은 루브르 박물관에서 오전에 관람하고 1800년대 이후의 인상파부터 미술 작품들을 만끽할 수 있는 오르세 미술관은 오후에 가 보았다. 오르세까지는 걸어서 30분 정도가 소요된다. 센 강 강변을 따라 오세르 박물관으로 걸어가다가 우연히 다리 밑으로 지나가는 유람선을 만나게 되었다. 유람선 안에 있는 외국인들이 손을 흔들면서 우리 일행을 맞이한다.

유람선에서 프랑스의 시내를 관람하는 다양한 외국 관광객들의 환호하는 모습을 통해서 색다른 반가움을 느낄 수 있었다. 멀리서 유람선을 언뜻 보니 작은 그릇 위에 놓여 있는 작은 모래나 혹은 밥알처럼 느껴졌다.

루브르 박물관에서 나와 다리를 건너자 센 강을 오른쪽으로 두고 오르세 미술관의 이정표가 보였다. 이정표 앞쪽으로는 콩코드<sup>Concorde</sup> 역과 앵발리드<sup>Invalides</sup> 역 방향이 보이며, 오른쪽으로는 튈르리 정원<sup>Jardin</sup> <sup>des Tuileries</sup> 쪽을 가리킨다. 그곳을 조금 지나가서 왼쪽의 레스토랑에서 식사를 하고, 그야말로 기다리고 고대하던 오르세 미술관에 도착하 였다. 며칠 전에 센 강에서 유람선을

타고 보았던 영문 이니셜 엠오<sup>MO, Musee</sup> <sup>d'Orsay</sup>가 제일 먼저 눈에 들어왔다.

오르세 로고만 봐도 근대 미술관이 란 이미지가 와 닿았다. 오르세 미술관 은 기차역을 개조하였기에 인테리어는 다른 미술관과 구조적인 차이가 있었 다. 프랑스 혁명 100주년에 맞춰 개최 된 파리 만국박람회 때 에펠탑과 오르 세 기차역을 건축하였는데, 세월이 흘 러 1970년에 오르세 역은 건물 천장의 유리를 그대로 사용하고 자연 채광을 이용한 자연 친화적인 미술관이 되었다.

크게 3층으로 구성되어 있는데 중앙의 홀에는 대형 조각 작품들 이 전시되어 있으며 중앙 홀을 중심으로 왼쪽과 오른쪽에 각각 작품 을 전시해 놓은 것이 큰 특징이다. 오르세 박물관에 들어가면 입구 중앙에 오르세 미술관 오리지널 자유의 여인상이 관람객을 맞이한 다. 오후의 미술관은 조명이 뒤에서 비추고 있어 화면에 역광으로 보 이는 부분이 좀 아쉬웠지만, 오르세 미술관에 들어가면 자유의 여신

상이 중앙의 오른쪽에 위치하여 중심을 잡아 주는 역할을 한다.

〈활 쏘는 헤라클레스〉라는 주제의 작품은 부르델Emile Antoine Bourdelle의 작품이다. 로댕의 제자로 초기에는 로댕의 작품의 성격과 비슷한 작품을 많이 남겼다. 15년 동안 함께 지내서 작품의 성격이 많이 유사하였다. 이 작품은 헤라클레스가 새를 잡는 모습을 표현한 것으로, 발은 바위에 고정한 채 활시위를 당기고 있는 헤라클레스의 자세와 근육을 나타냈는데, 인체의 근육을 특히 강조하였다고 볼 수 있다.

신체는 뒤쪽에 중심을 잡고 있어 안정적이면서 균형미와 동적인 모습이 두드러진 작품이다. 2층 전시관 오른쪽 복도에 전시된 작품으로 휴식을 취하면서 보는 관람객의 시선을 끌기에 부족함이 없었다.

로댕은 20년 동안 〈지옥의 문〉에 온 힘을 다하였다. 비록 미완성으로 남은 작품이기는 하나 부족함이 없고 흠이 없는 훌륭한 작품이다. 특히 〈지옥의 문〉은 인간 내면의 깊은 곳에서 마음의 동요가 이는 작품이다. 로댕은 단테Alighieri Dante의 〈신곡〉을 수십 번 읽었으며, 심지어는 1년 동안 함께 살기도 하면서 단테의 생각과 의도를 조각이란 조형물로 표현하고자 하였다. 로댕은 단테가 쓴 작품에 충실하기 위해 수많은 데생 작품을 만들면서 작업을 진행하였다. 조형 작품을 만들어야 하는 과정이라 입체적 표현을 위해 먹을 사용하여 어둡고 밝음을 표현하였다. 이는 조각 작품의 깊이 조절을 위한 기초 작업이라 할 수 있다.

이러한 수많은 기초 작업을 통해서 진행한 〈지옥의 문〉은 1880년에 작품을 시작하여 죽을 때(1917)까지 완성하지 못했지만, 긴 시간을 들인 만큼 로댕의 작품 중에서도 대표적인 작품이라 할 수 있다. 작품에 나온 인물들이 초기에는 200명이 넘었으며, 1900년에 일부 석고상을 제외하고 우여곡절 끝에 1926년 로댕이 죽은 9년 만에 최초로 청동상으로 제작되어 이 세상에 나오게 되었다. 그리고 이 대형 작품 안에는 여전히 수많은 주인공이 들어 있다.

처음 접한 〈지옥의 문〉, 작품 안에 있는 다양한 인물상 중에서 특히, 상부 중앙의 헤라클레스 Heracles 가 눈에 들어왔다. 무언가를 고민하고 있는 〈생각하는 사람〉이란 제목의 작품이다. 굵은 눈썹과 건강한 목, 야성적인 외모와 강한 육체에서 힘을 느낄 수 있지만, 고개를 숙이고 무언가를 생각하는 모습이 고독과 긴장감을 주며, 또한 고도의 집중력마저 느껴진다.

1880년 처음으로 〈지옥의 문〉에 등장했던 〈생각하는 사람〉은 8년 후인 1888년에 독립적으로 떨어져 나왔다. 그리고 로댕에 의해 실물보다 크

게 제작되어 단독 작품으로 세상에 다시 태어날 수 있었다. 이처럼 그의 후반기 작품 생활에 많은 영감을 주고 작품 세계를 풍부하게 할 수 있는 중심적인 작품이 바로 〈지옥의 문〉이라 할 수 있다.

우골리노 델라 게라르데스카Ugolino della Gherardesca 역시 단테의 〈신곡〉, 〈지옥〉 편에 나오는 주제를 로댕이 재현한 작품이다. 13세기 이탈리아의 우골리노 백작은 자기의 당을 배반하고 루지에르와 음모를 꾸미다가 루지에르의 배반으로 두 명의 아들과 세 명의 손자와 함께 피사의 탑 속에 감금되었다. 탑 속에 갇혀 살면서 결국 기아의 고통 속에서 그들의 시신을 먹으면서 최후의 생존자가 되었으며, 결국 이러한 행동으로 인해서 천국에 갈 수 없었고 지옥으로 보내어진다는 단테의 작품에 나타난 대상을 조형적인 작품으로 승화시킨 사례이다.

로댕은 절친한 화가인 장 폴 로렌Jean-Paul Laurens(1838~1921)의 조형물 제작하면서 장 폴 로렌의 삶의 모습을 작품으로 표현하였다.

쥘 달루Jules Dalou는 로댕보다 2살 많지만 절친한 친구로 알려져 있다. 쥘 달루는 1861년 살롱에 처음으로 작품을 출품한 조각가이다. 프랑스의 사실적 조각의 대가로 불린다. 로댕은 인생의 전성기에 〈지옥의 문〉을 제작하면서도 자신과 가까운 지인들을 위한 초상 조각을 만들었으며, 까미유 클로델Camille Claudel은 물론 조각가인 쥘 달루의 모습을 표현한 작품도 〈지옥의 문〉 후반기에 완성할 수 있었다.

쥘 달루가 정치적 성향으로 영국으로 망명을 갔다 왔을 때는 이미 로댕은 프랑스에서 유명한 작가가 되어 있었다. 로댕과 쥘 달루의 정치적 이념은 달랐지만, 조각가로서의 작품성만으로 보면 우열을 가리기 힘들 정도의 수준이었다.

로댕의 친구인 예술 비평가 구스타브 제프루아<sup>Gustave Geffroy</sup>는 콧수염의 멋진 얼굴이 조각 작품으로 표현되었다.

19세기 말의 파리에서 예술에 남다른 재능을 지닌 까미유 클로델은 오귀스트 로댕을 찾아간다. 처음에는 제자와 모델로 활약하였으며, 공동 제작은 물론 24살의 나이 차를 극복하면서 연인 관계로 발전했다. 하지만 로댕은 프랑스 정부를 통해서 클로델의 작품을 구매하도록 지원함은 물론, 본인의 미술관을 세우면서 클로델의 작품을 자신의 미술관에 설치해 줄 것을 원하기도 하였으며, 끝까지 클로델을 향한 사랑의 마음을 간접적으로 표현

하였다. 현재도 파리의 국립 로댕 박물관에 클로델의 전시 공간을 별도로 마련하여 전 세계 관람객들이 관람할 수 있도록 배려하였다.

오후 6시가 넘어서 오르세 미술관의 작품을 모두 관람할 수 있었다. 물론 모든 작품을 자세하게 보지는 못했지만, 5시간 이상을 투자해서 관람하기에는 시간이 너무 모자랐다. 다만 19세의 유럽 회화와 조각들을 관람하면서, 특히 로댕과 까미유 클로델의 작품성과 이어질 수 없는 사랑 이야기를 직접 만날 수 있었다.

# 07.16 〈타락한 로마인들(1847)〉을 만나다

오르세 미술관은 19세기 이후의 수많은 인상파 화가들의 작품을 볼 수 있는 곳이다. 차홍이와 내가 이번 유럽 여행을 기획하면서 제일 보고 싶었던 곳도 이곳 오르세 미술관이었다. 폴 고갱, 모네, 마네, 반 고흐, 폴 세잔 등의 수많은 작품이 전시되어 있다. 첫 번째로 눈에 띈 작품은 〈타락한 로마인들Les Romains de la Décadence〉이었다. 프랑스 출신의 아카데미즘 화가 토마 쿠튀르Thomas Couture(1815~1879)가 1847년에 완성한 유화로, 가로 772cm, 세로 472cm의 초대형 작품이었다. 로마의 황실로 보이는 곳에서 왕과 신하들을 포함한 고관대작

들이 향락에 빠져 있는 모습을 작품에 담은 것은 로마 시대의 도덕적 타락을 비유적으로 화폭에 담은 것이다. 그림을 살펴보면, 중앙에 누워 있는 여성에게 시선이 모인다. 인간이 아닌 그녀의 신비스러운 모습을 중앙에 배치하여 모델의 풍만함과 그녀의 하얀 피부의 아름다움을 표현함으로써 속세의 유혹을 형상화하였다. 이 작품을 큐레이터가 두 손을 모으고 설명하는 모습을 진지하게 바라보는 유럽 관람객들의 모습을 볼 수 있었으며, 멀리서 보니 작품 속 인물들의 크기가 관람객들과 비슷했다.

## 07.16 앵그르<sup>Ingres</sup> 의 〈샘〉과 〈파포스의 비너스<sup>Venus a Paphos</sup>〉를 만나다

프랑스의 루브르 박물관과 오르세 미술관에 전시된 작품 중에는 중복되는 시기의 작품도 있다. 물론 루브르보다 오르세에 인상주의 작품들이 좀 더 많이 전시되어 있다. 그중에서도 프랑스의 인상주의 거장인 장 오귀스트 도미니크 앵그르<sup>Jean-Auguste-Dominique Ingres</sup>는 선, 형태, 여성의 미의 관념적인 표현을 극대화한 작가로 유명하며, 특히 〈샘〉과 〈파포스의 비너스〉 등이 프랑스 고전주의의 대표적인 작품이다.

18세기에 태어난 앵그르는 19세기 고전주의를 대표하는 프랑스의 화가이다. 라파엘로의 영향을 받은 화가로서 오르세 미술관에 전시된 〈샘〉은 고전주의 화풍의 대표작으로 손꼽힌다. 젊고 아름다운 여인이 물 항아리를 거꾸로 든 채 물을 쏟아내는 모습은 태어남의 기원, 물의 기원을 뽀얀 여인을 물의 원천으로 하여 샘의 기원을

고전적 사실주의로 표현하였다. 자세히 보면 사람 같지 않은, 대리석 같은 부족함이 없는 관능적인 여성미의 표현이 남성들의 시각적 만

족을 위해 그려진 작품으로 보인다. 아름다운 미녀가 미소 띤 얼굴로 누군가를 바라보는 듯해 사실적인 표현의 작품으로 평가받고 있다. 특히, 르누아르, 드가, 피카소 등이 영향을 받은 작품이기도 하다.

〈그랑드 오달리스크(1814)〉와 〈터키의 목욕탕(1862)〉 중간 시대에 그린 작품(1852)이다. 작품의 제작 연대를 정확히 알 수 있는 앵그르의 대표적인 작품인 〈샘〉이 화풍을 고려해 볼 때 1850년대에 그려진

작품으로 추측되기 때문이다. 〈파포스의 비너스〉 또한 여성 누드의 아름다움과 자연주의를 배경으로 과일을 아이에게 주면서 시선을 화가에게 향한 모습이 〈샘〉의 시선과 방향이 일치함을 볼 수 있다. 그리고 모델이 조각 같지만, 전혀 경직되어 있지 않은 자연스러운

포즈를 취하고 있는 모습에서 여성의 아름다움과 모성애를 함께 느낄 수 있는 작품으로 보였다.

## 07.16 르동, 빈센트 반 고흐, 폴 고갱, 쇠라 작품을 만나다

르동<sup>Odilon Redon</sup>과 모네는 같은 해인 1840년에 태어났다. 모네는 인상파 창시자의 한 사람으로 '빛은 곧 색채'라는 인상주의를 끝까지 지키면서 작품을 하였다. 특히 모네는 눈에 보이는 사실을 빛과 색채에 차이에 따라 작품의 차이를 표현하는 데 중점을 주었다.

그러나 르동은 눈에 보이는 사실보다는 '상상력'을 통해서 보이지 않는 상상의 세계, 사랑 혹은 악몽 등을 작품에 표현하였다. 있는 사실을 그대로 표현하기보다는 '계시' 혹은 '암시' 등의 추상적인 생각을 작품에 표현하는 것을 추구하였다. 독특하고 환상의 신비로운 세계를 지속해서 연구하여 상징주의 예술가로서 평가받는 화가이다.

〈감은 눈(1890)〉은 사실적인 묘사보다는 예수님께서 부활하기 이전의 상징적인 모습을 신비로운 이미지로 표현하여 작품에 적용하였다. 인물의 오른쪽 위에서 빛의 조명이 들어왔으며, 약간은 신비롭게 표현하기 위하여 보라색 계통의 무채색을 사용하였다. 또 살짝 눈 감고 있는 표정 속에서 불안함보다는 평온한 가운데에서 눈을 감고 있는 모습이 눈에 띈다.

르동의 초상화 작품은 대부분 사실적인 표현보다는 독특한 표현 방식을 통해 상상의 세계를 신비롭게 표현하여 관객의 감동을 줄 수 있도록 하였다.

르동이 폴 고갱을 그린 초상화 역시 환상적인 이미지의 작품으로 평가받고 있다. 특히 골드 계열 컬러를 배경으로 흑인 여성을 중앙에 배치하여 작품에 임팩트를 줄 수 있도록 하였다. 약간은 퇴색되어 버린 색상을 사용하였으며 얼굴 앞쪽에 골드 컬러를 사용하여 인물을 실루엣으로 표현하여 시선을 중심에 두게 하였다. 르동이 폴 고갱이 가지고 있는 상상의 세계를 작품에 접목한 것 중의 하나이다.

20대 말까지는 전도사로 생활하였으며 불과 7년 남짓 회화 작품 생활을 하였다. 그것도 마지막 3년 이내의 작품이 70%가 넘는, 그야말로 굵고 짧게 세상을 살다가 죽은 후 핀 천재 화가 빈센트 반 고흐. 고갱과의 회화적인 교감과 고통 속에서 한때 본인의 귀를 직접 자르는 등의 자학적이고 충동적인 면모와 달리 항상 하나님 나라를 잊지 않았던 유럽 후기 인상주의의 대표적 화가이다.

네덜란드 후기 인상주의 작가인 빈센트 반 고흐의 종교적 열정은 화가가 되기 이전까지 계속되었다. 특히 청년 시대까지 복음을 전하면서 빈민층에서 생활한 전도사였다. 20대 후반 아버지와의 갈등으로 인해 정신병원에 입원한 경험도 있었으며, 동생의 권유로 브뤼셀$^{Bruxelles}$의 아카데미에서 해부학, 데생, 모델링, 원근법 등을 배우게 되었다. 그는 그림을 통해서 항상 하느님께 봉사하기를 원했으며, 그림을 통한 선교 화가가 되기를 소원하였다.

〈반 고흐의 방〉이란 제목의 작품은 3개가 있는데, 반 고흐가 어머니와 여동생 윌을 위해 그린 작품이 오르세 미술관에 전시된 작품이다. 문, 창문, 의자, 침대 등의 구도적인 면을 동일하게 화폭에 담았는데, 침대 뒤편의 벽에 있는 그림 중에 왼쪽은 반 고흐의 초상화로 보이며, 오른쪽의 작품은 아마 여인의 초상화로 보인다.

〈반 고흐의 방〉은 순수 회화가 디자인 분야에 영향을 미친 작품의 하나로도 유명하며, 철저하게 원근법을 이용하여 작품의 앞쪽과 뒤쪽의 입체감이 다르게 보일 수 있도록 처리하였다. 또한, 인테리어 디자인 부문에도 많은 영향을 끼친 작품으로도 널리 알려졌다.

그의 작품들은 대부분 죽기 3년 전에 그린 것이 대부분이다. 1,000여 점의 유화 작품과 드로잉, 스케치 1,000여 점이 남아 있으며, 2~3년 사이에 엄청난 작품을 그렸다는 사실이 너무도 놀랍다. 그는 그림을 통해서 하나님 나라 확장에 앞장서기를 힘썼으며, 하나님

의 빛으로 인도하는 화가가 되기를 간절히 기도했던 화가이다. 지금
도 수많은 자화상과 초상화 등이 보존되고 있으며, 〈해바라기〉 등의
작품은 전 세계에서 가장 유명한 회화 작품이다.

〈자화상(1887)〉, 〈해바라기(1888)〉, 〈아를의 침실(1888)〉, 〈파이프
를 물고 귀에 붕대를 한 자화상(1889)〉 등이 반 고흐가 죽기 전 3년
전에 남긴 작품이다.

〈오베르의 교회〉는 반 고흐가 죽기 전에 그린 마지막 작품으로 추
정된다. 1889년 심각한 좌절을 겪으면서 정신적인 병으로 어려움을
겪었지만, 죽기 전까지 몇 년 동안은 심한 고통 속에서 우울한 날을
보내고 있었다. 죽기 전에 마지막으로 남긴 '고통은 영원하다La Tristesse
Durera Toujours'라는 말과 〈오베르의 교회〉를 점묘법으로 그린 작품이 그때
그린 70여 개 작품 중 대표적인 작품으로 당시 상황을 대변해 준다.

오베르에 머물렀던 약 70일 동안
육체적인 고통 속에서도 작품을 그
릴 때만큼은 고통이 없는 상태에
서 작업했을 것으로 생각된다.

반 고흐의 작품을 보고 촬영
하는 관람객들의 모습을 통해서
고흐 작품의 위대함을 새롭게 느
낄 수 있었다. 반 고흐가 자살한
1890년 이후 20~30년간 초상화는 유럽의 많은 화가에게 영향을 미
쳤다.

반 고흐의 8년 후배로 우정이 돈독했으며 고흐의 동생 테오의 추천으로 남프랑스의 아를이란 화실에서 작품을 같이 하기도 하였다. 예술적인 견해 차이로 고흐가 귀를 잘랐다는 유명한 일화가 있으나 고흐가 죽기 전까지 돈독한 우정이 변함이 없었다. 그 시대에 그린 〈황색 그리스도가 있는 자화상〉이 유명하다. 고갱은 물질문명 세계를 부정하며 남태평양의 타히티 섬으로 이주하여 원초적인 자연미와 건강한 인간성과 열대 지방의 밝고 강렬한 색채를 그의 작품에 담았다. 이러한 고갱 또한 20세기 회화 작가들에게 영향을 미친 작가로 유명하다.

〈황색 그리스도가 있는 자화상〉은 폴 고갱의 강한 의지가 반영된 작품이다. 고갱의 얼굴은 무겁고 긴장된 콧수염의 강한 이미지를 부각했다. 또한 역삼각의 구도를 사용하여 화면 속에서 긴장감을 느낄 수 있도록 배치하였다. 고갱 본인을 중앙에 위치하게 하였으며 왼쪽 상단 부분에 황색의 그리스도를 배치하여 본인의 예술 작품을 향한 강한 의지를 함께 표현하였다. 오른쪽에 배치한 원형 항아리에도

붉게 그을린 자신의 얼굴을 담았다. 그리스도의 강렬한 노란색과 항 아리 속에 나타난 고갱의 붉게 물든 색상의 대비가 특히 눈에 들어온 다. 이 모습은 고갱의 고통을 상징적으로 표현하였다.

고갱의 작품으로 화면이 두 가지로 나누어진다. 앞쪽은 바나나와 오렌지와 과일을 담을 수 있는 그 릇이 표현되었으며 배경에는 두 명 의 소년이 양쪽에 앉아 있고 중앙 에 소녀가 무언가를 보고 있는 모 습을 담았는데, 완성도가 그리 높 지 않은 작품으로 보인다.

1891년 고갱은 고흐가 죽기 전에 작품 세계와 관련해서 많은 의 견을 나누었다. 그 당시 프랑스 화가들에게는 새로운 미술 세계에 대 한 갈망 있었으며, 그 갈망을 해결하고자 하는 방법의 하나가 프랑스 와 유럽을 벗어나 작품 활동을 하는 것이었다.

특히 고갱은 프랑스를 떠나기 전에 모든 재산을 정리하여 그 당시

식민지인 타히티를 최종 목적지로 선택하였다. 〈타히티의 여인들〉은 고갱이 타히티에 온 지 얼마 안 되 어 그린 작품으로, 두 여인이 화면 에 나타나는데 자세히 보면 한 사 람의 모델을 가지고 각도를 달리하

여 그린 작품으로 보인다.

태양이 빛나는 타히티에서 왼쪽은 원형의 타히티 모습을 그대로 표현하였다. 오른쪽은 프랑스에서 가져온 긴 옷을 입고 종려 가지로 무언가를 만드는, 그다지 밝지 않은 표정으로 어딘가를 바라보고 있는 인물을 배치했다. 화면의 구성상 두 여인이 드러날 수 있도록 뒤쪽 화면의 어두운 녹색을 사용하였다.

고갱은 열대 지방에 정착한 최초의 프랑스인으로, 타히티 원주민의 천진함과 색감을 인물 위주로 표현하였다. 모든 작품의 대상은 강렬한 색상 대비로 표현하였는데, 이는 현실을 내용을 캔버스에 반영할 때 형태를 단순화시키는 데 많은 도움을 줄 수 있다. 특히 고갱은 독특한 행보만큼 남태평양의 생활상과 그리스도의 은총과 사랑을 화폭에 담기 위해 10여 년을 타히티에서 보내면서 후기 인상파 화가로서 후대에 많은 영향을 주었다.

파리 아방가르드 미술의 거장으로 신인상주의를 발전시킨 대표적 화가이다. 색채의 이론적인 측면을 회화 작품에 직접 접목할 수 있도록 노력한 화가이며 빈센트 반 고흐와 피카소와 같은 미술가들에게 영향을 준 화가이다.

점묘법의 대가인 쇠라는 여름이면 바다와 해안가의 풍경을 화폭에 많이 담았는데 그곳에서 많은 작품을 남겼다. 그는 일반 회화 작품보다 많은 시간이 소요되는 화풍을 가지고 있다. 또한, 풍경화를 작업할 때 습작을 많이 한 것도 쇠라 작품의 특징이라고 볼 수 있다.

〈그랑자트 섬의 일요일 오후〉와 〈아스니에르에서의 물놀이〉라는 대

형 작품을 화폭에 담기 전에 작은 캔버스 위에서 섬세한 점묘법을 활용하여 작품에 적용한 사례이며, 이처럼 10호 이내의 작은 캔버스를 사용하여 습작을 많이 그린 것이 화가 쇠라의 특징이기도 하다.

07.16 아르누보 양식의
가구 디자인 Art Nouveau Italie Et Espagne 을 보다

오르세 미술관에서 나의 시선을 잡은 것은 아르누보 양식의 가구 디자인 전시관이었다. '새로운 미술'이라는 뜻으로 1890년대 후반 유럽 전역에 보편적으로 전파되었던 디자인 사조의 하나인 아르누보. 전 조형 미술 분야에 걸쳐 곡선적이고 화려한 장식의 요소를 고려하여, 건축의 외관이나 일상생활, 미술품, 장식품 등에 자연물의 유기적인 형태에서 비롯된 장식을 이용한 하나의 양식이라 할 수 있다.

아르누보 작품에는 사치스러운 재료의 사용과 섬세한 디테일, 장인 정신으로 제작된 디자인이 상당히 많다. 아르누보라는 명칭의 유래는 1895년 독일에서 발행된 잡지 〈유겐트〉에 뿌리를 둔다. '유겐트 스틸Jugendstil'이란 용어로부터 출발하여 같은 해 사무엘 빙에 의해 파리에서 개장된 상점의 이름'라 메종 드 아르누보'로부터 유래하였다고 볼 수 있다.

아르누보 양식 가구가 가진 특징은 수작업, 아름다운 곡선, 자연주의적이고 유기체적인 디자인 등이다. 아르누보 스타일의 가구에서 보이는 이런 곡선은 일본의 영향을 받은 것이라 한다. 이 같은 아르누보 스타일의 가구는 여성적이고 독특한 느낌을 주기에 개성 있는 인테리어 소재로 적절하다.

사무엘 빙<sup>Samuel Bing</sup>은 1896년 파리에 개장한 미술 상점의 실내 장식을 반 데 벨데<sup>Henry Clemens van de Velde</sup>에게 의뢰했는데, 곡선을 사용한 벨데의 장식은 신선하고 특징적인 스타일로서 여겨지게 되고 급기야 아르누보, 즉 '신예술'이라는 의미로 하나의 양식으로 자리 잡게 되었다. 이러한 과정을 알고 있었기에 오르세 미술관에서 만난 아르누보 양식의 가구 디자인 작품이 특히 눈에 들어왔다.

아르누보 양식은 현대 건축에서 조형 예술가들 사이에 건축의 참된 방향을 제시하였다. 일반 식물 형태에 기본을 둔 부드러운 선의 표현이 주가 되면서 전통적인 건축 장식의 견고하고 직선적인 기하학적 형태와 대조를 이루는 새로운 종류의 건축 양식이 출현하는 데 영향을 끼쳤다.

*Switzerland*

*Chapter 4*

# 스 위 스

**2015.07.17-07.23 스위스** 인터라켄·루체른·취리히

# 인터라켄Interlaken에서 만난 자랑스러운 태극기

17일 아침 일찍 민박집에서 나와 리옹 역Gare de Lyon으로 가는 기차에 몸을 실었다. 오전의 리옹 역은 많은 사람으로 붐비었다. TGV LYRIA를 타고 스위스 바젤Basel을 지나서 SBB 스위스 국철로 인터라켄Interlaken으로 가기 위해서 파리 리옹 역 코스를 이용하기로 했다.

소매치기가 유명한 지역이었기에 가지고 있는 짐을 네 명이 함께 둘러싸고 보호했다. 건너편에는 아프리카에서 온 듯한 가족이 있었는데, 엄마는 어딘가에 전화하고 있었고, 10살 전후의 남매는 말싸움 중이었다. 그러다가 그만 여자 동생이 울기 시작했는데, 그 모습을 보던 차홍이가 우형이에게 "우리도 어렸을 때 자주 싸우곤 했지?"라고 말했다.

중간중간에 무장 경찰들이 만약의 상황을 대비해서 관광객들을 보호하고자 정기적으로 리옹 역 주변을 감시하고 있었다.

그런 리옹 역의 사람들을 구경하면서 이야기를 나누던 중에 우형

이가 화장실을 가기 위해 잠시 자리를 비웠다. 물론 리옹에서 바젤을 거쳐 인터라켄으로 가는 기차의 출발 지점을 알기 위함이 첫 번째 임무였다. 그러나 출발 시각 20분 전이 되어도 우리가 있는 자리로 오지 않았다. 리옹 역에서 인터라켄으로 가는 TGV는 15분 전에 탑승하지 않으면 안 되었기에 우리 일행은 조급하게 우형이를 기다릴 수밖에 없었다. 문이 닫히기 바로 전에 우형이가 허겁지겁 도착해서 우리 일행은 가장 늦게 기차에 올랐다.

기차에 올라서 차홍이는 유레일 패스에 무언가를 또 적고 있었다. 유레일 패스Eurailpass를 단체로 구입해서 기차를 탈 때마다 출발 지역과 도착 지역을 적고 있었는데, 이번에도 기재하는 것은 차홍이의 몫이었다. 리옹 기차역을 출발하여 바젤을 거쳐 인터라켄에 도착한 시간은 저녁때가 되어서였다.

인터라켄 서역에 내려서 안내판을 배경으로 차홍이와 우형이의 모습을 촬영하였다. 처음 만난 인터라켄의 첫인상은 무척 깔끔했고 공기도 맑았으며, 한여름이었지만 산에서 불어오는 바람 덕에 더없이 산듯했다. 인터라켄 서역에서 다리를 건너 호텔까지는 걸어서 10분 이내의 거리였고, 인터라켄 시내와도 가까웠다.

계곡에서 내려오는 계곡 물을 가로질러 다리를 건너자마자 뜻밖에도 태극기가 우리를 마중하고 있었다. 다양한 나라의 국기들이 우리를 맞이하고 있었는데 스위스, 프랑스, 영국 국기들보다 위에서 펄럭이고 있는 태극기를 보니 무척 반가웠다.

태극기를 보면서 잠시 모국 대한민국을 생각했다. 덕분에 호텔까지 걸어오는 길이 참 가벼웠다. 오른쪽에서는 스위스 인터라켄 정상에서 내려오는 물소리와 저녁 산에서 불어오는 시원한 바람 소리가 청량함을 더해 한여름의 더위도 잠시 잊을 수 있었다.

호텔에 도착하여 체크인하
고 숙소 안으로 들어가서 짐을
풀고 있는데 갑자기 우형이가
비명을 질렀다. 핸드폰을 충전
하기 위해서 플러그를 꽂다가
그만 감전이 되고 만 것이었다.

손의 상태를 보니까 검지가 까맣게 그을려 있었다. 간단하게 응급조
치를 하고 나서 우형이는 진정되어 갔다.

가족이 묶었던 호텔의 높이는 4층짜리였는데 뜻밖에도 5층 옥상
에는 인터라켄의 시내를 볼 수 있는 아주 운치 있는 곳이었다. 마침
저녁 식사와 함께 호텔 옆으로 흐르는 강물을 볼 수 있어서 너무나
신선했다. 내일 아침의 여행일정을 우형이로부터 듣고 스위스 인터라
켄의 첫 번째 일정을 마무리했다.

잠을 자는데 말발굽 소리가 크게 들렸다. 처음에는 무심코 들었
는데 두 번째 말발굽 소리를 듣고 창문을 열어보니 창문 바로 밑의
도로에 2마리의 백마가 지나가고 있었다. 마차를 이용하여 관광객을
태우고 다니는 관광용 개인 마차였다. 근사하게 파란 하늘색 모자를
쓰고 말을 몰고 있는 마부의 모습이 정말 멋있었다. 늦은 밤을 채우
던 달빛과 어둠 속을 지나가는 마차의 모습과 저 멀리에서 들리는 말
발굽 소리는 스위스의 인터라켄에서 처음 만나는 밤의 정취였다.

# 07.18 융프라우 정상(3,571m)에서 바라본 마녀축설

　스위스 인터라켄에 도착한 다음 날 아침 일찍 우리는 인터라켄 동역을 통해서 인터라켄 정상에 올라가기로 했으며, 호텔에서 인터라켄 동역까지 걸어서 올라갔다.

　호텔에 나오자마자 맑은 공기에 취하여 사진을 촬영하고 있는데 문득 귀한 풍경이 펼쳐졌다. 처음에는 새들이 날아가는 것으로 생각했는데 조금 가까이에서 보니까 패러글라이더Paraglider의 모습이 서서히 내 눈 안에 들어왔다.

　TV에서나 볼 수 있는 패러글라이더들이 새들이 무리를 지어 날아다니는 것처럼 군데군데 무리를 지어 하강하고 있었다. 호텔에서 동역까지 가는 20~30분가량 동안 패러글라이딩 촬영에 온 힘을 쏟아부었다. 건물과 건물 사이로 보이는 패러글라이더들은 각도와 역광 조명에 따라 까마귀 떼의 모습으로 보일 때도 있었으며, 그렇지 않을 때는 총천연색의 아름다운 새의 모습으로 비쳤다. 한참을 촬영하고 자리를 이동하는데 가족들은 이미 저만치 걸어가고 있었다. 물론 앞에 가는 가족들을 보면서 촬영을 했지만…. 기쁨이 더한 만큼 거리의 차이를 둘 수밖에 없었다. 가끔 아내의 "빨리 오세요." 하는 소리에 발걸음을 재촉하기도 하였는데, 처음 보는 패러글라이더 무리들의 비행을 카메라에 담느라 셔터를 누르는 일도 멈출 수 없었다. 아름다운 장면이 없어질까 봐 연신 촬영 스피드를 높였다.

그러던 중에 차홍이와 우형이가 동시에 내일 패러글라이딩을 했으면 좋겠다며 어떠냐고 물었는데, 흔쾌히 그러자고 했다. 얼마나 좋은 추억이 되겠는가? 패러글라이딩하는 모습만 봐도 기쁨이 2배인데!

그렇게 패러글라이더와 주위의 아름다운 풍경을 보면서 인터라켄 동역까지 20분 남짓이 걸렸다. 2~3㎞를 넘지 않은 거리였다.

인터라켄 동역 근처에는 많은 사람이 융프라우<sup>Jungfrau</sup>행 기차를 타기 위해서 기다리고 있었다. 은행 카드를 이용해서 기차표를 구매하려고 하는데, 카드를 사용할 수 없다는 메시지가 뜬다. 우리 일행은 당황할 수밖에 없었다. 정해진 금액만 가지고 호텔을 나왔는데 카드를 사용하지 못하는 상황이 발생한 것이다. 호텔로 다시 돌아가서 현금을 가지고 오는 수밖에…

9시 10분에 출발하는 기차인데 현재 시각이 8시 30분이고 걸어

서 갔다 오면 왕복 40분 이상이 걸리니 조금이라도 늦으면 기차를 탈 수 없는 상황이었다.

다른 대책이 필요했다. 바로 택시, 40분 후에 출발할 기차를 타고 융프라우에 가기 위해서 취할 수 있는 제일 나은 방법이었다. 이번 유럽 여행 동안에 택시를 타고 이동하는 것은 오늘이 처음이기에 처음에는 망설였으나 물리적으로 할 수 없는 일이었다. 유럽에서도 제일 물가가 비싼 스위스의 인터라켄에서 과감하게 택시를 타고 호텔로 돌아와서 현금을 좀 더 챙긴 후 다시 역으로 향했다. 인터라켄 동역에서 출발한 지 20분이 안 된 시간에 도착할 수 있었으며, 표를 현금으로 구매하여 무사히 정해진 시각에 기차를 탈 수 있었다. 건너편에 스페인 대학생들로 보이는 관광객들이 모여 있는 모습이 눈에 들어왔다.

어제 핸드폰을 충전하다가 갑자기 감전되어 깜짝 놀랐던 우형이는 잠을 못 자서 그런지 피곤해 하며 엄마의 어깨를 빌려 잠시 잠을 청했다. 그 모습에서 여행의 피곤함을 느낄 수 있었다. 인터라켄 동역에서 9시 10분에 출발한 기차가 융프라우 역에 도착한 시각은 11시 25분인 2시간 15분 만에 융프라우 정상에 도착하는 과정은 가

족의 눈이 행복한 기차
여행이었다. 트레킹하는
분의 모습과 산 위의 호
수, 만년설 등을 보면서
융프라우 정상까지 올라
오는 기차 여행은 지루
할 새가 없었다.

　동양계 관광객으로 보이는 학생이 융프라우 정상 3,454m 지점을
알리는 표지판을 가리키면서 포즈를 취하는 모습에 잠시 시선이 멈췄
다. 융프라우 정상에서 바라본 만년설은 한여름의 더위를 잊기에 좋
은 환경이었다. 왼쪽 중앙에 무리를 지어 하이킹하는 모습이 눈에 들
어왔다. 유럽에서도 제일 높은 융프라우 기차역, 여름과 겨울을 함께
즐길 수 있는 멋진 곳이다.

마케팅 대한민국 대표 브랜드 '신# 라면'

융프라우 정상에서는 예상외로 초콜릿 만드는 과정을 처음부터 끝까지 동영상을 통해서 배울 수 있다. 실제로 셰프가 직접 초콜릿을 강의하는 듯한 착각을 불러일으킬 만한 동영상이 관객을 사로잡는다. 3D 화면에서 초콜릿 만드는 장면을 직접 구경하는 관광객을 쉽게 볼 수 있었다. 또한, 실제 인물과 똑같이 만들어진 밀랍 인형 옆에서 촬영하고 있는 관광객의 모습도 눈에 들어왔다.

정상에 도착하여 특이하게 눈에 들어온 장면은 신라면의 등장이 었다. 여름 날씨에서 지내다가 2시간의 기차 여행을 통해서 겨울의 세계에 들어온 관광객들이 찾은 음식은 중국에서 생산한 신라면이었다. 맛있게 먹는 사람도 동남아권의 사람으로 보였는데, 그 건너편에 유럽 사람들로 보이는 이들이 원형으로 모여서 신라면을 먹는 장면도 눈에 들어왔다. 그뿐만 아니라 전 세계에서 융프라우를 방문한 대다수 사람이 컵라면을 먹고 있는 광경이 우리들의 눈을 사로잡았다.

기차를 타고 가면서 2013년에 개봉한 봉준호 감독의 〈설국열차 Snowpiercer〉가 생각났다. 시대적인 배경이 기상 이변으로 인류에게 닥친 새로운 빙하기, 생존 인류 전원을 태운 채 설원을 뚫고 질주하는 새로운 노아의 방주 안에서 펼쳐지는 숨 가쁜 반란의 장면들…. 이러한 장면은 새롭고 강렬한 상상력에서 출발할 수밖에 없는데 아마도 작품을 쓴 작가가 융프라우의 자연환경을 배경으로 하였을 것으로 추측된다.

# 07.18 피르스트<sup>First</sup> 정상에서의 가족 체험과 보르트<sup>Bort</sup> 역에서 우형이와 함께 트로티 바이크<sup>Trottibike</sup>를 타다

First · First Flyer · Schreckfeld · Bort · Trottibike · Grindelwald

우리 가족 일행은 융프라우에서 기차를 타고 그린델발트<sup>Grindelwald</sup> 역에 도착하였다. 역에서 그린델발트 케이블카 타는 곳까지는 도보로 20분 정도 걸린다. 정상인 피르스트<sup>First</sup>까지 케이블카를 타고 이동하였다. 피르스트에서 피르스트 플라이어<sup>First Flieger</sup>를 타고 슈렉펠트<sup>Schreckfeld</sup>에 도착했다. 슈렉펠트에 내려서 케이블카를 타고 에그<sup>Egg</sup>를 거쳐, 보르트<sup>Bort</sup> 역에 도착하였다. 그곳에 내리면 케이블카를 타고 내려가는 코스와 트로티 바이크<sup>Trotti bike</sup>를 타고 그린델발트까지 내려오

는 코스가 있다. 피르스트 플라이어는 피르스트에서 슈렉펠트 역까지 케이블카를 이용하지 않고 플라이어를 이용하여 2,168m에서 1,955m까지 외줄 타기로 내려오는 구간이다. 피르스트 정상에서 외줄을 타기까지의 준비 과정과 덜컥하고 문이 열리면서 내려오는 5분 이내의 긴장감은 스릴을 느끼기에 충분했으며, 막상 슈렉펠트 역에 도착해서는 아쉬움이 많이 남았다. 내려오면서 촬영을 하려고 했는데 카메라 작동이 잠시 멈춰서 초반에 동영상 녹화가 되지 않아서 속상한 마음이 들었다.

슈렉펠트 역에서 보르트 역으로 이동하고 나서 바이크를 타고 하산하려고 하는데 아내가 본인은 케이블카를 타고 내려가겠다는 신호를 나에게 보낸다. 최종 우리 일행은 우형이와 나만 바이크를 타고 내려오기로 했다. 바이크를 렌털하고, 대표로 서명하는 공간에 사인하고 내려가기 위해서 워밍업을 했

는데, 30년 만에 타는 자전거라 만만치 않았다. 물론 평지는 위험하지 않지만, 해발 1,570m에서 1,050m까지 내려와야 하는 가파른 길이기에 브레이크 점검이 최우선이었다.

　결국, 아내랑 차홍이는 케이블카를 타고 내려오는 루트로 확정하였고, 우형이와 나는 바이크를 렌털하여 내려오기로 했다. 천천히 내려가면 1시간 이내에 그린델발트에 도착한다는 안내원의 이야기에 가능하면 천천히 내려오기로 했다. 처음 보르트에서 출발할 때는 가파른 내리막길이었다. 브레이크를 잡으니 앞으로 쏠리는 현상이 일어났다.

　앞쪽에 먼저 준비하고 있는 바이크 그룹이 가는 쪽으로 우형이와 함께 내려왔다. 가파른 코스도 있었으나 가끔은 바이크를 타기에 아주 좋은 길도 있었으며, 중간중간에 바이크를 즐기는 사람들과의 가벼운 목 인사를 통해서 잠깐씩 동질감을 느낄 수 있었다.

　가족과 함께 혹은 연인, 친구들과 함께 바이크를 즐기는 모습 속에서 평안함과 행복감을 느낄 수 있었다. 바이크의 스피드를 즐기지

않고 끌고 가는 유럽 여성의
뒷모습에서는 여유로움도 느낄
수 있었다. 자연은 즐기는 모
습이 무척 아름다웠다.

　3시간 전에 출발했던 곳으
로 다시 돌아오자 입구에서 아내와 차홍이가 기다리고 있었다. 저녁
5시 30분이 넘은 시각이었는데 마침 길옆에서는 바비큐 냄새를 풍기
고 있었다. 저녁 식사를 이곳에서 하자는 의견에 길거리에 있는 레스
토랑에 들어가서 바비큐를 주문하여 가족과 함께 식사하였다. 바비
큐와 함께한 한 잔의 맥주는 무척 맛이 있었다.

　차홍이는 케이블카에서 본 광경에 관해서 이야기했으며 우형이는
바이크를 통한 아빠와의 행복한 시간을 설명하면서 여행을 마무리하
였다.

# 07.18 아이거<sup>Eiger</sup> 봉 산악 마라톤 대회를 보면서 느낀 새로운 도전

아이거 봉은 스위스 중부 융프라우 연봉에 있는 산(3,970m)으로 융프라우보다는 300m가 낮은 봉우리이나 전 세계의 산악인에게 사랑받는 산 중의 하나이다. 스위스 서남부의 산맥(Bernese Alps의 한 봉우리) 최고봉인 융프라우(4,270m) 역에서 출발한 우리 일행이 기차를 타고 그린델발트 역에 도착한 시각은 오후 2시 15분이 조금 지나서였다.

역에 도착해서 눈에 첫 번째로 들어온 것은 시계와 사인물 그리고 오른쪽에 있는 그린델발트 역의 이름이었다. 또한, 건너편 레일에서 슈퍼 그래픽으로 디자인된 아름다운 하얀 기차를 발견할 수 있었다. 특히 기차 앞쪽에 영문으로 인쇄된 삼성<sup>SAMSUNG</sup> C.I가 눈에 띄었는데, 아마도 글로벌 마케팅 차원에서 스위스의 최대 관광지인 이곳 그린델발트의 관광 기차의 외부를 광고에 활용한 것으로 생각되었다.

다음으로 눈에 들어온 장면은 오렌지 색상의 옷을 입고 교통 안내를 하는 분이었다. 후덕한 인상에 밝은 모습으로 교통 안내를 하던 뚱뚱이 아저씨.

기차에서 내려 오른쪽으로 걸어서 언덕을 올라가는데 아이거 매장과 그린델발트 스포츠 매장이 보였다. 그런데 건너편에서 환호성 소리가 들려서 고개를 돌려 보니 산악 마라톤 행사장 입구가 있었다.

처음에는 무슨 행사인지 잘 몰랐는데 200m를 지나면서 대략 무슨 행사인지 알 수 있었다. 산악에서 사용하는 지팡이를 들고 뛰어들어오는 세계 각국의 선수들과 그 광경을 돌 위에서 바라보면서 손뼉을 치는 여자아이의 모습, 나는 깜짝 놀라 그들의 밝은 모습을 연신 촬영하였다.

또한, 건너편 놀이터에서 인상을 쓰면서 바라보는 남자 어린이의

모습과 아무것도 모르고 정글짐에서 놀이하는 어린 아이들의 모습 속에서 선진국의 풍요로움을 볼 수 있었다.

우연히도 오늘이 매년 7월에 열리는 그린델발트에서 아이거<sup>Eiger</sup> 봉 산악 마라톤 대회를 하는 날이었다. 아이거 봉 산악 마라톤은 오후 2시경에 끝난 것이 아니라 우리 일행이 피르스트 산 위에서의 모든 여행을 끝나고 돌아오는 오후 5시경까지도 진행 중이었다.

전 세계 프로 산악 마라토너들과 아마추어 마라토너들이 참여한 경기로 보였으며, 저녁때가 되어도 골인하는 선수들이 제법 많았다. 선두와의 경쟁이 적어도 3시간에서 5시간 정도 차이 나는 마라톤 경기로 보였다. 늦은 시간에 골인 지점으로 들어오는 모습이 보였으며, 길거리에서 환호하는 시민들과 관광객들이 보내주는 박수에 밝게 웃

고 있었다. 미소 짓는 마라토너의 얼굴 속에서 건강한 아름다움을 목격할 수 있었다.

때로는 남자 혼자서 달리기도 하고 혹은 부부로 보이는 사람들이 다정하게 목적지에 들어오는 모습을 보았는데, 내가 직접 산악 마라톤에 참여한 것 같은 착각이 들 정도의 색다른 경험이었다. 직접 마라톤에 참여하지는 못했지만, 다양한 마라토너들을 눈으로 볼 수 있었으며, 그들을 응원하는 지역 주민들과 관광객이 어우러져 느낄 수 있는 행복은 이루 말할 수 없었다. 혹시 나중에 여건이 되면 그린델발트에 와서 그들과 함께 산악 마라톤에 도전하고 싶을 정도로 아름다운 장면이었다.

# 마을 명품 레스토랑 베비스<sup>Bebbis</sup>의 뽀빠이와 퐁듀<sup>Fondue</sup>

낮에는 청명했는데 오후가 되면서 인터라켄은 날씨가 흐려지면서 비가 내리고 있었다. 빗속을 지나가는 마차의 말발굽 소리가 듣기에 무척 좋았다. 오늘 저녁은 현지 음식을 먹기로 하고 인터라켄 동역 건너편에 있는 '베이스<sup>Bebbis</sup>'라는 레스토랑으로 갔다. 미트 퐁듀<sup>Meat Fondue</sup>로

저녁 식사를 하기로 했는데, 갑자기 뽀빠이 아저씨가 나타나서 엄청 친한 척을 했다. 알통도 보여 주고 음식을 시키기 전에 한국말로 "안녕하세요."라고 인사도 한다. 워낙 유명한 레스토랑이어서 한국 관광객이 많이 오는 것으로 보였다.

우리 가족이 주문한 음식은 스위스 전통 요리인 퐁듀였으며, 음식 주문은 메뉴판을 보고 차홍이와 우형이가 하였다. 물론 음식 시킬 때 막내인 우형이의 입김이 세게 작용하였다. 퐁듀는 프랑스어로 '녹이다'라는 뜻의 Fondre에서 파생한 어휘이며 지방마다 조금씩 다르긴 한데, 일반적으로는 긴 쇠꼬챙이에 끼워진 빵을 에멘탈<sup>Emmental</sup>

치즈와 그뤼에르<sup>Gruyere</sup> 치즈를 함께 녹인 것에 취향에 맞게 찍어 먹는다. 또한, 풍듀 부르기뇽<sup>Fondue Bourguignonne</sup>은 같은 방법으로 쇠고기를 끼운 다음 뜨겁게 끓인 올리브유에 넣었다가 여러 가지 소스를 취향에 맞게 찍어 먹는다.

풍듀는 테이블 위에 놓은 작은 항아리 그릇<sup>Caquelon</sup>에 올리브유와 여러 가지 양념을 넣어서 기본적인 맛을 낸다. 그 국물에 소고기, 돼지고기, 양고기, 닭고기 등을 쇠꼬챙이에 꽂아서 올리브유 안으로 넣으면 된다. 어느 정도 시간이 지나 고기가 익으며 취향에 따라 적당할 때 먹을 수 있는데 그냥 먹을 수도 있고, 치즈나 초콜릿 등에 발라서 먹을 수 있다. 무엇을 발라먹느냐에 따라 치즈 풍듀, 고기 풍듀, 초콜릿 풍듀 등으로 불리며, 관광객의 입맛을 유혹한다.

일반적으로 고기 풍듀가 가격이 제일 비싸다. 많이 먹으면 약간은 니글니글한데, 그 부담감을 없애려면 홍당무, 감자 등의 채소를 곁들이는 것이 좋다.

베이스 홍보를 위해서 우리 가족에게 4장의 홍보용 카드를 주면서 미소 짓는 뽀빠이 사장님의 친절함을 통해 인터라켄에 좋은 인상을 느낄 수 있었다. 30여 년 이상 헬스로 단련된 체격이 어마어마했다. 한국의 뽀빠이 이상용 아저씨의 30년 전 모습보다도 건장한 모습이었으며, 즐겁게 식사를 마치고 결제하고 나서 레스토랑 정문에서 함께 기념사진도 촬영했다. 인터라켄의 마지막 저녁을 흥미롭게 즐길 수 있는 좋은 추억이었다. 헤어질 때도 손님에게 다정하게 인사하며 가슴 근육을 자랑하는 모습이 보기 좋았다. 즐거움과 행복을 파는 레스토랑 베이스, 뽀빠이 사장님이 정말 멋있었다.

07.19 빗속에서 감행한 차홍이, 우형이의
패러글라이딩!Paragliding

19일 오전에 차홍이와 우형이를 데리고 패러글라이딩Paragliding을 예약하기 위해서 호텔을 나왔다. 가까운 곳에 한국인이 운영하는 식당이 있었는데 그곳에서 패러글라이딩을 예약할 수 있었다. 다른 곳에서 구매하는 표보다 20% 할인해 준다고 하여 그곳에서 아침밥을 먹고 오후 일정으로 패러글라이딩 예약을 마쳤다. 인터라켄의 아침은 여전히 맑고 아름다웠다.

아침의 맑은 날씨와는 반대로 오후 1시를 넘어서부터 날씨가 갑자기 흐려지기 시작했다. 인터라켄의 산 주위는 날씨 변화가 심하다는 말이 실감 나는 날씨였다. 오후에 패러글라이딩을 예약했는데, 비가 주룩주룩 내리다가 그치고 조금 있다가 다시 내리기를 반복해 패러글

라이더를 타기 힘들지 않을까 하는 생각이 들 정도였다.

표를 예매하는 곳에 갔는데 8명 일행을 태우기 위해서 기다리고 있던 미니버스가 손님들을 태우기 시작했다. 이번 패러글라이딩은 차홍이와 우형이만 하기로 하였다.

시내의 커다란 운동장 건너편에 패러글라이더를 타기 위해 손님들이 줄을 서서 버스를 기다리고 있었다. 비가 오는데도 많은 관광객이 줄을 서고 있었으며 그중에서도 8명의 고객이 패러글라이더를 타기 위해서 버스에 올랐다.

우리 일행도 같이 산에 올라가서 그 광경을 보려고 했는데 같이 갈 수 없다며 우리를 저지했다. 아내와 나는 아래에서 패러글라이더를 기다리는 수밖에 없었다. 차를 타고 산에 20~30분 올라가서 그 정상에서 패러글라이더를 타고 이곳 시내의 운동장으로 내려오는 코스였다.

10명 정도가 산 정상에 올라갔는데 차홍이만 패러글라이딩을 할 수 있었고 우형이는 정상에서 폼만 잡다가 패러글라이더는 못 타고 내려왔다. 이유는 기상 악화였다. 같은 조건에서도 패러글라이딩을

할 수 있는 사람도 있고 그렇지 않은 경우도 있는 것을 스위스 인터라
켄 현지에서 체험하게 되었다.

　차홍이와 우형이가 산 정상에서 촬영한 모습과 하늘에서 촬영한
파스칼의 사진과 차홍이가 촬영한 사진이 흥미로움이 더했으며, 우연
히 이륙할 때의 모습과 도착할 때까지의 모습이 모두 촬영될 수 있었
다. 차홍이에게 유에스비<sup>USB</sup>에 담긴 패러글라이딩 사진 및 동영상 자
료를 전해 준 패러글라이더 기사 파스칼에게 지면을 통해서 진심으
로 감사를 전하고 싶다.

## 07.13 호수에서 만난 백조<sup>白鳥</sup> 부부와 하늘의 형형색색<sup>形形色色</sup>의 새<sup>鳥</sup>

아침 일찍 우리 가족 일행은 산책을 나왔다. 오늘의 모든 여정을 취소하고 인터라켄 시내를 시간에 구애를 받지 않고 편하게 쉬면서 관광하기로 하였다.

호텔을 나와 다리를 지나가는데 나무로 만든 조각상이 눈에 들어 왔다. 우리나라의 '천하대장군<sup>天下大將軍</sup>'과 같은 모습의 조형물이었다. 기존 나무의 원형을 그대로 보존한 상태에 얼굴을 조각한 작품이었는데 20년은 족히 넘어 보였다. 그 옆의 꽃과도 자연스럽게 어우러져 있었다. 커다란 꽃을 촬영하는데 꽃 뒤편의 맑은 하늘에 형형색색의 작은 새들이 날고 있었다.

다리를 지나서 조금 걷다 보니 호텔 건너편으로 좀 더 가깝게 새들이 보이기 시작했다. 처음에는 4마리의 새가 보였는데 10마리 이상의 다양한 새들이 날고 있었다.

우리 가족 일행은 하늘의 새를 보면서 어디론가 향하고 있었다. 새에 이끌려 우리 일행이 도착한 곳은 작은 호수였다. 호텔에서 나와서 길은 건너자마자 왼쪽의 작은 다리를 건너는데 다리 밑으로는 융프라우에서 내려오는 맑은 물이 보였으며, 우리는 그 호수를 따라 계속해서 걸어갔다.

차홍이가 패러글라이더를 타면서 하늘에서 촬영한 호수의 모습을 통해 우리 가족이 산책하는 장소를 알 수 있었다. 하늘에서 바라본 인터라켄의 건물과 호수는 참으로 조화로운 모습이었다.

다리를 건너서 10~15분 정도 걸어가니 왼쪽에 마을이 있었고, 마을 뒤편에서는 새들이 날고 있었다. 그리고 작은 호수도 있었는데 경치가 무척 좋았다. 호수 위에서는 작은 배가 우리 가족을 맞이하고 있었다. 여러모로 휴양의 도시 인터라켄이란 이름에 손색이 없는 아름다운 호수였다. 가족이 걸음을 멈춘 곳은 호수와 배와 백조와 오리가 모여 있는 곳이었다.

호수 근처에는 인터라켄 시민들과 관광객들이 쉽게 쉴 수 있도록 의자가 놓여 있었다. 가족 일행이 앉아서 쉬기에는 아주 좋은 공간이었다. 간식거리로 가져간 음식을 먹으면서 앉아 있는데 갑자기 건너편에서 한 쌍의 백조가 우리 가족 쪽으로 왔다. 경계심 없이 우리 쪽으로 오는 것을 발견하고 우형이가 먹을 것을 준비해서 주었다.

먹을 것을 받아먹고 난 후에 저 멀리 유유히 사라지는가 싶더니 갑자기 한 쌍의 백조가 자맥질을 하면서 물구나무를 서고 있었다. 그것도 동시에 일어난 일이라 굉장히 신기했다. 추측건대 사랑놀이 혹은 호수에서 먹잇감을 동시에 발견하고 호수 밑의 광경을 보고 있는 것이리라. 이마저도 무척 아름다웠다.

한 쌍의 백조가 자맥질을 하고 있는 건너편에는 갈색의 오리 한 쌍이 앞쪽을 향해 함께 수영하고 있었는데, 그 모습도 참 아름다웠다. 순간 두 쌍의 백조와 오리의 공통점을 발견할 수 있었다. 두 쌍

모두 한곳을 바라본다는 것이었다. 아내와 차홍이, 우형이도 이 광경을 보고 있었는데, 아마 같은 생각을 하지 않았을까 싶다.

그러한 광경을 우리 가족은 오랫동안 보고 있었다. 얼마쯤 시간이 지나서 한 쌍의 백조의 동작 속에서 하트$^{Heart}$ 형상으로 보이는 모습도 눈에 들어왔다. 한쪽에서는 먹이를 주시하고 한편에서는 그 모습을 보고 있는 백조를 보면서 많은 것을 배울 수 있는 소중한 시간이었다. 융프라우 정상에서 내려오는 맑은 물과 그 강 위에서 유유히 놀고 있는 백조와 오리의 모습과 자연의 바람 소리는 가족이 편안하게 휴식을 취하기에 아주 좋았다.

호수에 온 지 1시간이 지났을까? 우리가 지나쳐 온 곳에서 모터보트 소리가 들렸다. 주인으로 보이는 사람이 모터보트에 시동을 걸고 있었다. 깜짝 놀랄 만큼 큰 소리에 백조는 그것을 바라보고 있었다. 그런데 모터보트를 탄 사람은 60세 정도 되어 보이는 중년의 남성이었다. 그 남성은 호수 아래쪽에서 우리 앞을 지나서 융프라우 상류 쪽으로 유유히 사라져 버렸다. 순식간에 눈앞에서 일어난 일이었다.

맑은 호수에 정박해 놓은 작은 모터보트를 운전하면서 일광욕을 하는 스위스 남자에게서 중년의 여유로움을 대리 만족하는 순간이었다.

그러한 호수의 광경을 보면서 어느덧 시간이 또 흘렀다. 문득 쉬고 싶은 생각에 벤치에서 누워 버렸는데 건물과 나무 사이에는 새파란 하늘과 새하얀 구름이 아름답게 어우러져 있었다. 파란색 물감에 흰 물감을 떨어트렸을 때보다도 더 아름다웠다. 아마 태어나서 처음 본 하늘과 구름의 모습이었다. 프랑스 베르사유 궁전의 정원에서 본 하늘과 구름과는 차이가 있는 광경이었다.

베르사유 궁전에서 바라본 하늘과 구름에서는 볼 수 없었던 하나의 광경은 다양한 색상의 새가 날아다닌다는 것이었다. 때로는 한 마리가 때로는 5마리가 때로는 10마리 이상의 서로 다른 옷을 입은 새들이 하늘과 구름을 향해 돌진하는 모습으로…

때로는 한 폭의 동양화 속에서 살아 숨 쉬는 새의 모양으로 나타난 마침표…

바로 자연 속에서 인공의 모습이 아니라 자연과 융합하려고 하는 인간의 의지…

패러글라이더라는

인공물이 자연과 순응하고

융합되어 서로 공존하는

모습을 감상하느라

잠을 이룰 수가 없었다.

한 쌍의 백조 부부와 작은 새

하늘에 나는 새를 따라서
우리는 이끌려 갔다.
다리를 건너
호수를 따라갔다.
호수에는 융프라우에서 내려오는
맑은 물과 물소리와
함께 불어오는 잔잔한 바람
작은 호수로 함께 내려왔다.

그곳에서 처음 만난
한 쌍의 백조 부부
자맥질을 하면서 호수 밑을 본다.
우리는 볼 수 없는 호수 밑의 모습을

그 뒤에서 한곳을 바라보면서
어디론가 가고 있는
한 쌍의 갈색 오리 부부 어디로 가고 있나
하지만 함께 간다.

누워서 하늘을 본다.
건물과 나무 사이에
하늘과 구름이 함께 머물고 있다.

파란색 물감에 하얀색 물감을
떨어트린 모습보다도
아름다운 파란 하늘과 하얀 구름 속으로
한 마리 새가 날아든다.
때로는 하얀색, 때로는 파란색
때로는 노랑, 빨강의 모습으로

한 폭의 동양화보다도 아름답다.
하늘과 구름의 아름다움 속에서
자연이 만든 공간에
인간이 만든 작은 새가 함께한다.

인간이 만든 작은 새들을
하늘과 구름이 감싸 안고 있다.
하늘과 구름을 잘 모른다.
작은 새를 누가 만들었는지

호수가 품은 백조 부부
하늘과 구름이 품은 작은 새

자연이 품은 자연의 모습으로
자식을 품은 부모의 마음처럼

인터라켄의 호수에서…
2015년 7월 19일

　　인터라켄의 작은 호수에서 만난 백조 부부의 사랑스러운 모습과
맑은 하늘에 나타난 형형색색의 새를 바라보면서 깨끗하고 맑은 사랑
을, 자연을 통해서 배울 좋은 기회였다. 육지에서 바라본 호수와 하
늘에서 바라본 호수가 풍경은  너무나 아름다웠다.

# 07.리 멋쟁이 선장 아저씨와 스위스 국기

아침 일찍 인터라켄 호수 근처의 호텔에서 체크아웃하고 인터라켄 역으로 향했다. 호텔을 빠져나와 작은 호수를 왼편으로 두고 걸어오는 길이 무척 상쾌했다. 특히 산 너머의 산과 구름이 아름다웠다. 구름이 걷히고 나니 파란색, 노란색, 초록색 새들의 하늘을 날고 있었다. 인간이 만들어낸 패러글라이더를 타고 있는 하늘의 모습이 실제 새보다도 아름다웠다. 인터라켄에 머물던 5일 동안에 보았던 어떤 새보다도 멋있고 자연스러운 모습이었다.

그렇게 감상하면서 도착한 역에서 촬영한 패러글라이더의 모습은 역광으로 촬영되어 까마귀가 날아다니는 모습처럼 보였으나 나름대로 아름다웠다. 역 앞에서는 다람쥐 두 마리가 수도꼭지를 바라보고 있는 차분한 모습의 조형물을 보면서 인터라켄의 물을 흠뻑 마셨는데, 얼마나 차갑고 시원했는지 마지막으로 몸으로 인터라켄의 자연을 느낄 수 있는 소중한 시간이었다.

인터라켄 역에 도착하여 차홍이가 지도를 펴서 인터라켄에서 기차를 타고 루체른Luzern 역에 도착해서 루체른 호수를 관람하고 기차를 타고 스위스의 수도인 취리히Zurich에 도착하는 일정을 설명하였다. 기차를 타고 여행하는 코스가 길고 이쁜 호수와 멋진 알프스 산을 함께 보면서 갈 수 있는 곳이었으며, 루체른이란 곳에서 유람선을 타고 관광하는 코스가 무척 마음에 들었다.

인터라켄에서 동북쪽으로의 여행을 안내하는 차홍이의 꼼꼼한 설명에 많이 준비했구나 하는 생각이 들었으며 한편으로는 정말 고마웠다. 22년 동안 멋있고 예쁘게 성장한 모습에 가슴이 뿌듯했다.

오전 9시 30분경에 인터라켄 서역에서 출발한 기차는 11시 55분경에 루체른에 도착하는 일정이었다. 기차 안은 매우 평안해 보였으며, 때로는 파란 호수에서 배를 타고 있는 관광객의 모습과 산 너머에서 내려오는 구름의 모습을 보며 마음의 평안함을 느낄 수 있었다. 특히 스위스 기차의 창문은 작지 않아 외부의 경관을 보기에는 매우 좋은 환경이었다. 가끔 표를 검사하는 사람들의 소리 이외에는 창밖의 경치를 감상하면서 연신 촬영하느라 여념이 없었다.

건너편에서 차홍이와 우형이가 준비해 온 빵을 먹으면서 여유로움을 즐기는 모습이 굉장히 보기 좋았다. 가끔 역에 도착하면 역과 호수의 모습이 조화를 이루고 그 길을 걷고 있는 여행자의 모습, 유람선을 기다리고 있는 건너편 선착장의 모습, 목가적인 산 너머에서 작은 집, 그 주위의 나무와 가축들의 모습이 어우러졌다. 또 어김없이 산 뒤에 피어 있는 하얀 뭉게구름이 평온함을 말해 주는 것 같았다.

역에 정차했을 때 눈에 들어온 것은 비스트로Bistro라는 글씨와 나이프 포크의 심벌마크였다. 비스트로는 원래 음식과 와인을 제공하는 작은 카페라는 의미인데, 아마도 기차 내부의 식당 칸을 의미하는 것으로 보였다.

오전 햇살을 맞으면서 휴식을 취하는 차홍이와 우형이는 영국과 프랑스, 인터라켄을 거친 여행의 피곤함을 달래고 있는 듯해 보였다. 어느 정도 충전을 해야 다음 목적지에서 많은 것을 보고 배울 수 있으니 이 또한 현명한 일이며, 휴식의 시간을 갖는 두 사람의 모습 속에서 짧은 행복감을 만끽할 수 있었다. 차홍이는 여전히 지도를 펴고 그 위에 〈이지 유럽〉이란 여행 책을 놓고 자는 모습이 본인의 임무를 충실히 감당하고 있는 모습이었다. 여행 가이드와 동선에 대한 업무는 우형이가 맡았으나 기획부터 예산 반영 등과 관련한 전체 기획을 맡아 팀장 역할을 담당하고 있는 차홍이의 모습이 무척 든든해 보였다.

아름다운 풍경 속에 산 위의 구름과 호수를 둘러싼 마을에서 가끔 보이는 교회의 모습과 그 옆으로 뻗은 길 사이의 깨끗하고 맑은 모습이 관광객의 눈을 사로잡았으며, 어느 한 곳도 예쁘지 않은 곳이 없었다. 호수 중간에 정박하여 있는 배 한 척마저도 여행객의 마음을 들뜨게 하는 환경적인 요소였다. 이렇게 자연 구경을 하면서 정확히 5분 전 12시에 루체른에 도착할 수 있었다.

　루체른은 스위스 중앙에 있는 관광 도시로, 8세기경에 탄생하였다. 바위에 조각된 사자 기념상이나 중세에 세워진 성당이 유명한 곳이기도 하며, 루체른 주의 중요 도시인데, 곳곳에 아기자기한 멋스러움이 있는 작은 도시였다. 역에 도착해서 우리는 먼저 짐을 보관할 장소를 물색하였다. 6시간 전후의 루체른 여행 중에 모든 짐을 가지고 다닐 수가 없어서 임시 보관함을 찾았는데 4인의 짐을 보관하기 위해서 2개의 보관함을 렌탈해서 그곳에 잠시 보관하고 루체른 호수 여행을 하고 나서 쮜리히로 이동할 때 다시 찾기로 했다.

　루체른에서 가장 먼저 눈에 띈 곳은 현대식으로 건축된 루체른 박물관Luzern Museum이었다. 여행 일정상 내부는 관람하지 못하고 외부에서 밖에 볼 수 없는 아쉬움을 뒤로하고, 우리 일행은 루체른 중앙역 앞에 있는 1, 2 선착장으로 발길을 옮겼다.

옮기는 도중에 눈에 들어온 것은 인공으로 만든 작은 오수 건너편에 펼쳐져 있는 작은 파라솔이었다. 흰색과 녹색의 파라솔과 그 색상이 작은 호수에 투영된 모습이 눈에 들

어왔다. 또한, 저 멀리 건너편에는 교회로 보이는 오래된 건물들이 함께 어우러져 호수에 비치고 있었다.

선착장 입구의 매표소에서 유람선 시간을 확인하니 40분의 여유 시간이 있었다. 물론 스위스 패스를 구매하였기에 이곳의 유람 여행은 별도로 비용을 지불할 필요가 없었다. 12시가 넘은 점심때라 루체른식 현지 패스트 음식을 가족과 함께 먹고 시간을 기다리고 있는데, 유람선과 배의 후미에 걸려 있는 적색 바탕에 흰 십자가의 스위스 국기가 눈에 들어왔다. 국기 하단부에 수영 금지 구역이라는 픽토그램 Pictogram이 있었는데, 특히 눈길을 끈 것은 그 아래를 유유히 지나가는 백조였다.

인터라켄에서 만났던 백조 부부와는 또 다른 다정한 모습이었다. 때로는 혼자서 먹이를 먹는 모습과 깃털을 손질하면서 무언가에 열중

하는 모습, 하얀 기둥 위에서는 비둘기로 보이는 새가 백조를 물끄러미 바라보는 장면이 크게 눈에 들어왔다. 유럽 국가에서 가장 오래된 국기이기도 하며, 그리스도교 국가임을 국기에 직접 표현한 것인데, 민주주의, 평화, 보호를 상징하는 언어적인 표현이 절묘하게 맞아떨어지는 장면이었다.

백조는 글을 볼 수 없으니, 수영하지 말라는 픽토그램을 볼 수 없을 것이다. 때로는 글과 언어를 알지 못하는 것도 행복일 수 있다. 인간이 만들어 놓은 글과 언어가 인간의 행동을 제한하는 사회 속에서 살고 있다. 그러한 제한을 받지 않고 인지하지 못하는 동물들이 행복할 수 있다는 생각을 해 보았다. 물론 백조가 부러운 것은 아니지만, 지금 같은 경우에는 너무나 부러울 수밖에 없었다. 제한과 규제가 없는 곳에서 살 수 있다면 하는 생각이 들었다.

배 후미 아래에서 백조 한 쌍이 유유히 왼쪽에서 오른쪽으로 산책하는 모습이 무척 평온하게 보였다. 우리 부부도 이 정도는 되어야 하는데 하면서 잠시 옆을 보니 그 광경을 보면서 살짝 웃는 아내의 모습이 눈에 들어왔다. 아마도 나와 같은 생각을 하지 않았을까? 갑자기 백조들이 호수 바깥쪽에 있다가 호수 중앙으로 움직였다. 멀리서 그 모습을 보는데 흡사 백조들이 스위스 국기로 하나씩 들어가는 모습처럼 보이는 장면이 연출되었다. 유람선 후미에 걸려 있는 스위스 국기에 백조들이 하나씩 들어간다고 생각하니 뭉클한 생각이 들었다.

호수와 백조들, 유람선과 스위스 국기, 하얀 기둥과 비둘기의 모습 등이 함께 어우러져 있는 루체른 선착장의 아름다움을 뒤로하고 도착한 유람선으로 자리를 옮겼다.

루체른 보트 투어를 한눈에 볼 수 있는 사인이 눈에 들어왔으며, 호수의 지도를 실제로 표현하여 보트 투어를 하는 관광객들이 여행 스케줄을 시각적으로 그려 볼 수 있도록 배려한 것이 인상적이었다.

유람선 안에서는 벌써 일찌감치 자리를 잡고 있는 관광객도 있었 으며 유럽인으로 보이는 나이 드신 분이 배 기관의 피스톤 움직임을

촬영하는 모습이 눈에 들어왔 는데 인상적이었다. 또한, 밝 게 웃는 여성 승무원의 모습 과 루체른 '교통 박물관 호숫 가'Verkehrshaus lido'라는 선착장 역 건너편에서 유람선을 기다리 는 노부부의 모습을 통해서 유럽인들의 여유로움을 만끽 할 수 있었다.

이곳은 유럽에서 가장 큰 교통 박물관Verkehrshaus der Schweiz과 테마파크Theme Park 관이 있는 곳 으로도 유명한 관광지이며 시내에서 걸어서 20~30분 거리, 배를 타 고는 15분 이내면 도착하는 곳이기도 하다.

루체른의 중간 기착지인 헤르텐슈타인Hertenstein 역에는 건물과 건물 사이에 중세에 지어진 주택들이 있었으며, 그 사잇길에서 하이킹하 는 젊은 남녀의 모습도 눈에 띄었다. 특히 맑은 날씨의 거리는 꽤 한

적했으며 멀리 스위스 국기가 눈에 들어왔다.

루체른의 아름다운 중간 기착지 중 하나인 베기스<sup>Weggis</sup> 역의 아기자기하고 아름다운 호수와 건물들의 모습도 볼 수 있었다. 베기스는 리기<sup>Rigi</sup> 산 정상에 올라갔다가 하산하는 코스로 선택되는 곳으로도 유명하다. 호수 저 멀리 캠퍼스 호텔 헤르텐슈타인<sup>Campus Hotel Hertenstein</sup>이라고 쓰인 사인<sup>Sign</sup>이 눈에 들어왔다.

비츠나우<sup>Vitznau</sup> 역에 도착하기 전에 멋진 유람선을 만났다. 건너편 유람선에서 이곳을 향해 힘차게 손을 흔들어주는 관광객의 모습에 동질감을 느낄 수 있었다. 우리의 일행보다 앞서서 관광하고 돌아오는 유람선으로 보였다. 루체른 역에서 출발한 지 50분이 지나지 않아서 도착한 곳이 비츠나우 역이다.

우리 일행은 자연스럽게 이곳에 내리게 되었다. 역을 빠져나왔는데 건너편에는 등산 기차가 기다리고 있었다. '산의 여왕'이라고 불리는 '리기 산'을 가려면 이곳 비츠나우에서 등산 기차를 타면 된다. 30분이면 리기 클룸<sup>Rigi Klum</sup>의 호텔(1,916m)에 도착할 수 있고, 이곳의 스카이라운지에서 멋진 스위스의 리기 산을 보면서 커피도 즐길 수 있다. 클룸에서 내려올 때는 등산 기차를 타고 리기 칼트바트<sup>Rigi Kaltbad</sup>에서 케이블카를 탄 다음 베기스에서 내려서 루체른으로 돌아오는 코스가 있는데, 우리 일행은 비츠나우 역에 내려 등산 열차를 타지 않고 왼쪽 길을 따라 해변의 한적한 곳을 구경하기로 했다.

비츠나우 역에서 왼쪽 도로를 따라서 가다가 보면 멋진 교회를 볼 수 있으며 그 너머의 산 정상에서 스위스 국기를 발견할 수 있다. 일 반적으로 산 위에 무언가의 상징물이 있으면 자연스럽지 않은데 스위스 국기는 어느 곳에 있어도 자연스러워 보였다.

그러한 장면을 보고 왼쪽 아래를 향해서 걸어갔는데 가족으로 보이는 사람들이 누워서 일광욕을 즐기고 있었고, 그 옆에서 아이를 돌보는 엄마의 모습 등이 무척이나 행복해 보였다. 맞은편에서 다이빙하고 수영하던 청년이 원형 시멘트 위에서 편안하게 일광욕을 즐기는 모습에서 자유로움을 볼 수 있었다.

겉으로 보기에는 차홍이와 우형이 또래의 모습으로 보였다. 우리 가족 일행은 벤치에 앉아서 준비해 간 음식과 과일을 먹으면서 비츠나우에서 여름 휴가를 즐기는 유럽인들의 모습을 잠시나마 가까운 곳에서 볼 수 있었다. 넓은 호수와 맑고 깨끗한 이곳 비츠나우에서 대자연과 함께 여름을 즐기고 있는 이들이 부러웠다.

한참을 구경하고 있는데 차홍이의 수신호가 떨어졌다. 비츠나우 역으로 돌아가자는 의미였다. 오후 늦게 루체른 역에서 취리히 역으로 가는 기차의 일정을 고려한 행동이었다.

비츠나우 역으로 돌아오는데 멀리 보이는 역의 이미지와 처마 밑에 걸린 스위스 국기가 한층 더 자연스러운 모습이었다. 역에 도착해서 얼마 기다리지 않아 루체른으로 가는 유람선이 나타났다. 줄을 서서 기다리는데 70% 이상은 유럽 사람으로 보였다. 제일 많은 관광객이 내리는 것으로 볼 때, 이곳이 루체른 호수에서 제일 유명한 곳이라는 곳을 간접적으로 알 수 있었다.

비츠나우 선착장에서 새로 온 유람선을 타고 2층으로 올라갔는데 제법 빨리 달리는 유람선 밑으로 아주 흥미로운 장면이 연출되었다. 배 후미의 관광객들 뒤쪽에 스위스 국기가 바람에 휘날리고 있었으며, 그 뒤편에는 호수 위를 지나간 유람선의 흔적이 스위스 국기와 같은 방향을 가리키며 휘날리고 있었다. 그러한 광경을 바라보면서 노래를 부르는 사람도 있었으며, 가끔 젊은 사람들의 환호성도 들리곤

하였다. 그러한 풍경을 감상하며 베기스 선착장에 도착한 시간은 3시경이었다.

도착하기 전에 중년의 유람선 선장으로 보이는 분이 유람선 2층 오른쪽에 서서 유람선 조정을 하면서

경적 소리를 내고 있었다. 멀리서 보니까 하얀 콧수염을 하고 훤칠한 키에 자상하게 생긴 분이었다.

처음에는 2층 오른쪽에서 멋지게 포즈를 취하고 있었으며, 가끔 바라보면서 미소를 남기는 모습이 멋지게 보였다. 관광객들이 유람선에 모두 올라탄 것을 확인하고는 유람선 안에 있는 곳으로 자리를 옮

겼으며, 그 모습을 담기 위해서 나도 선장을 따라 자리를 이동했는데, 모자를 벗고 웃으면서 바라보는 모습을 통해서 최소 60살은 넘는 할아버지임을 알 수 있었다.

저 멀리에는 예수님으로 보이는 조각상이 있었으며 그 옆으로 호수에서 목욕하거나 다이빙하는 모습이 눈에 들어왔는데, 마냥 자연스러웠으며 이러한 환경을 즐길 수 있는 젊은이들이 매우 부러웠다. 곳곳에서 스킨 스쿠버를 즐기는 관광객도 있었다. 때로는 고기를 잡는 장면도 눈에 들어왔는데 잔잔한 호수에서 즐기는 이들의 모습에서 여유로움을 함께 발견할 수 있었다.

루체른 역에서 12시 30분에 출발하여 4시까지 돌아오는 3시간 30분의 짧은 유람선의 호수 여행을 통해서 많은 경험을 하게 되었다.


루체른 호수는

첫째, 맑은 하늘과 넘실대는 구름!

둘째, 밝은 승무원의 미소와 멋쟁이 선장님!

셋째, 예쁜 건물과 스위스 국기!

넷째, 유람선과 여행객!

떠오르는 곳이었다.


스위스에서는 독일어, 프랑스어, 이탈리아어, 로망스어 등의 다국어를 사용하는데 지명은 대부분 독일어를 사용하는 것으로 보였으며, 전 세계에서 다양한 인종들이 다양한 목적을 가지고 관광하는 모습이 제일 인상 깊었다.

07.22 자연 친화적인 도시 환경, 인간의 윤택함을
고려한 디자인, 성숙한 문화 시민 의식

취리히는 스위스 제1의 도시이다. 스위스 수도를 제네바$^{Geneva}$ 혹은
취리히로 알고 있는 사람들이 참 많다. 그런데 의아하게도 스위스의
수도는 베른$^{Bern}$이란 곳이다. 취리히 인구는 140만 명이 조금 넘는데
26개 주 중에서 가장 많으며 수도인 베른보다 훨씬 선진국적인 도시
의 형태를 보이고 있다.

어제 인터라켄에서 출발하여 루체른을 거쳐 취리히에 도착하였
다. 스위스에서 제일 번화한 첫 번째 도시에서 어제 1박을 하였다. 내

일 아침에 오스트리아 잘
츠부르크$^{Salzburg}$로 이동해야
하기 때문에 아침에 일찍
호텔을 빠져나올 수밖에
없었다.

스위스는 모든 정류장
에 트램 티켓 무인 판매기가 설치되어 있다. 또 스위스 최대 도시인
취리히는 구역마다 요금이 달라서 일회용 티켓인지 1일 티켓인지를
구분해서 사면 불필요한 지출을 줄일 수 있다.

취리히 시내 구경을 하기 위해서 호텔을 나와서 리마트플라츠 램
프 트램 정거장$^{Limmatplatz\ Tram\ Stop}$까지는 15분 정도 걸렸는데, 도로와 건

물이 무척 깨끗했다. 기차를 타기 위해 12시간 정기권을 끊기로 하고 자동판매기에서 표를 구매했다.

조금 기다리다 보니 기차가 도착하였는데, 내 눈에 띈 것은 기차 상단 부분에 있는 캐릭터를 활용한 디자인이었다. 캐릭터를 활용한 질서 홍보물로 보였다. 맨 앞쪽의 캐릭터는 젊은 남자로 보였고, 두 번째는 젊은 여자로 보였으며, 세 번째는 멕시코 사람으로 보이는 외국인을 표현한 듯했다. 왼쪽의 캐릭터를 보니 첫째는 중성인 사람이며 두 번째는 젊은 남자, 세 번째는 젊은 여성, 네 번째는 영국 신사가 차례로 기차를 타는 모습인 것 같았다. 강력한 이미지를 가질 수 있었던 도시 환경을 고려한 창의적인 디자인이라고 생각되었다.

이러한 도시 환경에 어울리는 창의적인 사인 디자인<sup>Sign Design</sup>을 전기 기차에 적용해 도시의 많은 사람이 볼 수 있도록 하였다. 역시 선진국다운 모습이었다. 전기 기차가 다니는 어느 곳에서든 볼 수 있고 창의력이 돋보이는 디자인을 만날 수 있었던 좋은 기회였다. 트램을 타고 나서 좌회전하자 마자 어젯밤에 도착한 취리히 기차역이 나타났으며 그곳을 지나 취리히 중앙역에서 내려 시내 구경을 하였다. 횡단보도를 건너자 상점과 음식점이 나타났다.

시내에서 처음 눈에 들어온 상점은 네이처 퍼스트<sup>Nature First</sup>라는 화장품 브랜드였다. 브랜드의 이미지에서 웰

빙 자연주의가 연상되었다. 오래된 건물인데도 익스테리어가 깨끗하게 정리되어 깔끔해 보였으며, 상점 안에는 손님으로 보이는 유럽인이 상담을 받고 있는 모습이 눈에 띄었다. 상점 내부는 촬영할 수 없어서 창문 사이로 내부 이미지를 보니 내추럴함이 돋보였다. 나뭇잎을 워드 마크와 함께 활용해 브랜드의 이미지를 강조하는 데 도움이 되었다.

시내를 걷다 보니 벌써 점심을 먹는 사람들이 눈에 띄었으며, 맥주를 마시는 사람들도 많았다. 다정하게 외식을 즐기는 연인들도 많았으며, 중간마다 중년의 부부로 보이는 사람들도 있었다. 또한, 레스토랑 외부에 다양한 색상의 파라솔이 설치되어 있어 그 공간에서 다정하게 담소하면서 식사하는 장면과 거리를 지나가는 젊은 여인들의 밝은 미소 속에서 색다른 점심시간의 묘미를 즐길 수 있었다.

취리히 시내를 구경하고 있는데 맛있는 냄새가 우리 가족의 후각을 자극했다. 우형이가 맛있는 냄새가 난다며 여기서 점심을 먹자고 하여 우리는 그곳에서 식사하기로 하였다.

식당 외부에 녹색으로 된 파라솔이 있어 그곳에 자리를 잡았다. 식당 주인은 독일인으로 보이는 사람이었다. 처음에는 독일어로 이야기하다가 차홍이가 영어로 주문하니 점원이 바로 영어로 된 메뉴판

을 가져다주었다.

메뉴판을 보고 음식을 주문하였다. 밥과 만두와 고기와 온갖 재료를 만두피에 싸서 먹는 음식으로 아주 맛있었다. 약간은 인도와 동남아 음식으로 생각되는 향신료가 있었는데, 차홍이와 우형이는 하나도 남김없이, 식사량이 모자랄 정도로 빠르게 식사를 마쳤다.

더운 날씨에 야외에서 맥주와 함께하는 식사는 분위기가 더할 나위 없이 좋았다. 차홍이가 DSLR 카메라로 사진을 촬영하는 장면이 눈에 들어왔다. 또한, 누가 시키지  도 않았는데 동시에 다정하게 손을 뻗으면서 밝게 웃는 모습이 눈에 들어왔다.

공중전화 박스 외벽에 붙은 포  스터가 시선을 사로잡는다. 그 뒤편에는 자연 친화적이고 인간 친화적인 돌로 만든 조형물 위에 수도꼭지가 설치되어 있었고, 물이 필요한 관광객에게 시원한 기쁨을 주기 위해서 배려한 수도꼭지에서는 시원한 물이 나온다. 일반 수돗물이 아니라 천연의 물인 것 같았다. 벌컥벌컥 물을 마시는 우형이 표현에 의하면 물이 정말 맛있다고 하는데, 인공 수돗물이 아니라 산에서 내려오는 물이 아닌가 착각이 들 정도였다. 한여름의 더위로 물맛이 새로울 수도 있겠다는 생각도 들었다.

다양한 색상의 건물과 상점과 레스토랑과 어울리는, 자연 친화적이고 인간을 고려한 도시 디자인이 눈에 들어왔다. 돌로 만든 조형물을 바라보다가 눈길을 돌리니 작은 광장 건너편에 재미있는 장면이 연출되어 있었다. 호텔 건물 베란다 2층에서 뿔이 달린 소가 창문을 통해서 뛰어내리려고 하는 퍼포먼스였다. 멀리서 보기에는 실제로 소가 창문의 꽃을 뚫고 뛰어내리는 것처럼 보였는데, 가까이 가서 보니까 인위적으로 만든 조형물이었다. 관광객의 발길을 잡는 펀$^{Fun}$ 디자인 요소를 가미한 재미있는 조형물이라고 생각하면서 호텔의 창의적인 발상에 살며시 미소를 지을 수 있는 시간이었다. 시내에서는 음료를 10% 할인해 주겠다는 파라솔 광고가 눈에 들어왔다. 취리히 관광객과 도시 사람들을 위한 할인 행사를 꾸준히 하는 모습이었다.

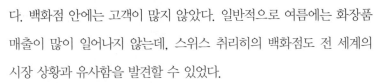

취리히 백화점 안의 디올$^{Dior}$ 화장품 매장 앞에서 고객을 기다리고 있는 점원의 모습이 보였다. 백화점 안에는 고객이 많지 않았다. 일반적으로 여름에는 화장품 매출이 많이 일어나지 않는데, 스위스 취리히의 백화점도 전 세계의 시장 상황과 유사함을 발견할 수 있었다.

백화점 건너편에서는 커다란 건물을 건축 중이었으며, 건축 상부에 대형 그림을 설치하여 주위 환경과 조화를 이루도록 환경적 요소를 고려한 슈퍼 그래픽 디자인이 눈에 들어왔다. 옆쪽의 건물과는 대조되는 도시 환경 디자인이었다. 어린이를 위한 테마파크 이미지 같기도 하고, 작은 책상과 의자를 연이어서 표현한 것 같기도 한 디자인 요소는 도시 환경적인 측면에서 많은 것을 고려한 작품으로 보였다.

길 건너편에 스위스 사람으로 보이는 남성이 맛있게 아이스크림을 먹고 걸어가는 모습이 눈에 띄었는데, 적색 바탕에 하얀색 십자가

가 선명하게 디자인된 반소매 옷을 입어 강렬하게 보였다. 버스 안에는 이번 여름 2015년 6월 29일부터 8월 8일까지 40% 할인을 한다는 할인 포스터<sup>Reseda Poster</sup>가 붙어 있었으며, 사진으로 보아 의자나 책상 등의 가구를 할인하는 광고였다.

취리히 시내의 모습은 매우 평온했다. 국제적인 금융 도시답게 멋지고 젠틀한 남성들과 예쁘고 세련된 여성들을 시내 곳곳에서 볼 수 있었으며, 특히 고급 시계, 초콜릿 등 스위스의 유명 브랜드 매장이 곳곳에 있었다.

취리히는 스위스 최대의 문화도시이며 의식 수준이 세계 최고로 보였다. 그중에서 제일 으뜸인 요소는 첫째, 자연 친화적인 도시환경 둘째, 인간의 윤택함을 고려한 디자인, 셋째, 성숙한 문화 시민 의식을 볼 수 있었다.

# 07.22 호수에서의 저녁노을과 유람선,
## 고기잡이 배와 백조

저녁에 리마트플라츠 램프 정거장에서 11번을 타고 뷔르클리플라츠<sup>Burkliplatz</sup> 램프 정거장으로 갔다. 거리는 대략 3㎞가량이고, 역에 내려 도보로 5분 거리에 뷔르클리플라츠가 있으며 그곳에 선착장이 있었다. 선착장에 도착한 시각은 오후 7시가 조금 넘어서였는데, 유람선 티켓을 구매하려고 입구로 가니 이미 문이 닫혀 있었다.

호수 건너편으로 건물을 짓는 기중기의 모습이 보였고, 호수에서 낚시를 즐기고 누군가를 기다리면서 사진을 촬영하는 사람들도 눈에 들어왔다. 선착장 맨 끝까지 와서 호수의 노을을 배경으로 촬영하는 동남아 중년 여성 관광객들도 있었다.

선착장에서 배에서 내리는 사람들, 난간에 앉아서 오리와 백조들에게 먹이를 주는 사람들, 건너편 선착장 모퉁이에 누워 취리히 호수의 저녁놀을 감상하는 유럽의 젊은 남녀…. 그들에게 방해되지 않게 천천히 옆으로 가서 촬영하다가 나의 인기척 소리에 놀라서 일어나는 모습을 보면서 나 역시 허겁지겁 자리를 벗어나기도 하였다.

뷔르클리플라츠 선착장의 저녁노을은 정말 아름다웠다. 잿빛 호수에 뜬 하얀 유람선과 건너편에 보이는 짙은 하늘 위로 하얀 구름이 적색을 품고 움직이는 모습이 감동적이었다.

움직이는 유람선과 노을을 통해서, 변화하는 구름을 통해서 많은

사연과 꿈을 간직하는 곳이기도 하였다. 그러한 장관을 어떤 관광객은 마음에 담고, 어떤 관광객은 사진으로 담고, 때로는 선착장 기둥에 언어로 표현한다. 멀리 유람선을 보내면서 그 자리를 백조가 지키고 있다. 때로는 여러 마리가 지키기도 했지만, 때로는 홀로 그 자리를 지키는 모습이 외로워 보였다.

해가 지기 전의 선착장도 아름다웠다. 건너편 산 위의 노을에 물든 구름이 갑자기 커져서 이쪽으로 넘어오고 있었는데, 이 선착장에서만 볼 수 있는 명 작품인 것 같다.

노을을 보다가 오른쪽에서 낚시를 즐기는 두 청년이 눈에 들어왔다. 어부의 모습보다는 낚시를 즐기는 사람으로 보였다. 그 옆에서 먹이를 찾고 있는 백조의 모습과 하얀 배에서 고기를 잡고 있는 모습, 건너편 호수의 파란 색상이 적색으로 물들어가는 모습이 더없이 아름다웠다.

낚시를 끝마치고 어디론가 돌아가는 배를 따라서 이동하고 있는 백조 두 마리는 많이 아쉬웠나 보다. 한두 시간 동안 같은 공간 속에

서 재미있게 지내다가 먼저 가 버리는 두 청년이 그리웠는지 50m가 넘게 계속 따라가는 백조의 모습이 무척 재미있었다.

호수와 유람선, 낚싯배와 백조, 저녁노을과 구름의 모습을 마음에 간직한 채 호수를 빠져나왔다. 선착장의 아름다움을 뒤로한 채 길을 걷고 있는데 도로 공사를 하는 인부들의 모습이 눈에 들어왔다. 공사하는 현장 앞뒤로 바리케이드를 치고 노란색 복장을 한 인부들이 빠르게 도로를 수리하고 있었는데, 그 또한 선진국다운 모습으로 작업을 진행하고 있었다.

뷔르클리플라츠의 선착장에서 반호프 <sup>Bahnhof</sup>역까지 걸으며 상가 구경을 했는데, 현대적인 적색의 여성복 매장과 멋쟁이 남성복 의류가 DP된 매장을 하나하나씩 구경

하면서 오는 길이 참 즐거웠다. 반호프 역에 거의 도착했을 때쯤 트램 건너편에 무채색으로 슈퍼 그래픽 처리한 건물 위의 한 인물이 눈에 들어왔다. 나이가 제법 든 중년의 사람인데 선거 광고 포스터인지 의류 매장을 홍보하는 광고물인지는 몰라도 관광객의 시선을 끌기에는 부족함이 없는 광고 디자인이었다.

# 07.22 스위스의 다양한 사람들

스위스에서 제일 큰 도시이자 취리히 주의 주도인 취리히의 중앙 역은 스위스에서 가장 큰 규모의 역이다. 이곳과 연결되지 않는 도시는 단 한 곳도 없다. 특히 외국에서 이 지역으로 수많은 국제선 열차가 들어오니 스위스 최대의 역이라 볼 수 있다.

특이한 점은 역 내부에 상설 매장이 있다는 것이다. 야채, 과일은 물론 취리히 특산품을 판매하는 곳이 역사 안에 있었는데, 생동감이 느껴지는 공간이었다.

역 안으로 들어가면 다른 유럽의 기차역처럼 커다란 플랫폼이 나오는데, 그 공간에 상당히 오래된 큰 홀이 나타난다. 1847년에 세워진 역사로 천장까지 20m가 족히 넘는 엄청난 높이를 자랑하는 역사驛舍이자 시대의 흐름을 느낄 수 있는 역사歷史의 흔적을 볼 수 있었다. 특히 이 공간에는 여행자 센터, SBB 티켓 매표소는 물론 카페, 레스토랑, 슈퍼마켓 등이 있었는데, 역사를 이용하는 관광객을 위한 배려 차원으로 보였다. 스위스 사람 195명을 위한 광고 포스터가 중앙 기차역 내부에 와이드 컬러로 인쇄되어 전시되었다.

백인 남녀, 흑인 남녀, 아시아계 남녀들이 골고루 포스터에 나타난 것으로 볼 때, 독일계, 프랑스계, 이탈리아계는 물론이고 아시아와 아프리카 사람들도 스위스 국민으로서 자리 잡고 있음을 간접적으로 인지할 수 있었다.

*Austria*

# Chapter 5

# 오 스 트 리 아

Austria

# 잘츠부르크의 갤러리 호텔Turnerwirt Hotel과 오스트리아 사람들의 축구 사랑

22일 아침에 스위스 취리히에서 출발하여 오스트리아 잘츠부르크 행 기차에 몸을 실었다. 취리히(스위스)에서 잘츠부르크(오스트리아)를 거쳐 부다페스트Budapest(헝가리)까지 가는 유럽 국제 기차였다. 지도상으로 볼 때 서쪽에서 동쪽으로 이동하는 셈이다. 기차 안에서 열심히 노트북으로 무언가를 하는 비즈니스맨Businessman도 있었으며 건너편에서는 차홍이가 선글라스를 쓴 채로 턱을 기대고 잠시 휴식을 취하고 있었다. 또한, 우형이와 아내는 무엇이 좋은지 웃으면서 계속해서 이야기를 나누고 있었는데, 무척 보기 좋았다. 평상시에는 잘 맞지 않는 편이었는데 우형이는 무언가 계속 설명하고 아내는 우형이를 바라보면서 연신 끄덕이고 있었다. 건너편에는 무언가 업무에 몰두하는 유럽인이 특히 눈에 들어왔다.

4시간 이상의 여정이므로 중간중간 휴식을 취하면서 오후 3시

가 넘어서 잘츠부르크 역에 도착하였다. 에스컬레이터를 타고 2층으로 올라가면 광장이 나오는데 광장 왼쪽에 버스 터미널이 있었다.

호텔까지는 관광버스로 20~30분 정도 거리에 있었다. 친절한 버스 기사의 안내로 무사히 호텔에 도착하였는데, 잘츠부르크의 호텔은 매우 근사한 호텔이었다. 3성급 호텔치고는 외부 환경은 물론 인테리어도 인상적이었다. 입구에는 만국기가 게양되어 있었는데 대한민국 국기가 없어서 살짝 아쉬웠다. 호텔 입구 캐노피에는 'Turnerwirt Hotel'이라고 씌어 있었으며, 특히 입구 벽 정문에 고대 영문 서체로 'Gasthof Turnerwirt Hotel Restaurant-Cafe'라고 씌어 있었는데, 호텔 벽과 창문 등에 카키 색상Khaki Color을 사용하여 조화롭게 표현하였다.

호텔 안으로 들어갔는데 프런트 입구 왼편에 호엔 잘츠부르크 성을 중심으로 잘츠부르크를 잘 설명해 주는 판화 작품이 있었다. 호엔 잘츠부르크 성은 과거 독일 땅이었을 당시 게브하르트 폰 헬펜슈타인Gebhard von Helfenstein 주교가 1077년에 1차로 건설하였는데, 이 작품은 1400년대 후반에 레온하르트Leonhardt 요새를 증축한 이후의 것으로 보인다. 특히 호엔 잘츠부르크 성을 중심으로 잘차흐 강Salzach R이 흐르

는 모습이며 작품 맨 앞에서 마차에 탄 귀부인을 호위하는 장군들이 눈에 띈다. 최소 500년은 되었을 것이다.

호텔은 1, 2층으로 구성되어 있는데 각각의 복도에는 동물들의 모습을 수채화 기법으로 그린 그림을 전시하였다. 작품을 자세히 보면 1992년의 작품으로 보이며, 하얀 종이에 스케치한 상태에서 수채화 기법을 사용하여 그린 작품으로 완성도가 높았다.

2층 호텔에서 짐을 풀고 밖에 나가 저녁 식사를 하기 위해서 호텔을 막 나섰는데 건너편에 버스가 정차해 있었고 버스 기사가 우리를 향해 무어라고 소리쳤다.

찬찬히 보니 지갑을 흔들면서 이야기를 하는 것이 아닌가! 깜짝 놀랐다.

내 지갑을 버스 기사가 가지고 있던 것이었다.

1시간 전에 우리가 이곳 호텔에 올 때 탔던 버스의 기사였으며, 그가 내 지갑을 발견하고 우리 쪽을 향해서 소리를 지르고 있었다.

아마 기사 뒤편에 앉아 있다가 떨어트리고 버스에서 내린 모양이었다.

허겁지겁 기사한테 가서 지갑을 받을 수 있었다.

처음 만난 잘츠부르크의 버스 기사에게 얼마나 고마웠는지, 하마터면 잃어버릴 지갑을 버스 운전사가 우리를 알아보고 돌려준 것이었다. 오스트리아 잘츠부르크의 첫인상이 좋게 남을 수 있는 경험이었다. 때마침 그때 그 시간에 호텔을 나와서 우연히도 버스 운전사를 만나게 된 것이 그저 우연이었을까?

친절한 잘츠부르크 버스 운전사를 통해서 오스트리아 역시 좋은 인상을 남기게 되었다.

호텔 건너편의 골목을 따라 걸어가는데, 입구가 작은 레스토랑이 있었다.

그 안에서 많은 사람이 소리 지르는 통에 우리는 그곳의 현지 레스토랑으로 들어갔다.

잘츠부르크 현지 레스토랑에서는 12명의 현지인이 함께 모여 맥주를 곁들인 저녁 식사를 하고 있었다. 그들은 유난히도 시끌벅적했는데, 저녁 식사를 하면서 살짝 들어 보니 주말에 있는 축구 경기의 예상 점수를 맞추는 내기를 걸고 있었다. 오스트리아 사람들의 축구 사랑은 우리가 식사하러 온 지 1시간이 넘도록 식지 않았다. 우리보다 먼저 자리를 잡고 있었으니, 2시간 정도는 되지 않았을까 하는 생각이 들었다. 보통 축구 하면 영국, 스페인, 이탈리아, 독일, 프랑스로 알고 있었는데 이곳 잘츠부르크에도 축구를 좋아하는 팬들이 많다는 것을 이번에 알 수 있었다.

레스토랑 외부에서 식사하는데 갑자기 내린 비로 인해 레스토랑 실내로 들어가서 저녁 식사를 마무리했다. 그러나 12명의 축구 애호 가들은 비를 맞으면서도 축구 이야기를 하고 있었  다. 아마도 독일의 영향을 제일 많이 받은 나라인 만큼 독일 분데스리가 영향을 받은 것이 아닐까 하 는 생각이 들었다. 현지 사람들의 축구 사랑을 담기 위해 부탁을 했는데 예상 스코어 카드를 주면서 촬 영해도 된다고 하였다.

레드불 잘츠부르크<sup>Red bull Salzburg</sup>에 황희찬 선수가 소속되어 있는 사실은 유럽 여행을 마치고 돌아와 서 '2016 리우 올림픽' 예선 경기를 보고 알게 되었 다. 20세의 어린 올림픽 국가 대표인 황희찬 선수는  맨체스터 유나이티드<sup>Manchester United</sup>의 루니<sup>Wayne Rooney</sup>와 바르셀로나<sup>Barcelona</sup>의 루이스 수아레스<sup>Luis Suarez</sup>를 합쳐 놓은 유형의 선수로 대한민국 축구를 이끌어갈 선 수로 촉망받고 있다고 한다. 그 당시에는 황희찬 선 수가 이곳 잘츠부르크 소속 선수인지 알지 못했다. 황희찬 선수에 대해서 알았으면 잘츠부르크 사람들 과 축구에 대해서 좀 더 깊숙이 이야기할 수 있었을 텐데 하는 아쉬움을 뒤로할 수밖에 없었다. 2016

시즌은 소속팀에서 주전 공격수를 맡고 있으며 지난주에는 어시스트 Assist를 하면서 잘츠부르크의 황희찬으로 거듭나고 있는 젊은 청년의 모습에 박수를 보내기도 했다. 한국에서도 가끔 국가 간의 시합이 있을 때 내기를 걸곤 했던 기억은 있었지만, 프로 축구 경기로 서로 내기를 하는 모습은 볼 수 없었기에 잘츠부르크의 축구 사랑이 참 부러웠다.

# 07.23 청동 조각 페가수스와 〈사운드 오브 뮤직〉의 '도레미 송'을 만나다

어젯밤에 오늘 일정에 대하여 의논을 하였다. 먼저 〈사운드 오브 뮤직<sup>Sound of Music</sup>〉의 배경이 되었던 곳으로 유명한 미라벨 정원<sup>Mirabell Garten</sup>을 둘러보기로 하였다. 원래는 버스를 타고 가려고 했는데, 미라벨 정원, 게트라이데 거리<sup>Getreidegasse</sup>, 호엔 잘츠부르크 성 등이 4㎞ 이내에 위치한다는 사실을 지도를 보고 알게 되었다. 차홍이와 우형이가 자전거로 가면 어떨까 하는 의견을 냈다. 그렇게 토론을 하고 있는데 아내가 아무 이야기도 하지 않는 것이었다. 가족 모두는 먼저 아내를 볼 수밖에 없었다.

3명은 확실히 자전거를 탈 수 있는데 아내는 런던에서의 1차 실패, 프랑스에서의 2차 실패, 인터라켄에서는 아예 포기한 상태였기에 아내의 눈치를 볼 수밖에 없었다. 결국, 아내가 자전거를 탈 수 있을 정도로 훈련을 시킨 후에 자전거로 같이 갈 건지 아닌지를 결정하기로 하였다.

자전거 연습하기에 좋은 공터에서 아내는 자전거에 올라탔으며 나는 아내가 탄 자전거를 잡고 중심을 잡아 주었다. 처음에는 기우뚱거리면서 쓰러지곤 했었는데, 몇 번의 실패를 거쳐서 20분이 채 되지 않아 어느 정도 혼자 탈 수 있게 되었다. 어렸을 때 배워야 하는데 50이 다 되어서 배우니, 썩 쉽지 않은 모양이다. 자전거 연습이 끝나고 난 후에 발견한 장미꽃이 그를 위해서 핀 것 같았다.

여러 번의 실패를 거듭하고 난 후에 아내가 홀로 자전거를 탈 수 있는 것을 보았다. 결혼 생활 25년이 지나서야 아내가 자전거를 타지 못한다는 사실을 알고 유럽 이 먼 곳에 와서 자전거 타는 연습을 하고 있으니, 얼마나 가슴이 아팠는지 모른다. 조금만 관심이 있으면 알 수 있는 것을… 어쨌거나 이제부터는 가족과 함께 자전거를 탈 수 있다는 사실이 무척 기뻤다. 그렇게 해서 가족 4명은 자전거를 타고 도로 옆으로 나갔다.

그런데 뜻밖의 일이 발생하였다. 자전거 전용도로가 없어서 어느 정도 실력이 없으면 도로에 나가기 힘든 상황이었다. 차도 옆으로 지나가자니 초보자는 쉽지 않은 선택이었다. 500m를 채 가지 못한 상태에서 아내가 자전거로 가기 어렵겠다는 의견을 내서 자전거 없이 1㎞ 정도 지나온 호텔로 다시 돌아가기로 했다. 아내가 타고 온 자전거를 호텔에 두고 다시 내려오자는 의견에 따라 우리 일행은 호텔로 돌아와서 자전거를 맡기고 약도를 보고 자전거를 타고 미라벨 정원으로 향했다.

미라벨 정원은 호텔에서 나와서 3~4㎞ 정도 떨어진 잘츠부르크 신도시 쪽에 있었으며, 잘츠부르크 중앙역에서 라이너슈트라세를 따라 조금만 내려오면 오른쪽에 미라벨 궁전이 보인다. 미라벨 정원은

1606년 볼프 디트리히<sup>Wolf Dietrich</sup> 대주교가 사랑하는 여인 살로메<sup>Salome</sup>를 위해 지었으며, 당시는 알트나우<sup>Altnau</sup>라고 불렀다. 후임자인 마르쿠스 시티쿠스<sup>Markus Sittikus</sup> 대주교가 지금의 이름으로 바꾸었다.

미라벨 정원 입구에 들어가 보니, 가족 단위, 연인, 혹은 해외에서 관광 온 사람들이 함께 섞여서 정원의 꽃, 나무와 호흡하고 있었다. 멀리 고목<sup>##</sup> 건너편에서는 현지 여자로 보이는 젊은 사람이 개 두 마리를 데리고 정원을 걷는 모습도 눈에 들어왔다.

미라벨 정원 입구에서 본 미라벨 정원은 꽃으로 조형적인 모습을 만들었으며 정원 중앙 뒤쪽에는 파란 나무가 무성하게 있었다. 그 건너편에는 파스텔 톤의 파란 잘츠부르크 대성당이 나타났으며 그 뒤쪽으로는 중세의 최고의 요새로 불리는 호엔 잘츠부르크 성의 모습도 함께 볼 수 있다.

미라벨<sup>Mirabell</sup>은 이탈리아어로 아름답다는 뜻이며 1690년 이전에는 알트나우라고 불렸었다. 이 알트나우가 19세기에 건축가 요한 루카스 폰 힐데브란트<sup>Johann Lukas von Hildebrandt</sup>에 의해 개조하였다. 1854년 황제 프란츠 요제프 1세<sup>Franz Joseph I</sup>에 의해 정식으로 일반인들에게 공개되었는데, 1854년 이전에는 미라벨 궁전으로 불렸으며, 그 이후에는 미라벨 정원으로 불렸다.

우리 일행은 고목이 있는 정원을 거쳐 북쪽 문을 통해서 정원(궁전) 안으로 들어갔다. 뜻밖에도 오른쪽 담장 쪽에서 첼로를 연주하는 젊은 바이올리니스트<sup>Violinist</sup> 청년을 발견할 수 있었다. 청바지에 짙은 청색 반소매 차림의 모습을 통해서 아티스트의 면모를 볼 수 있었다.

페가수스Pegasus는 남자를 칭하는 말이며, 하늘의 제왕인 제우스Zeus에게 미움을 받아 땅으로 떨어져 실명하여 앞을 볼 수 없게 되었고, 절름발이가 되어 최후를 맞는 비운의 신화 속 동물이다. 그 후 페가수스는 올림푸스 산에 있는 제우스 신의 마구간에서 지내다가 암놈인 유니콘을 만나 현재의 말을 잉태시켰고, 죽고 난 후에는 하늘로 올라가 그 유명한 별자리인 페가수스가 되었다고 한다.

그러한 이야기를 알기 때문일까? 미라벨 정원에 있는 페가수스는 말의 형상을 하고 날개를 단 채로 금방이라도 하늘로 날려고 웅비하는 자세를 취하고 있었으며 세월의 흐름 속에 변한 청동의 색상이 주위 파란 숲과 자연스럽게 어우러져 있음에 감탄사가 절로 나왔다.

미라벨 정원의 꽃으로 만든 조형물은 유선형의 곡선을 이용하여 구성하였다. 특히 화단에 핀 꽃과 정원사에 의해서 정갈하게 정리된 뒤편의 새파란 정원수가 호엔 잘츠부르크 성 정원에 아름다움을 더해준다. 특히 일출 때와 일몰 때 정원의 모습은 더없이 아름다워 관광객은 물론이고 스위스 사람들이 평상시 즐겨 찾는 곳으로 유명하다.

미라벨 궁전의 정원을 배경으로 촬영에 열중인 차홍이와 우형이

의 밝은 모습을 볼 수 있었
으며, 카메라에 담긴 저마
다의 표정에 각자 의견을 이
야기했다. 특히 촬영이 좋
을 때는 서로 웃고 그렇지
않을 때는 지우라고 하면서
티격태격하고 있는 모습이
눈에 들어왔다.

정원을 돌다가 갑자기
마주친 행위 예술가들의 손
길에 잠시 긴장감을 느낄 수
있었다. 위장용 복장에 조
각상으로 오인할 수 있는 모
습으로 서 있었다. 때로는
가까이 다가오는 관광객과
촬영을 같이 하는 모습이
다정다감하게 느껴졌다.

또한 미라벨 정원 한편
에는 게오르크 트라클<sup>Georg</sup>
<sup>Trakl</sup>(1887~1914) 미라벨의
음악<sup>Musik im Mirabell</sup> 글씨 밑에는

부부로 보이는 유럽 관광객이 휴식을 취하고 있다.

| | |
|---|---|
| Musik im Mirabell | 미라벨의 음악 |
| Georg Trakl(1887~1914) | 게오르크 트라클(1887~1914) |

Ein Brunnen singt. Die Wolken stehn
분수가 노래한다. 맑고 푸른 하늘에

Im klaren Blau, die weißen, zarten.
새하얗고 뽀얀 구름이 멈춘다.

Bedächtig stille Menschen gehn
근심 속에 말을 잊은 사람들이

Am Abend durch den alten Garten.
저녁이면 옛 뜨락을 지나간다.

Der Ahnen Marmor ist ergraut.
대리석 조상들의 얼굴은

Ein Vogelzug streift in die Weiten.
잿빛으로 사위어가고

Ein Faun mit toten Augen schaut
철새의 행렬이 저 멀리 줄을 긋는다.

Nach Schatten, die ins Dunkel gleiten.
목양 신상 하나가 빛 잃은 눈으로

Das Laub fällt rot vom alten Baum
어둠 속 깊이 미끄러져 간

Und kreist herein durchs offne
그림자를 바라본다.

Fenster.
붉게 물든 이파리 나무에서 떨어져

Ein Feuerschein glüht auf im Raum
열린 창문을 휘돌아 날아든다.

Und malet trübe Angstgespenster.
불빛은 방안에 달아올라

Ein weißer Fremdling tritt ins Haus.
희미하게 불안의 유령 형상들을 그린다.

Ein Hund stürzt durch verfallene
새하얀 이방인이 집안으로 들어온다.

Gänge.
개 한 마리가 무너진 복도로 뛰어든다.

Die Magd löscht eine Lampe aus,
심부름 아가씨가 램프 불을 끈다.

Das Ohr hört nachts Sonatenklänge.
밤에는 소나타 선율이 귓전을 울린다.

바젤 대학<sup>Universität Basel</sup>의 초대 화학 교수로 알려진 파라켈수스<sup>Paracelsus</sup>의 조작 작품이 미라벨 정원의 북쪽 입구 쪽 나무숲에서 숨 쉬고 있다. 세계 제일의 연금술사로도 정평이 나 있는 과학자이다.

특히 "당신이 믿는 대상이 진실이든 아니든 그것과 관계없이 마찬가지 효과가 있을 것이다."라는 말이 유명하다. 파라켈수스의 조각 작품 건너편에서 자연과 더불어 2명의 딸과 함께 환하게 미소 지으면서 휴식을 취하는 모습이 너무나 행복해 보였다.

페가수스 분수대, 정문에는 난쟁이 조각상이 전시된 특별한 공간이 있는데, 계단을 올라가서 대장 난쟁이가 각각 왼쪽과 오른쪽에 있는 것을 보았다.

전체 13가지의 난쟁이 조각상이 전시되어 있었는데, 각각의 의상과 형태적인 면이 조형적으로 잘 표현되었으며, 근대 시대의 캐리커처 디자인 작업을 할 때 머리를 크게 표현하고 상체와 하체를 작게 표현한 스타일로 조각하였다.

첫 번째 작품은 성악가 혹은 지휘를 하는 음악가 모습의 조각 작품이었으며, 두 번째 작품에는 아주머니로 보이는 인물이 환한 미소를 지으며 통을 나르는 장면이 조형적으로 잘 표현되어 있었다. 셋째 작품은 눈이 큰 장년의 남성이 화분을 움직이는 모습을 율동적인 측면을 고려하여 작품에 반영하였다.

네 번째는 제복을 입은 청년이 몸을 살짝 꼰 상태에서 무언가 불편한 표정을 지은 모습을 작품에 담았으며, 왼손에 무언가를 잡고 있는 것으로 보였으나 현장에서는 빈손으로만 표현되었다. 다섯 번째는 정장 차림의 콧수염 난 신사가 환하게 웃으면서 컵을 들고 있는 모습이었다. 여섯 번째는 혹부리 영감 같은 아저씨가 앞쪽을 바라보면서 새를 잡고 있는 모습을 독특하게 표현하였다.

일곱 번째 조형 작품은 왼손에는 삽을 들고 있으면서 오른손을 상의 안쪽에 넣고 기대고 있는, 수염이 있는 농촌의 전통적인 아저씨를 작품에 담았다. 여덟 번째는 머리에 두건을 쓰고 있는 장년의 아저씨가 나무를 하는 모습을 작품에 담았다. 오른손은 나무를 잡고 있는데 왼손은 조각 작품이 깨진 건지 아니면 원래 팔이 없는 모습인지 알 수 없었다. 아홉 번째 작품은 머리에 두른 멋진 모자와 레이스가 달린 의상이 눈에 들어왔으며, 등 뒤에 커다란 통을 들고 있는 것이 인상적이었다.

열 번째 조형물은 코가 큰 모자를 쓴 아저씨가 오른손을 내밀면서 무엇인가 이야기하려고 하는 모습이었다. 열한 번째 작품은 대머리에다 머리에 혹까지 난 나이 지긋한 아저씨가 도끼를 잡고 있는 모습도 독특했다. 열두 번째 작품은 머리에 수작업으로 짠 두건을 쓰고 무언가를 상대편을 향해서 찌르고 있는 모습을 담았다. 오른손과 왼손에 잡고 있는 물건이 없는 것이 아쉬웠다.

열세 번째 마지막 작품에서는 계급이 높은 귀족 여인이 치마 안에 과일을 담고 있었다. 그리고 그 치마를 오른손으로 잡고 왼손에는 귤로 보이는 과일을 든 모습을 조형적으로 잘 표현하였다. 머리에 쓰

고 있는 관도 그렇고, 눈, 코, 입을 볼 때 아주 선한 귀족 부인의 모습
이 아닌가 생각이 들었다.

　미라벨 정원은 "세상의 모든 길은 그의 음악이 되었다."로 유명
한 볼프강 아마데우스 모차르트^Wolfgang Amadeus Mozart(1756~1791)가 35년
을 사는 동안에 시간을 내어 대주교를 위해서 연주했던 곳이기도 하
다. 그리고 지금은 잘츠부르크의 시민들이 결혼식이 있을 때 자주 사
용하는 곳으로 유명하다. 특히 1965년 영화 〈사운드 오브 뮤직〉의 주
요 촬영 장소로 사용되었으며, 여주인공 마리아가 아이들과 '도레미
송'을 불렀던 곳으로 세상 사람들에게 널리 알려진 곳이다. 영화의 뒤
배경에 멀리 보이는 호엔 잘츠부르크 성의 아름다움이 50년이 지난
현재에 와서 볼 때도 이전의 모습과 전혀 다르지 않은 모습으로 보존
되어 있었다.

07.23 신의 은총을 받고 태어난
볼프강 아마데우스 모차르트를 만나다

모차르트의 자취를 알아보기 위해서 모차르트의 생가에 방문하기로 했는데 생각보다 꽤 유명한 지역에서 탄생한 것을 볼 수 있었다. 게트라이데 9번지에 모차르트 생가$^{Mozarts\ Geburtshaus}$가 있으며, 많은 관광객이 머무르는 노란색 건물이었다. 그 건물 4층인 모차르트 생가에는 천재 음악가 모차르트가 쓰던 바이올린과 피아노는 물론이고 생전에 본인이 직접 사용했던 악보 등 다양한 음악 관련 자료들이 전시되어 있었으며 필사본 악보 등이 전시돼 있다. 모차르트는 1756년에 태어났으니 지금부터 260년 전의 모습을 직접 볼 수 있는 좋은 기회였다.

잘츠부르크 구시가지의 게트라이데 거리와 대성당을 지나서 왼쪽으로 돌아서면 모차르트 광장이 있다. 오늘은 날씨가 무척 맑은 여름 날씨였으며, 그곳에서는 최근 신세대들 사이에서 차세대 이동 수단(전동 스쿠터)으로 유명세를 떨치고 있는 나인 봇$^{Ninebot}$을 타고 있는 젊은이들을 쉽게 볼 수 있었다.

그들은 처음에는 모차르트 광장의 모차르트 조각상을 몇 바퀴 돌더니 대성당 쪽을 향하여 일렬로 줄을 서서 이동했다. 내 눈에는 나름대로 이동할 때 거치는 의식을 치르고 떠나는 모습으로 비쳤으며, 그것도 모차르트의 광장에서 그 주위를 몇 바퀴 돌고 어디론가 이동하는 모습이 예사롭지 않아 보였다. 특히 일정 간격을 유지하면서 새

로운 도구를 이용하는 모습이 음악의 선율처럼 느껴졌다.

모차르트 광장 건너편에는 '줌 모차르트ZUM MOZART'라는 작은 선물용품을 파는 공간이 있었는데, 모차르트 초콜릿, 향수, 과자 등의 다양한 제품이 있었다.

모차르트 토르테Mozart Torte라는 카페 형식의 상점에서 커피와 빵을 먹으면서 오후를 즐기는 관람객들이 많이 눈에 띄었다. 매장 정문에 있는 모차르트를 배경으로 만든 포스터가 눈에 들어왔다. 통통한 얼굴, 흰머리, 빨간색 정장 그리고 시선 처리까지 천재 음악가의 위엄을 표현함에 부족함이 없었다. 관광객과 함께 숨 쉬는 모차르트의 새로운 모습을 발견할 수 있었다.

잘츠부르크의 모차르트가 한국의 '태양의 후예' 드라마에 나오는 송중기를 능가하는 유명세를 치르고 있는 것을 현장에서 볼 수 있었다. 1991년이 모차르트 서거 200주년이었으니 225년이 넘는 장수 브랜드의 대표적 사례이다. 죽기 전의 35년보다 사후에 더 유명한 음악가이며 잘츠부르크를 대표하는 인물이다.

첫 번째로 눈에 띈 브랜드는 모차르트 원조 쿠겔른Kugeln 초콜릿 인데, 지금은 다양한 종류의 모차르트 초콜릿이 판매되고 있어 잘츠부르크의 경제를 모차르트가 지탱해 준다고 해고 과언이 아닐 정도의 브랜드 가치를 갖고 있다.

모차르트가 태어나기 51년 전에 처음 오픈한, 잘츠부르크에서 제일 오래된 카페로 레지던트 광장<sup>Resident Platz</sup>과 대성당<sup>Dom</sup> 근처에 있으며 300년이 넘었다. 이곳 야외에서 즐기는 커피는 남다른 묘미가 있는데, 특히 이곳은 모차르트가 음악적인 영감을 찾기 위해서 자주 찾던 곳으로도 유명하다. 또 건너편의 관광객과 행위 예술을 하는 사람을 볼 수 있는 광장에서 제일 가운데 있는 카페이기도 하다.

잘츠부르크에 와서 제일 많이 눈에 띈 사람은 볼프강 아마데우스 모차르트<sup>Wolfgang Amadeus Mozart</sup>였다. 잘츠부르크 구시가지에 있는 게트라이데 거리는 잘츠부르크의 역사를 간직하고 있는 유명한 쇼핑 거리이며 이곳에 있는 유명 브랜드 매장들 사이에서도 모차르트의 브랜드의 매장을 쉽게 찾아볼 수 있었다.

모차르트만큼 전 세계인이 좋아하는 클래식 음악가도 없을 것이다. 그러나 모차르트가 이곳 잘츠부르크에서 태어난 것과 220년이 지난 후에도 얼마나 많은 영향을 끼치는지는 일반적으로 잘 모른다. 모차르트는 미국의 시사 주간 타임지<sup>New York Times</sup>가 밀레니엄을 맞아 선정한 최고의 문화 인물 10명 중 한 명이기도 하다.

모차르트의 고향 도시 잘츠부르크에는 모차르트 이름을 내건 초콜릿 회사만 해도 네 군데가 넘는다. 1884년 모차르트 초콜릿<sup>Mozaer</sup>

Kugek을 처음 만든 이는 제과업자 파울 퓌르스트<sup>Paul Fürst</sup>다. 슈타이어마르크<sup>Steiermark</sup>에서 잘츠부르크로 건너와 작은 제과점을 낸 것이 시초라고 볼 수 있다. 130년 동안 다양한 브랜드와 조금씩 다른 맛으로 전 세계인을 사로잡고 있다. 모차르트의 브랜드는 초콜릿뿐이 아니다. 시계, 인형, 케이크, 와인, 맥주, 여성용 제품 등 다양한 제품들이 있다. 잘츠부르크 공항이 '모차르트'란 이름으로 변경한 지도 벌써 오래된 일이며, 모차르트의 브랜드 가치는 7조 원을 넘어서고 있다. 한때는 로레알<sup>L'Oreal</sup>, 필립스<sup>Philips</sup> 등의 회사보다도 브랜드 가치가 높다고 알려졌다. 궁정 음악가로 활동했던 모차르트가 사망한 지 220년이 넘었다. 그 당시에는 독일 국가에서 태어났으나 1936년 오스트리아 독립 이후 잘츠부르크의 중심으로 자리 잡고 있는 현장을 보면서 단지 천재적 음악가에서 그치는 것이 아니라 국가와 도시를 대표하는 상징적인 인물임을 알 수 있었다.

# 07.23 마카르트 다리<sup>Makartsteg</sup>는 옛것과 새로운 것을 연결해 주는 사랑의 고리였다

오전에는 잘츠부르크 신시가지를 관광하기로 했다. 아침에 호텔을 나왔는데 파란색과 녹색 바탕의 시내버스<sup>EURO PARK</sup>가 우리가 묵고 있는 호텔을 지나가는 모습이 눈에 들어왔다. 아침의 신선한 공기와 버스의 새롭고 파릇한 색상의 디자인이 잘 어울렸다.

자전거를 타고 잘츠부르크 신시가지로 들어가는 입구에 푸조<sup>Peugeot</sup> 자동차 로고가 달린 알뜰 시장이 열린 것을 볼 수 있었다. 이곳에서는 오래된 책과 CD는 물론이고 액세서리와 그림 등 다양한 중고 제품을 판매했는데, 제법 많은 사람이 이곳에서 제품을 구경하고 있었다. 그중에서도 오래된 수공예 가방이 내 눈에 들어왔다. 가방 가격을 물어보려고 하는데, 현지인으로 보이는 중년의 여성이 그 가방을 흥정하고 있었다. 그래서 흥정하는 모습을 보다가 재미있는 장면을 볼 수 있었다. 그들은 독일어로 대화하며 제품을 언제 만든 것인지 물어보고 있었는데, 상인은 적어도 35년은 넘은 제품이라며 튼튼하면서도 디자인이 예쁘다고 설명했다. 그들의 대화는 10분 정도를 지나서야 타결을 본 것으로 보였다. 돈을 지급하고 환하게 미소

지으며 제품을 들고 가는 모습이 무척 밝아 보였다.

일일 장터를 구경하고 나오는데, 오른쪽 버스 정류장에 붙어 있는 초콜릿 광고가 눈에 들어왔다. 모차르트의 초상화가 들어간 미라벨 초콜릿이었다. 버스 정류장 전면과 측면을 초콜릿 광고로 통일하였고, 전체적인 레이아웃은 왼쪽 하단에 제품의 이미지가 들어가고 오른쪽에는 메이디 인 잘츠부르크라고 흘림체로 쓴 타이포 그래픽<sup>Typo Graphic</sup>이 있다. 적색 계통을 배경으로 사용하였으며 진한 초콜릿 색상을 사용한 것이 특히 눈에 띄었다. 초콜릿 포장에 모차르트의 이미지를 넣어 음악 천재와 초콜릿의 상품성을 높이고, 이곳을 찾는 관광객들이 제품을 구매할 수 있도록 적극적인 광고 활동을 통해서 매출을 극대화하는 현장을 볼 수 있었다.

잘츠부르크 신시가지에서 무궁화 레스토랑을 발견할 수 있었다. 독일어로 히비스쿠스는 한국말로 무궁화란 뜻이며, 대한민국의 국화國花를 브랜드로 활용한 사례였다. 간판의 왼쪽에는 무궁화를 단순화시켰으며 독일어로 히비스쿠스<sup>Hibiskus</sup>의 브랜드와 한글의 무궁화, 한국 식당이라고 표현한 한문은 중화권의 사람들을 고려한 배려로 보였다. 수천 킬로미터 떨어진 유럽의 중심인 이곳 잘츠부르크에서 한국 음식 체인점을 고려해서 만든 히비스쿠스 레스토랑을 운영하는 사장님의 애국하는 모습을 직접 볼 수 있었다. 물론 사장님은 직접 볼

수 없었지만, 음식을 먹으면서 잠시 그런 생각을 해 보았다. 음식은 간결하고 아주 맛있었다. 약간은 한국적인 맛에 유럽인들이 좋아할 수 있는 맛으로 조금은 퓨전화시킨 음식임을 알 수 있었으며, 그런 한국의 맛을 기억하고 많은 외국 관광객들이 이곳을 찾았으면 하는 생각이 들었다.

무궁화 레스토랑에서 음식을 맛있게 먹고 나와서 보니 건너편의 화장품 매장 쇼윈도 앞쪽에 의류가 진열되어 있고, 그곳에서 유럽의 중년 여성이 의류를 고르고 있었다. 화장품 매장 앞의 공간에서 관광객들이 관심 있는 제품을 판매하는 거리의 풍경을 직접 볼 수 있었다.

잘츠부르크 신시가지에서는 트램을 쉽게 볼 수 있다. 19세기 말에 미국에서 시작한 노면 전차이며 일반적으로 트램이라고 부르는데, 독일의 대도시는 물론이고 스위스의 대도시와 오스트리아의 대도시에서 쉽게 볼 수 있는 대중교통수단이다. 유럽의 많은 나라에서 이러한 교통수단을 쓰고 있다. 그러나 미국은 현대화로 버스가 대중적인 교통수단으로 자리 잡아 현재 미국 시내에서는 트램을 거의 볼 수 없다. 그런 만큼 잘츠부르크 신시가지에서의 노면 전차가 더욱 정겹게 다가왔다.

잘츠부르크 트램의 익스테리어는 도시 환경에 맞게 자연 친화적으로 디자인되었다는 생각이 들었다. 프랑스와 스위스보다도 트램의 디자인이 감각적이고 수준 높았다. 깨끗한 도시 환경과 어우러지는 외관 디자인의 표현이 특히 눈에 들어왔다. 가끔 내 앞으로 다가오는

트램이 대중교통을 담당하는 것이 아니라 하나의 숲이 내 안으로 들어오는 착각을 일으킬 정도로 자연 친화적이었다.

미라벨 정원 쪽 신시가지에서 구시가지로 향하며 성당의 철탑과 언덕 위 호엔 잘츠부르크 성을 볼 수 있는 시간이었다. 소금 광산이 발달한 곳으로 유명한 곳이라 산이 많은 곳이며 알프스 산 주변을 제외하고는 대부분이 평지인 유럽 도시와 달리 산이 많은 잘츠부르크 구시가지의 모습은 상당히 독특한 부분이 있다.

잘츠부르크는 유럽의 중앙에 있는 도시로, 중세 시대의 대표적인 대성당과 호엔 잘츠부르크 요새로 유명한 곳이며 특히 성당, 정원 등 다양한 관광지를 볼 수 있는 곳이다. 잘차흐 강 근처를 천천히 둘러보는 코스도 유명하다. 물론 잘츠부르크 역에서 내려 도보로 신시가지에서 구시가지까지 자전거를 이용해서 강 주변을 볼 수 있었다.

　신시가지에서 구시가지로 넘어가는 마카르트 다리 왼쪽과 오른쪽 철망에는 사랑을 연결하는 자물쇠가 전 세계 관람객들이 사랑하는 만큼의 분량이 진열되어 있다. 오스트리아 사람들뿐만 아니라 전 세계 사람들의 사랑을 연결하는 다리로 유명한 곳이다.

　마카르트 다리Makartsteg 밑으로 잘차흐 강이 흐르고 있으며 그 위에서 유람선이 좌우로 움직이는데, 유람선 안에서 비명이 들렸다. 아마

도 유속이 있는 강 위에서 유람선이 좌우로 움직이면서 관광객들이 반응하는 소리로 들려졌다.

　강 위에서 배가 춤추는 모습으로 전 세계 관광객들이 자

주 애용하는 관광 코스이기도 하다. 잘차흐 강과 그 건너편의 파란 하늘이 더 돋보이는 광경이다. 다리 아래 잘차흐 강 유람선의 트위스트를 보면서 어느덧 오스트리아의 잘츠부르크 주<sup>州</sup> 잘츠부르크에 있는 번화한 쇼핑가인 게트라이데 거리로 향했다. 게트라이데 거리로 가기 위해서는 이 다리를 이용하는 것이 좋다. 다리를 건너면 오른쪽에 '잘츠부르크 여행 선착장 2015<sup>Salzburg Schiff-Fahrt 2015</sup>'이 나타나는데 나무 표지판이 인상적이다. 중국 상해의 진마오 빌딩 스카이라운지에 가면 동쪽으로는 서울, 동경, 뉴욕까지의 거리 표시가 있으며 서쪽으로는 뉴델리, 파리, 런던까지를 알리는 거리 표시가 되어 있다. 이곳 잘츠부르

크 선착장을 기준으로 서쪽으로는 런던, 파리, 베를린이 각각 1,032km, 799km, 526km로 표시되어 있으며 동남쪽으로는 뉴델리, 바르셀로나, 로마가 각각

7,444km, 1,117km, 658km의 거리로 표시되었다. 대한민국 서울까지의 거리가 표시되어 있지 않았던 점만 빼고는 꽤 새로운 풍경이었다.

게트라이데 거리로 들어가기 위해서는 길을 건너야 하는데 거리에서 그림을 그리고 있는 멋쟁이 화가 아주머니가 눈에 띄었다. 주로 호엔 잘츠부르크 성과 잘차흐 강의 풍경을 화폭에 담았는데 관광객 중에도 작품을 구매하는 사람들이 가끔 있었다. 환하게 웃으시는 화가의 모습 속에 고풍스러운 여유마저 느껴졌다.

그림 구경을 하고 길을 건넜는데 주차장 왼편으로 작은 커피 레스토랑이 있었다. 멀리서 봤을 때는 눈을 의심했다. 상자로 만든 의자에 앉아서 커피를 마시고 음식을 먹는 모습이 불안해 보였다.

가까이에 가서 의자와 테이블을 보았는데 그렇게 위험해 보이지는 않았다. 왼쪽에는 동료로 보이는 여성 두 분이 음식을 먹고 음료를 마신 상태에서 담소를 나누고 있었으며, 오른쪽에는 부부로 보이는 두 분이 식사하고 있었는데 레스토랑의 분위기와 무척 잘 어울렸다.

인디고는 본래 남색, 파란색보다 진한 쪽빛을 일컫는 말인데, 브랜드와 매장의 외부 이미지는 고려하지 않은 듯하였다. 게트라이데 거리 입구에서 만난 마이 인디고<sup>My Indigo</sup>라는 레스토랑은 관광객의 시선을 끌 만한 요소를 지닌 아주 예쁜 빈티지 스타일의 레스토랑이었다.

고풍스러운 문화 예술 전시관<sup>Galerie Kunst & Antik</sup>이라고 쓰인 통로를 거쳐 게트라이데 거리로 들어갈 수 있다. 물론 다른 입구도 있었지만, 오늘은 이곳을 통해서 유럽 최고의 명품 거리를 보기로 하였다.

이 통로 주변은 '어떤 고풍스러운 예술 작품이 숨어 있을까' 하는 기대할 만한 곳이었다.

## 07.23 게트라이데 거리에서 중세의 고풍스러움과
## 유럽 최신 명품 디자인을 보다

　미라벨 정원을 관람하고 우리 일행은 자전거를 타고 게트라이데 거리로 향했다. 정원을 막 빠져나오는데 오른쪽 도로 안쪽에 예수님의 형상이 모셔진 곳을 지나치게 되었다. 자전거로 신시가지에서 다리를 건너 지나서 잘차흐 강을 넘어서면 강 오른편에는 숲이 우거져 있다.

　이곳의 울창한 숲을 지나다 보면 멀리 안팡<sup>Anfang</sup> 버스 정류장이 나타나고, 그곳을 지나면 성 블라시우스 교회<sup>Sankt Blasius Kirche</sup>가 나타난다. 과거 수도원 소유의 목초지 안에 작은 교회가 있었는데, 1850년경에 대주교가 병원을 세우면서 현재의 교회로 변하게 되었다. 성 블라시우스 교회를 지나면 왼쪽에는 빨간색 트램 버스가 지나가고 오른쪽에는 카라얀 광장이 나온다. 이 광장은 잘츠부르크 출신의 세계적인 지휘자인 헤르베르트 폰 카라얀<sup>Herbert Von Karajan</sup>의 이름을 따왔다.

　호엔 잘츠부르크 성의 오른쪽에 있는 이곳 광장에는 200여 년 전에 수많은 말을 씻기고 물을 먹이던 페르데슈베메 연못의 모습이 그대로 남아 있으며, 카라얀 광장 뒤편의 벽에서는 다양한 말의 역동적인 형태의 작품을 볼 수 있다. 이곳은 중세 때 말들이 휴식하는 공간으로 사용된 곳으로도 유명하며, 근대에 와서는 음악 공연이나 전시 등의 공연 장소로 사용되어 관광객들과 함께하는 공간으로 자리매김

하였다.

광장에서 길 건너편 왼쪽에는 성 페터 성당<sup>St Peter's Archabbey</sup>이 있으며 오른쪽에는 축제 극장인 대극장<sup>Grosses Festspielhaus</sup>이 있고, 잘츠부르크 음악제인 메인 콘서트홀이 있는 곳으로도 유명하다. 이곳에 도착하여 우리 일행들은 본격적으로 지도를 보고 게트라이데 거리를 관광하기로 하였다. 게트라이데 거리로 들어가는 방법 중 첫 번째는 10번 플라자 혹은 상점을 통해서 메인 거리로 들어가는 방법이 있다.

이곳에서 게트라이데 메인 거리로 들어가기 위해서는 건물의 굴을 통과하듯이 중간중간에 거리를 연결하는 굴을 통해서 들어가는 방법이 있고, 때로는 상점을 통해서 반대편의 거리로 들어가는 방법도 있었는데, 다른 지역에서는 볼 수 없는 옛것의 고풍스러움을 볼 수 있는 시간이었다.

그 굴을 통과하면 양쪽 옆에는 다양한 제품들이 디스플레이 되어 있었으며 그 동굴 안에는 가끔 매장이 있었는데 여름의 햇볕을 피하기에는 최적의 쇼핑 장소인 것 같았다. 실제로 그곳의 매장 안에서 더위를 식히는 관람객들을 쉽게 볼 수 있었다.

두 번째 방법은 신시가지에서 잘차흐 강의 마카르트 다리를 건너는 것이다. 다리를 건너면 구시가지가 나오고, 이곳을 통해서 게트라이데 거리로 들어올 수 있다. 이 골목에 들어서면 노란 집이 나타나며 그 노란 집 외부에는 모차르트 생가<sup>Mozart Geburtshaus</sup>라고 쓰여 있다. 모차르트가 1756년 1월 27일에 태어나서 성당에서 세례를 받고 음악으로 봉사하면서 17세까지 살던 집으로 유명하다. 이곳에는 모차르트가 사용하던 가구 및 피아노, 바이올린, 편지와 악보 등이 전시되어 있으며, 관광객이 제일 많이 찾는 명소 중의 명소이기도 하다.

모차르트 생가를 정면으로 오른쪽에는 중세의 고풍스러운 이미지와 상점이 많이 보인다. 고풍스러움을 더한 간판은 대부분 연철로 고전적인 스타일의 프레임을 만들었으며 그 형태는 각양각색을 표현하였다. 때로는 자연의 이미지, 혹은 새의 이미지, 또는 동물의 이미지를 조형적으로 보여 주었다.

고풍스러운 게트라이데 거리에서 화장품, 의류, 패션 상품 등의 제품들을 볼 수 있었으며, 유럽 브랜드는 물론 전 세계 MNC 브랜드의 각축장이었다.

첫 번째로 눈에 들어온 브랜드는 자라<sup>ZARA</sup>였다. 일반 사람들은 일본 브랜드로 알고 있으나 실제로는 스페인의 아만시오 오르테가<sup>Amancio Ortega</sup>가 설립한 스페인의 패스트 패션 브랜드로, 여성복은 물론 남성복, 아동복 등을 제조·판매하는 회사인데, 어김없이 이곳 게트라이데 거리에도 매장이 있었다.

자라 매장의 위쪽에는 수공예로 만든 간판의 사인이 고풍스러움을 더해 준다. 매장 위에 걸려 있는 사인 디자인은 봉황의 날개와 혹은 나뭇가지의 형상을 모티브로 디자인되었으며, 수공예로 만든 장식 위에 금도금하여 고급스러움과 화려함을 더했다. 원형으로 된 문양의 남녀 2명이 있는데 고객을 향한 기업의 이념을 표현한 것으로 보였다. 그 아래로 심플한 블랙 색상의 바탕 위에 자라의 영문 로고가 금색으로 양각 처리되었다.

두 번째로는 맥도날드 매장을 볼 수 있었다. 맥도날드 브랜드는 미국의 레이 크록<sup>Ray Kroc</sup>이 딕<sup>Dick</sup>, 마크 맥도날드<sup>Mac McDonald</sup> 형제의 레스토랑 프랜차이즈 체인 사업권을 사들여 설립한 미국 최대의 패스트푸드 체인점이다. 현재 100여 개의 나라에 3만 6,000개 이상의 매장을 가지고 있는 미국의 대표적 프랜차이즈이며 전 세계의 사람들로부터 사랑받는 브랜드이다.

이곳 게트라이데 거리 26번지에 있는 맥도날드 매장의 외부 간판 디자인이 내 시선을 끌었다. 멀리서 본 맥도날드 매장의 간판은 크게 3가지 특징으로 정리할 수 있다. 첫 번째는 간판의 중심이 되는 기둥의 축을 고급스러운 새의 형상을 이용해 고풍적으로 표현하였다. 그리고 그러한 새를 사자가 잡고 있는 모습이 눈에 띤다. 두 번째로 사자가 서 있는 상태에서 어딘가를 바라보면서 왼손으로 새의 날개를 잡고 있으며, 오른손으로는 무언가를 들고 있는 모습이 인상적이었으며, 펀^Fun^한 요소로 표현하였다. 마지막 세 번째는 월계관의 원형 장식물 중앙에 맥도날드 영문 이니셜 엠^M^ 자를 사용하여 입체적으로 표현하였다.

상징적인 형태 표현으로는 사자, 새, 월계관, 영문 M을 입체적으로 표현하였다. 전체 색상은 어두운 검은색으로 무채색을 사용하였으며, 특히 사자가 새 날개를 잡는 왼손의 팔뚝 부분과 맥도닐드 영문 M 이니셜은 금색으로 도장한 것이 브랜드의 고급스러움을 더

해 준다. 맥도날드 수공예 장식 간판 뒤편으로 교회와 산이 살짝 보인다.


세 번째로는 카페 모차르트^CAFE\ Mozart^의 사인이 눈에 띤다. 게트라이데 거리 22번지에 위치한 카페 모차르트 앞에는 많은 관람객이 줄지어 있다. 맥도날드와 마찬가지로 간판 디자인은 매우 고전적이면서 임팩트가 있는 디자인이었다.

간판 디자인 특징으로 첫째는 간판의 기둥과 사인물을 지탱해 주는 부분에 봉황의 얼굴 이미지를 예술적으로 표현하였다. 두 번째는 타원형의 사인 디자인이 눈에 띈다. 타원형의 외곽은 월계관 형태의 나뭇잎으로 간결하게 디자인되었다. 타원형의 간판에는 '카페 모차르트 잘츠부르크<sup>CAFE Mozart SALZBURG</sup>'라고 영문 타이포 그래픽 처리해 가독성을 높였다.

전체적인 디자인은 젊을 때의 모차르트 이미지 중 측면에서 본 모차르트의 형상을 왼쪽에 위치시켰고 카페 모차르트 잘츠부르크의 영문과 조화롭게 될 수 있도록 하였다. 또한, 전체적으로 어두운 무채색과 골드 컬러와의 조화와 짙은 커피색을 배경으로 넣어 고풍스럽고, 카페의 이미지를 모차르트의 브랜드로 조화롭고 우아하게 표현하였다.

네 번째는 중국루 레스토랑<sup>中国楼 RESTAURANT</sup>이다. 간판의 디자인은 벽에 나무 무늬의 아르누보 스타일과 꽃무늬의 장식에 물고기가 거꾸로 매달려 있는 형태를 하고 있으며, 그 밑으로 중국루 레스토랑이라고 중문과 영문을 혼합해서 사용하였다. 전체적인 색상은 나뭇잎의

진한 녹색과 골드 컬러를 사용하였으며 중심의 사인물에는 진한 커피 색상 바탕에 각각 골드, 회색 색상으로 처리하였다. 고급스러움보다 관람객들의 가독성에 초점을 맞춘 것으

로 보였으며, 중화권의 20억 이상의 인구를 대상으로 음식점을 오픈하지 않았나 생각이 들었다.

마침 그 간판을 보고 골목으로 들어갔는데 그 음식점에서는 식사를 안 했으며, 다음 블록의 일본 식당$^{\text{NAGANO}}$에서 식사를 했다. 그곳도 중국분이 운영하는 일본 식당임을 주문하면서 알게 되었다.

앞쪽의 중국 식당은 아마도 음식점을 운영하는 사장의 성이 웬$^*$ 이라는 이름을 따서 상호를 지은 것으로 보였고, 중국 식당과 별도로 뒤쪽에 일본 식당을 오픈한 것 같았다. 잘츠부르크에 있는 동안 몇 차례 식사하러 와서 주인과 이야기를 하는 사이에 이러한 정보를 확인하게 되었다.

다섯 번째로는 잭 울프 스킨$^{\text{Jack Wolfskin}}$의 간판 사인이 눈길을 끌었다. '중국루' 아래에 평범한 형태로 브랜드 디자인 로고 위주로 구성되어 있었다. 잭 울프 스킨은 오스트리아의 옆 나라인 독일 아웃도어 브랜드이며 등산화, 가방, 등산복 등을 판매하는 유럽 국가의 대중적인 스포츠 브랜드이다. 잭 울프 스킨의 브랜드와 로고는 캠프파이어를 하는 중에 늑대 울음소리에서 영감을 받아 만들어진 것으로 유명하다. 브랜드 심벌마크는 늑대 동적인 발바닥 모습을 모티브로 디자인되었으며 늑대의 강인함과 아웃도어의 맞춤형 적응력을 시각적으로 표현하였다.

이러한 브랜드가 중국 사람이 운영하는 일본 식당 옆에 있었는데 브랜드 인지도와 비교하면 손님은 그다지 많지 않았다.

매장의 위치가 게트라이데 거리의 메인 상점이 아니라, 거리의 외벽에는 간판만 있고 동굴처럼 된 굴 안으로 들어가야 있는 것으로 볼 때, 이러한 위치가 영향이 있는 것이 아닌가 하는 생각이 들었다.

중국 식당 간판을 보고 그곳으로 들어갔는데 익숙한 한글 사인이 눈에 들어왔다. 그것은 전 세계에 디아스포라Diaspora로 활동 중인 태권도 도장의 위치를 알려주는 간판이었는데, 무척 보기 좋았다. 블랙Black과 옐로우Yellow 바탕에 각각 옐로우, 블랙의 로고를 채택하였고, 오른쪽에는 선명히 드러나는 태극기의 모습이 눈에 들어왔다. 특히 문화와 예술의 중심 도시인 오스트리아 잘츠부르크에서 만난 태권도와 태극기는 애국심을 불러일으키기에 부족함이 없었다.

모차르트 생가 정문을 보면서 왼쪽으로 가면 처음 마주치는 것이 앞서 언급했던, 310년 전에 오픈한 토마셀리 카페이다. 이어서 잘츠부르크 레지덴츠Salzburger Residenz와 대성당, 돔 광장Domplatz 등을 볼 수 있다.

잘츠부르크에서 제일 오래된 카페가 우리를 맞이하였다. 아니 세계에서 제일 오래된 카페인 듯싶은 곳이다. 1705년에 오픈했고 2015년 7월에 이곳을 방문했으니 310년이나 되는 유럽의 고풍스러움과 맛을 즐길 수 있는 곳이며, 특히 광장 중앙에서 하는 행위 예술가의 퍼포먼스와 그를 보기 위해서 모인 관광객의 모습이 인상적이다.

우리 가족은 이곳 카페에서 제공하는 야외 공간에서 커피를 마시면서 이런 재미있는 장면을 보기도 하였다.

# 07.24 유럽 최고의 중세 고성古城 호엔 잘츠부르크 성에 가다

호엔 잘츠부르크 성은 잘츠부르크의 어머니와 같은 곳으로, 1077년에 만들어진 중세의 고성이다. 구시가지 남쪽의 뮌히스베르크 Mönchsberg언덕에 있으며 높이는 해발 120m로, 잘츠부르크의 상징이기도 하다.

첫째로 미라벨 궁전의 정원에서 바라본 고성의 모습은 이루 말할 수 없이 아름답다. 〈사운드 오브 뮤직〉의 배경이 되기도 한 미라벨 궁전의 정원에서 바라보는 호엔 잘츠부르크 성은 미라벨 궁전의 정원을 감싸 안고 있는 듯한 모습을 취하고 있다.

미라벨 정원의 아름다운 꽃과 카메라를 들고 있는 왼편의 관광객, 또한 공원 중앙에서 본인이 조각상인 양 퍼포먼스를 즐기고 있는 행위 예술가가 바라보는 시선 앞에 아름다운 성이 나타났다. 두 번째로는 유선형의 꽃들로 장식된 정원의 뒤쪽을 보면 하늘 바로 아래에 호엔 잘츠부르크 성의 모습이 나타난다. 미라벨 정원을 성城이 바라보고 있는 듯한 착각을 불러일으키는 장면이다.

게트라이데 거리에서 바라본 호엔 잘츠부르크 성은 거리의 건물 위로 뾰족하게 올라와 있다. 거리에서 움직이는 관광객의 밝은 모습과 시내 거리의 분주한 모습 속에서도 이국적인 풍경을 볼 수 있었다.

호엔 잘츠부르크 성을 배경으로 한 유화 작품에 나타난 시대는 족히 19세기 전후로 보인다.

또한, 거리에 나타난 사람들의 의상으로 보아 시내에서 공식적인 행사에 참여하는 고관대작들의 모습으로 보였다. 추측건대 음악, 미술 관련 행사에 분주하게 참여하는 사람들의 모습이 아닌가 하는 생각이 드는 작품이다. 그림에서 나타난 의상만 빼고는 현재의 잘츠부르크와 크게 다르지 않은 모습이다.

게트라이데 거리에서 모차르트의 생가를 오른쪽에 두고 걸어가다가 보면 1705년에 오픈한 토마셀리 카페가 나타난다. 토마셀리 카페Cafe Tomaselli 건너편 광장 중앙에는 매일 퍼포먼스를 하는 행위 예술가가 있는데, 이 광장에서만 볼 수 있는 재미있는 장면이다. 중세의 회색과 골드 컬러의 의상을 하고, 머리는 파마한 사람이 관람객들을 맞이하고 있는데 그 모습이 잘츠부르크의 모습과 잘 어울린다. 때로는 철학가다운 모습으로 혹은 모차르트가 환생해서 다시 나타나는 착각을 불러일으키기도 하였다. 가끔 사탕과 과자 혹은 본인의 엽서를 나누어 주며 자상하고 인자한 모습으로 관광객의 마음을 사로잡기도 하였다. 아마도 아이들은 산타클로스 정도로 보지 않을까 하는 생각을 해 보았다.

중세에서 온 듯한 모습으로 분장하고 광장에서 우아한 손짓을 하면서 거리의 관광객을 환대하고 있는 그의 모습 건너편으로 파스텔 조의 호엔 잘츠부르크 성의 파란 성루 두 개가 시선을 멈추게 하였다. 광장 중앙에서 행위 예술을 하는 사람의 시선이 머무르는 곳을 따라가다 보면 우리의 시선도 그곳을 향하게 됨을 알 수 있었다.

호엔 잘츠부르크 성에 올라가기 위해서 반드시 거쳐야 할 곳은 잘츠부르크의 시내에서 가장 큰 대성당과 돔 광장Dom Platz이다. 날씨가 아주 맑은 오늘 레지덴츠 광장Residenz Platz에는 200여 명이 넘는 청년들이 집회하고 있었는데, 기타를 든 찬양단이 먼저 곡을 부르기 시작하면 그곳에 참석한 젊은 학생들이 따라 하고 있었다. 늦은 오후 이곳의 풍경과 청년들의 찬송 소리가 관광객들의 발걸음을 광장 중앙으로 모이게 하였으며, 처음에 100여 명으로 시작한 찬송의 노래가 시작한 지 30분도 안 되어 광장 전체를 빼곡하게 채웠다. 수백 명의 관광객

이 함께하는 찬송의 노래가 이곳을 통해서 광장 뒤편의 호엔 잘츠부르크 성 쪽으로 퍼져 나갔다.

레지덴츠 광장을 뒤로하고 모차르트 광장을 왼쪽으로 두고 계속 걸어가다가 보면 오른쪽에는 모차르트 관련 상품을 판매하는 상점이 나타난다. 그 길을 따라 올라가다 보면 관광객을 태운 말이 나타나는데, 그것을 보면서 조금 걸어가면 오른쪽에 야외 카페가 나타난다. 그곳의 보라색 파라솔 아래에서는 많은 사람이 취향에 따라 커피를 마시고 있었으며, 맥주를 마시면서 담소를 나누는 모습을 쉽게 볼 수 있었다.

골목을 따라 계단을 걸어서 한참 올라갔는데 이정표가 나타났다. 박물관까지 1.4㎞. 성안에는 다양한 볼거리가 있었으며, 특히 성 위쪽에서 바라본 대성당과 구시가지와 신시가지의 조화로운 모습이 인상 깊었다. 호엔 잘츠부르크 성의 파스텔 톤의 건물과 하늘의 구름과의 조화 역시 더없이 아름다웠다.

관광객들이 왜 이곳 호엔 잘츠부르크 성을 좋아하는지 이곳에 올라와서 직접 알게 되었다.

호엔 잘츠부르크 박물관에서 유모차를 끌고 내려오는 유럽의 아빠와 두 남매의 환한 모습, 가족들이 셀프 카메라에 본인들의 모습을 담는 모습이 눈에 들어왔다. 특히 호엔 잘츠부르크 성의 현재와 과거를 함께 볼 수 있는 화면은 매우 인상적이었다. 오른쪽의 화면은 16, 17세기 모습을 사실적으로 그린 그림이었으며, 회색의 그림 속에 '바로크 양식의 잘츠부르크의 초기'The the Genesis of Baroque Salzburg'라고 쓴 문구가 있는데 그림으로 보아도 바로크 양식의 건물임을 쉽게 알 수 있었다.

　왼쪽은 근대에 촬영한 사진으로, 호엔 잘츠부르크 성에서 바라본 대성당이 있는 구시가지와 잘차흐 강의 모습, 신시가지의 모습이 무척 잘 어우러져 있었으며, 중세의 유럽을 대표적으로 보여 주는 장면이었다.

　호엔 잘츠부르크 성에서 내려오는 골목에는 잘츠부르크 전통 의상을 입고 촬영해 주는 곳이 있었는데, 관광객들이 현지의 문화와 함께 호흡하면서 그곳의 문화를 체험하려고 하는 모습이 정말 인상적이었다. 성 내부에는 커다란 금색의 대형 원형 조형물 위에 사람이 서 있는 모습이 있었으며, 그 아래에서 외국 관광객과 함께 사진 촬영을 하는 행위 예술가의 위트 넘치는 웃음을 바라보는 금발 머리 아주머니의 모습이 눈에 들어왔다.

　돔 광장으로 나오기 전에는 4명의 조형 작품이 있었는데 아마도 교회와 관련이 있는 당시 교황이나 주교들의 동상으로 보였다. 그 건너편에는 2,000여 명이 관람할 수 있는 야외 공연장이 있었는데, 특히 7~8월의 음악제에 제일 많이 사용하는 곳이다.

　잘츠부르크의 야경은 정말 아름답다. 특히 신시가지 쪽인 마카르트 다리에서 밤에 바라본 호엔 잘츠부르크 성의 야경은 환상적이다. 성의 모습이 잘차흐 강에 투영되어 보이는 모습은 특히 유명하다. 이러한 장면을 감상하기 위해 잘차흐 강변은 늘 많은 관광객으로 북적거린다. 여름의 야경도 좋지만, 사계절 모두 나름대로 아름다움을 만끽할 수 있는데, 강변의 화가들 작품을 통해서도 그 모습을 볼 수 있었다.

강변에서 바라본 호엔 잘츠부르크 성은 때로는 화려하고 웅장하고, 상황에 따라서는 외롭고 쓸쓸해 보이기도 하였는데, 그러한 감정은 관광객의 생각에 따라 변하는 것이 아닐까 하는 생각이 들었으며, 특히 마카르트 다리의 양쪽 철망에 꽂아 놓은 형형색색의 다양한 자물쇠의 모습과 멀리 아웃포커스 처리된 호엔 잘츠부르크 성이 동시에 오버랩되는 모습 속에서 나를 돌아볼 수 있는 시간이었다. 유럽의 중심지이며 음악과 예술이 숨 쉬는 호엔 잘츠부르크 성의 모습이 잘차흐 강과 함께 나의 마음에 투영되었다.

# 07.24 비엔나 필하모니 공연을 보다

스위스에서 7월 22일에 출발하여 이곳 잘츠부르크에 머무르던 나흘 동안 시내 곳곳에서 잘츠부르크 페스티벌 관련 포스터와 현수막을 쉽게 볼 수 있었다.

잘츠부르크에서는 매년 여름에 6주 동안 음악 페스티벌이 진행된다. 2015년 7월 18일부터 8월 30일까지 잘츠부르크 축제극장에서는

모차르트 관련 문화·관광 상품 중 첫 번째로 유명한 '잘츠부르크 페스티벌'이 열리고 있었다. 이 행사의 하이라이트는 뭐니 뭐니 해도 모차르트 오페라 공연이었는데, 매년 유명 성악가들로 출연진을 구성해 그 명성은 세계적이다. 전 세계의 음악을 사랑하는 사람들이 이 공연을 보기 위해서 1년 전부터 표를 예매하여 이곳을 찾는다. 우리도 1842년에 창립한 전 세계 3대 필하모니 오케스트라 중의 으뜸인 비엔나 필하모니의 연주를 들을 기회를 얻게 되었다.

7월 23일 신시가지를 거쳐 구시가지를 연결해 주는 마카르트 다리를 막 지났을 때였다. 오른쪽에는 유람선을 탈 수 있는 선착장이

있었는데, 그곳에서 한국 관광객을 우연히 만났다. 아들이 프랑스에서 살고 있으며, 비엔나 필하모니 공연을 보기 위해서 아들이 자가용을 몰고 이곳까지 왔다고 하셨다. 잘츠부르크에서 비엔나 필하모니 공연을 보기 위해 1년 전에 서울에서 예매하였다고 하시면서, 아마 표가 조금 남아 있을 수도 있으니 물어보라고, 우리 가족에게 이야기하는 것이었다. 보통 그런 공연을 보러 가기 위해서는 정장 차림으로 가야 하는데 우리 가족은 정장을 입지 않아서 그런 공연을 볼 수 없는 형편이었다. 일반적인 공연이야 캐주얼 차림으로 가능하나, 필하모니 공연은 일반 공연과는 다른 상황이기에 언뜻 의사를 표명하지 않았다.

1년 전부터 준비하셔서 턱시도 정장도 준비하고 오셨다는 노부부의 말씀에 잠시 부럽다는 생각이 들었다. 아들이 프랑스에서 근무하

고 있으며, 이곳 오스트리아의 음악 도시인 잘츠부르크에 와서 비엔나 필하모니 공연을 연로하신 부모님과 함께 감상한다는 것에 서울에 계신 부모님께 미안한 생각이 들었다. 물론 아버님께서 병으로 누워 계셔서 함께할 수 없지만, 그것은 핑곗거리에 지나지 않았다.

노부부가 우리 가족에게 꼭 기회 되면 같이 봤으면 좋겠다고 하시는 말씀이 진정으로 우리를 위한 배려의 말씀임이 느껴졌고, 마음으로 전달되었다.

그런 이야기를 나누고 있는데, 갑자기 벌 두 마리가 우리가 먹으려고 준비한 아이스크림에 앉아서 맛있게 아이스크림을 먹었다. 한참 동안 그 모습을 바라보았다.

공기가 맑고 좋다는 생각이 들었다. 벌이 자연스럽게 관광객과 함께할 수 있는 이곳의 여유로움이 한편으로는 부러웠다. 20여 분 대화를 하고 있는데 아드님으로 보이는 청년이 나타났다. 30대 중후반으로 보이는 건실하고 잘생긴 사람이었는데 부모님을 공경하는 모습이 보기 좋았다.

서로 인사를 하면서 헤어졌다. 춘부장께서 꼭 같이 볼 수 있으면 좋을 텐데 하시면서 헤어졌다.

우리 일행이 횡단보도에 도착했을 무렵, 자당께서 우리 쪽으로 오시면서 무언가를 아내에게 건네주셨다. 약간의 먹을 것을 주려고 300여 미터를 걸어서 오신 것이었다. 멀리 잘츠부르크에서 한국 사람들이 마음을 나누는 순간이었다. 학생들이랑 나눠 먹으라고 하시면서 손을 흔들어 주시는 모습 속에서 잠시 어머니의 모습이 그려졌다.

게트라이데 거리에서 구경하는 동안 두 분이 말씀하신 비엔나 필하모니 공연이 자꾸 생각이 났다. 그러한 생각을 가족과 상의했는데, 의상 문제도 있고 하니 다음에 보자는 의견으로 정리되었다. 그러나 이번에 공연을 보지 못하면 다음도 없을 것 같다는 생각이 들어서 먼저 매표소에 가서 표를 판매하는지 알아보기로 했다. 그런데 매표소에서는 지금은 판매하지 않고 오후 5시 이후에 판매한다고 하면서 그때 오라는 것이었다.

게트라이데 거리를 다니면서 특별히 눈에 띈 의상은 잘츠부르크의 전통 의상이었다. 이 정도의 의상을 입고 관람해야 하는 건데, 우리의 복장은 그렇게 정중하지 않았다. 가족 일행은 먼저 호텔에 가서 최대한 정장에 가까운 옷을 입고 나오기로 했다. 그렇게 한 다음 이곳에 와서 저녁을 먹고 6시 30분경에 입장해서 공연을 보기로 하였다. 그런데 한편으로는 계속해서 마음이 불편했다. 오후에 공연장에 갔을 때는 한 사람도 빠짐없이 정장을 한 사람들이 그곳에서 음악 감상을 하기 위해서 기다리고 있었다. 우리와 같은 관광객 복장을 한 사람들은 없었기에 걱정이 뒤따랐다.

게트라이데 거리의 관광을 마치고 우리가 호텔에 도착한 시간은 오후 4시가 조금 넘은 시간이었다. 우리는 최대한 정장에 가까운 옷을 입고 잘츠부르크 축제극장에서 공연을 보기로 하였다. 차홍이 빼고는 정장을 입을 수가 없었다. 특히 정장을 입으려면 구두가 있

어야 하는데 우리 일행은 단 한 사람도 구두를 준비해 오지 않은 것
이었다.

그렇다고 현지에서 구두를 살 수는 없는 상황이었다. 서로가 옷을
입은 모습을 바라봐도 도저히 공연을 보기에 적절치 않았다. 그래서
나는 가족에게 오늘은 의상 준비가 되지 않은 상태에서 공연을 보지
만 다음번에는 꼭 멋지게 입고 공연을 보자고 이야기를 하면서 스스
로 위로하였다. 그렇게 하지 않으면 용기를 낼 수가 없었다.

비슷하게 꾸미고 게트라이데 거리를 거쳐 매표소에서 표를 구매
했다. 제법 비싼 가격이었는데 우리 가족은 공연을 보기로 확정하고
계획에도 없었던 '비엔나 필하모니' 티켓을 구매하였다. 1인당 20만 원
이 넘는 표를 구입하고 나서 저녁 식사를 하는 장소로 자리를 이동하

는데 비가 내리고 있었다. 미리 준비해 간 우산을 받쳐 들고 게트라이데 거리의 식당으로 향했다. 비가 오는 저녁의 게트라이데 거리는 운치가 있었다.

공연이 있어서 그런지 시내에는 온통 정장 차림의 신사 숙녀들이 눈에 많이 띄었다. 낮에 자유롭게 관광을 즐기는 거리와는 큰 차이를 느끼게 하는 시간이었다. 공연장 건너편에는 도서관이 있었으며, 그곳 건물 앞쪽에 유네스코 깃발은 물론 만국기들이 걸려 있는 모습이 이곳에서의 잘츠부르크 페스티벌을 축하해 주는 행렬로 보였으며, 그러한 입구의 모습이 공연을 시작하기 전에 관람객들의 흥을 일으키기에 충분한 모습이었다.

잘츠부르크 공연장 입구에서 노란색 우산을 들고 있는 신사와 그 신사의 팔짱을 잡고 밝은 미소로 입장하는 여성의 모습이 참 보기 좋았다. 촬영하면서도 내 모습을 보았는데 영락없는 관광객 복장이어서 부끄럽게 보였다.

공연장 입구 로비에는 많은 인파가 있었으며, 중간중간 기둥에는 다양한 작품이 전시되어 있었다. 그런 작품을 보면서 이야기를 하는 관람객도, 무언가 이야기를 하면서 웃고 있는 사람들의 표정도 모두 여유로워 보였으며, 대부분 유럽인으로 보였다. 가끔 동양인들이 눈에 띄었었는데 일본, 중국, 한국 사람들의 목소리가 들리곤 하였다.

그렇게 입장 준비를 하고 있었는데, 건너편 기둥 뒤에 어제 유람선 선착장 입구에서 만났던 두 부부와 자녀들의 모습이 눈에 들어왔다. 일반적으로 보면 가서 인사를 해야 하는데 발걸음이 무거웠다. 우리의 복장이 썩 좋지 않아서 발걸음을 옮길 수가 없었다.

외국인과 음악에 관한 이야기를 하는데 그런 분위기를 깨기에는 우리의 상태가 좋지 않아서 스스로 미안함에 가까이 가서 인사를 못 드린 것이 지금에 와서 생각해도 얼굴이 붉어진다. 어르신께 미안한 생각이 들었다. 1년 전에 표를 예매하고 준비하신 어르신 부부와 2일 전에 즉흥적으로 결정하여 당일표를 구매하고 정장 차림이 아닌 여행 차림으로 이곳에 온 우리 자신이 매우 부끄러웠다.

다음에는 꼭 정장 차림으로 멋지게 하고 잘츠부르크에서 비엔나 필하모니 공연을 보자고 서로 다짐하고 공연장 안으로 걸어 올라갔다.

복도 오른편에 피카소가 그린 그림처럼 비구상의 작품이 전시되어 있길래 간단하게 촬영을 하고 건너편의 공연장으로 발걸음을 옮겼다. 그런데 뒤쪽 계단에서 아시아 사람으로 보이는 두 명의 관광객이 내 눈에 들어왔는데 영락없는 관광객의 모습이었다. 우리와 같이 정장이 아닌 캐주얼한 복장이었다. 갑자기 동질감을 느낄 수 있었다.

2층으로 구성된 대형 공연장이었는데, 입구 직원의 안내로 우리는 1층 뒤편 오른쪽의 자리를 쉽게 찾을 수 있었다. 한 사람씩 착석하였다. 암전되기 전에 객석에서는 작은 소리들이 들리곤 하였다. 그러한 사이에 단상에 있는 연주자들은 각자의 위치에 착석해서 악기를 점검했고, 약간의 연주 소리가 들리곤 하였다. 본 연주를 하기 전의 연습 시간이었는데 길지 않은 시간이었다.

그런 사이에 갑자기 암전되면서 조명 사이로 지휘자가 들어왔는데 멀리서 봐서 그런지 키가 크지 않은 작은 지휘자였다. 이윽고 매스

컴에서만 보아 왔던 비엔나 필하모니의 연주를 들을 수가 있었는데, 1
부는 모차르트 오케스트라 연주가 있었다. 그야말로 웅장한 연주였
다. 전체 단원이 90여 명이었는데 각자가 맡은 악기로 지휘자의 움직
임에 맞추어 연주하는 모습이 백조가 호수에서 움직이는 모습처럼 느

껴졌다. 때로는 천천히 느리게 움직이며
때로는 천천히 움직이나 격정적인 순간에
는 타악기의 묵직한 소리가 동반되어 관
객의 시선과 오감을 사로잡았다.

2부는 단상을 정리하면서 뒤쪽으로
90명의 합창단원이 자리를 채웠으며, 오
케스트라와 합창단 중간에는 남성 2명과
여성 솔리스트 2명이 자리했다. 남성 2명

은 건장한 체격의 테너와 베이스로 구성
된 솔리스트였고, 여성 두 분은 통통하고
묵직한 소프라노와 알토를 담당하는 음
악가로 보였다.

오케스트라 90여 명과 합창단 90여
명이 어우러져 공연하는 내내 벅찬 감격

이 있었다. 3년 전에 상해 한인합창단과 상하이 필하모니의 협연 때
연습하던 생각이 났다. 비엔나 공연보다는 작은 규모였는데 그래도
그 당시 전체 인원이 140여 명이 넘었으니, 이번에 관람한 필하모니의
공연과는 비교할 수 없으나, 나름대로 그러한 분위기를 조금은 알 수
있었다.

공연을 마치고 지휘자가 테너, 베이스, 소프라노, 알토 등의 솔리스트를 소개하는 시간에는 감격의 박수가 관객들로부터 터져 나왔다. 맨 앞줄 오른쪽에서 지휘자가 있었으며, 그 왼쪽에는 알토, 소프라노, 베이스, 테너의 순으로 인사를 하는데 관객들의 반응은 그야말로 대단했다.

솔리스트들이 오케스트라와 합창단 중앙에 있을 때는 몰랐는데 앞쪽에 나와서 인사하는 모습을 보니 체격이 보통이 아니었다. 남성은 남성대로 여성은 여성대로 대단한 몸집들을 자랑하고 있었다. 태어나서 처음 만난 비엔나 필하모니 공연이 정말 아름다웠다. 2시간의 공연이 너무도 빨리 지나갔다. 감동을 자아내는 잘츠부르크의 밤이었다.

잘츠부르크 여행 중에 받은 뜻밖의 선물은 비엔나 오케스트라 공연을 감상한 것이었다. 잘츠부르크 거리에는 여느 도시들처럼 거리의 악사나 미술가들이 서성댄다. 하지만 음악 도시의 명성답게 이곳에서 연주하는 악사들은 철저하게 힘겨운 오디션을 거쳐 통과한 수준급 실력자들이다. 매년 여름, 모차르트를 기리기 위해 열리는 잘츠부르크 음악제는 유명 음악가들이 대거 참가하는 세계적인 음악제로 명성이 높다. 음악제가 열릴 때면 도시는 선율에 취해 화려하게 흥청거린다. 거리에서 꿈틀대는 숨결과 감동은 우뚝 솟은 호엔 잘츠부르크 성에서 한눈에 내려다보인다.

07.25 할슈타트 행 버스 안에서
구름이 밀물과 썰물로 변하는 광경을 보다

잘츠부르크 온 지 이틀째 밤에 아내는 몸살이 나고 말았다. 아침에 일어나서도 몸 상태가 정상적이지 않았다. 7월 23일 종일 한여름 더운 날씨에 호텔에서 잘츠부르크 시내까지 자전거를 타지 않고 우리 자전거 뒤를 따라다니면서 몸살이 난 것으로 보였다. 자전거로 왕복 8km가 안 되는 거리였지만, 걸어서 8km는 결코 짧은 거리가 아니었다.

차홍이와 우형이와 나는 호텔에서 걸어서 버스 정류장으로 갔다. 그리고 버스를 타고 1시간 정도 떨어진 슈테그 고자우Steeg-Gosau 역에서 기차를 타고 할슈타트로 이동하는 경로를 선택하였다.

잘츠부르크에서 잘츠캄머구트Salzkammergut로 이동할 때는 포스트 버스Postbus 150번을 이용하는 것이 좋다. 손쉽게 갈 수 있다.

150번 포스트 버스는 잘츠부르크 중앙역을 출발하여, 미라벨 정원을 거쳐 우리가 기다리고 있던 이곳 슈테그 고자우Steeg-Gosau 역 거쳐 중간에 호숫가 옆 작은 마을인 푸슐 암 제Fuschl am see 는 마을을 지나서 슈

테그 고자우<sup>Steeg-Gosau</sup> 역에 도착하는 코스를 이용하였다. 과거 이 길은 집배원들이 산골을 다니면서 개발된 도로로 현대에 와서 이러한 국도는 관광객들이 이용하는 길로 변하였다.

잘츠부르크의 호텔에서 푸슐 암 제<sup>Fuschl am see</sup> 호숫가 옆 작은 마을에 도착한 것은 폴크스슐레 크니글<sup>Volksschule Gnigl</sup> 버스 정류장에서 출발한 지 40분 정도 지났을 때였다. 암 제<sup>am see</sup>라는 말은 호숫가라 뜻으로 퍼셀 호숫가 마을이 정확한 명칭이라고 볼 수 있다. 특히 이곳의 3개 호수는 〈사운드 오브 뮤직〉의 촬영 배경으로 사계절 많은 관광객이 찾아오는 곳으로 유명하다. 첫

번째는 푸슐 암 제 호수, 두 번째로는 몬트 제<sup>Mond see</sup> 호수, 세 번째로는 볼프강 제<sup>Wolfgang see</sup> 호수가 이곳에서 제일 유명하다.

우리 일행은 두 번째와 세 번째 호수는 직접 볼 수 없었으나, 첫 번째인 푸슐 암 제 호수는 볼 수 있는 행운을 얻었다. 짧은 시간 동안 이곳 호수를 바라보았다. 호수에서 여름휴가를 보내는 관광객의 모습은 더없이 평화로워 보였으며 그러한 자유를 즐기는 이곳이 정말로 아름다웠다. 공기 맑고 아름다운 호수를 찾는 관광객들이 제일 먼저 추천하는 호수는 세 번째 볼프강 호수라고 하는데, 아쉬움을 남기고 슈테그 고자우 역으로 향하는 관광버스에 오를 수밖에 없었다. 호숫가를 낀 아주 작은

마을이 전부라고 볼 수 있으나 세계 많은 관광객이 이곳을 찾는 이유
는 천연의 아름다움을 간직한 곳이기 때문일 것이다.

푸슐 암 제 호숫가 옆 작은 마을을 출발한 지 얼마 안 되어서 마
을을 막 벗어났을 때였다. 건
너편 산 위의 구름이 움직이
고 있었는데 처음의 뭉게구름
에서 갑자기 변하기 시작했다.
왼쪽은 완전한 구름의 형태이
고 오른쪽은 파란 하늘의 모
습이었다. 처음에는 무심코 보
았는데 버스가 앞으로 가면 갈
수록 구름과 하늘은 확연히
구분되어 보였고, 무척 아름다
운 구름의 모습을 볼 수 있었
다. 불현듯 밀물과 썰물의 이
미지가 떠올랐다. 왼쪽의 구름이 바다로 보였고 오른쪽의 하늘은 백
사장으로 변한 이미지가 눈에 들어왔는데, 그런 하늘의 변화는 태어
나서 처음 목격하였다. 그렇게 내의 눈에 들어온 하늘 위 구름의 변
화는 더없이 아름다웠다.

푸슐 암 제 호숫가를 출발한 지 채 30여 분이 안 되어서 슈테그
고자우 역에 도착하였다. 푸슐 암 제를 지나면서 보았던 밀물과 썰물
의 형상이 계속 기억에 남았다. 자그마한 마을이 보이면서 역에 도착

하였으며, 슈테그<sup>Steg</sup> 고자우<sup>Gosau</sup> 역 앞에는 숲 속의 교회와 할슈타트 방향을 알리는 이정표가 있었다. 이곳에서 기차표를 구매하고 우리는 역사를 이용하여 기차가 도착하는 쪽으로 자리를 이동하였다.

기차를 기다리면서 역사의 모습을 보았다. 역사 건물은 왼쪽에 있었으며 역사 건물 상단부 외벽에 슈테그 고자우 역이라고 고딕체로 점잖게 쓰인 모습에서 전형적인 유럽의 기차역이라는 생각이 들었다.

특히 역사의 이름을 눈에 강하게 어필한 것이 아니라 회색 바탕에 흰색으로 쓰인 글씨가 이곳의 분위기와 어우러져 있었다.

이렇게 주위를 보고 있었는데 건너편에서 빠알간 기차가 역 쪽으로 들어오고 있었다. 우리가 기다리던 할슈타트 행 기차였고, 우리는 차례를 기다리면서 기차에 올라탔다. 기차에 오른 대부분 사람은

관광객이었는데, 우리와 마찬가지로 할슈타트를 여행하는 사람들로 보였다. 호수와 산의 풍경을 보면서 기차 여행의 참맛을 느낄 수 있었으며 관광객 대부분이 젊은 청년들이었다.

슈테그 고자우 역에서 기차를 탈 때 운 좋게도 오른쪽 자리에 앉게 되었는데, 그쪽이 호수가 있는 방향이어서 가끔 잔잔한 호수와 만

나는 산을 만날 수 있었다. 지난주 프랑스 리옹 역에서 출발하여 스위스 인터라켄의 기차에서 본 분위기와는 달리 좀 더 따뜻하고 포근한 이미지로 다가왔다.

11시 50분에 슈테그 고자우 역에서 출발한 기차가 이곳 할슈타트 역에 도착한 시각은 정확히 1시간 이후인 12시 50분이었다. 처음에 생각한 것과 달리 역의 모습은 화려하거나 크지 않았다. 마치 청량리역에서 춘천행 기차를 타고 가다가 흔히 볼 수 있는 청평, 가평역보다도 훨씬 작은 간이역과 같

은 이미지로 10평이 안 되는 작은 역사였다.

이런 곳에 이렇게 많은 외국인이 여행을 온다는 사실에 또 한 번 놀라지 않을 수 없었다. 역사 외부의 천정에 달린 원형 시계와 그 뒤편에 Hallstatt라고 고딕체로 쓴 글씨가 모두였다.

작은 역사 앞에는 기차 시간을 보고 표를 구매하려고 하는 관광객과 막 기차에서 내려서 배를 타려고 하는 사람들이 서로 얽혀 있었다. 관광지에서 나오는 일행과 관광하려고 들어가는 사람들이 부딪히는 과정을 거쳐 역사를 오른쪽으로 두고 막 빠져나오는데, 길 왼쪽에 파란색 간판에 흰색 글씨로 할슈타트행 선착장 Schiffstation ship to Hallstatt이라

는 안내판이 보여 그곳으로 발걸음을 옮겼다. 앞쪽에서 걸어가고 있는 관광객들의 뒤를 따라 걸어갔는데 멀지 않은 곳에 선착장이 나타났다. 그곳에는 먼저 온 사람들이 선착장을 중심을 왼쪽과 오른쪽에서 기다리고 있었다.

호수 건너편에서 작은 유람선이 우리 쪽을 향해서 힘차게 물살을 가르며 선착장으로 돌아오는 모습이 보인다. 처음에는 점처럼 보였던 유람선이 우리의 시선에 들어왔는데 돌아오는 사람은 거의 없었으며 유람선의 규모는 50여 명 정도 탈 수 있을 정도의 크지 않은 배로, 수시로 관광객을 태우는 유람선으로 보였다.

왼쪽에는 선글라스를 끼고 무거운 배낭을 메고 있는 청년 2명과 젊은 여성이 배를 기다리면서 밝은 대화를 하고 있었다. 둘이서 대화를 하다가 나를 보더니 브이를 그리면서 밝게 웃었다. 검게 그을린 피부와 선글라스를 착용하고 있는

모습이 무척 건강해 보였으며, 웃으며 인사하는 모습에서는 같은 관광객으로서의 동료감도 느낄 수 있었다.

그리고 오른쪽에는 유럽의 젊은 부부로 보이는 친구가 나를 향해 웃으면서 인사를 건넸다. 자세히 보니 내가 가지고 있는 카메라와 같은 기종을 갖고 있었던 것이었다. 유럽인으로 보였는데 캐논<sup>Canon</sup> 카메

라를 가지고 자유롭게 촬영하는 모습이 눈에 들어왔다. 살며시 웃는 모습이 같은 기종의 카메라를 갖고 있으니, 우리는 같은 생각을 하는 사람들이라고 이야기하는 것처럼 느껴졌다.

그렇게 10여 분 기다렸는데 멀리서 유람선의 고동 소리가 들리면서 이곳에 도착하였다. 선장으로 보이는 분의 자상한 미소와 차례대로 배에 오르는 모습을 볼 수 있었다.

붉은색 옷을 입고 배낭을 메고 배에 오르는 청년이 눈에 들어왔는데, 여름 날씨에 더워서 그랬는지 혀를 내밀고 두 손에는 유람선 티켓을 들고 승선하는 모습이 익살스럽게 보였다. 자세히 보면 멘체스터 유나이티드의 데 헤아 골키퍼와 많이 닮은 모습이 인상적이었다.

40~50명의 관광객이 모두 탄 상태에서 할슈타트 마을로 향했다. 유람선 뒤쪽에 자리하고 우리가 내렸던 할슈타트 역 쪽을 바라보았는데, 그때 마침 5칸짜리 기차가 왼쪽의 할슈타트 기차역을 지나쳐 가고 있었다. 예쁜 빨간색과 흰색의 기차가 호수와 뒤쪽에 병풍처럼 버티고 있는 울창한 숲 속을 뚫고 달려갔다. 또한, 그 옆 오른쪽 섬에 있는 작은 궁전 같은 집이 눈에 들어왔다. 영화에서나 본듯한 모습이었다. 그런 화면을 뒤로하고 마을의 오른쪽에는 중세 시대의 고풍스러운 집들이 호수에 비쳐 한 폭의 동양화를 보는 듯했다.

특히 물이 움직이면서 호수에 투영된 울창한 숲과 집이 자유자재로 변하는 모습에 바라보는 내내 흥분되었다. 지평선과 호수가 맞닿는 시점과 유람선이 있는 곳까지 조금씩 변화되면서 오는 물살은 관광객들의 마음을 들뜨게 하였다.

그런 광경을 보면서 선착장에서 출발한 지 20분이 안 되어서 마을 중앙에 도착할 수 있었다. 외부에서 보기에는 섬에 들어오는 것으로 착각을 불러일으키는 장소였다. 도착한 배에서 연신 마을의 이쁜 장면을 담느라 카메라로 촬영하는 관광객이 많았다. 할슈타트는 기원전 2000년쯤부터 소금 광산을 개발한 곳으로 유명하다. 지명에서 보듯이 소금을 뜻하는 켈트어 '할'과 마을을 뜻하는 '슈타트'를 합쳐서 사용한 복합어로, 할슈타트는 소금 마을이라고 볼 수 있다. 마을 어귀에 도착해서 선착장 벽에 붙여진 포스터를 보니 1862년경부터 본격적으로 소금 광산에서 소금을 채취했다고 한다. 처음에는 석탄을 캐기 위한 1차 산업의 전진 기지였으나 1979년 이후부터는 조금씩 관광객이 이곳을 찾아오기 시작한 것으로 보이는 사진도 있었다.

## 07.25 파스텔 톤의 나무집과 동화에서 나오는 아름다운 호수를 만나다

2,000m의 높은 산들 사이로 76개의 호수가 어우러져 있는 곳, 영화 〈사운드 오브 뮤직〉에 나온 아름다운 풍경들이 눈에 들어온다. 산과 호수가 아름다운 잘츠캄머구트 지역에는 아테르 호수, 몬트 호수, 볼프강 호수와 할슈타트 호수 등이 있다.

호수 주위로 마을의 오래된 나무집과 역사적으로 오래된 소금 광산이 자리한 곳, 특히 마을 위의 산에서 떨어지는 폭포와 그 물이 모여서 호수가 된 이곳이 유네스코 세계 유산(1997)으로 지정되기에 부족함이 없는 아름다운 곳이었다.

파스텔 톤의 나무집을 배경으로 차홍이와 우형이가 포즈를 취하고 있으며, 중앙 광장에 도착해서 기념 촬영을 하였다. 중앙 탑 옆에는 유럽의 중년 남성 두 명이 촬영하고 있었다.

중앙 광장 건너편에는 아이스크림을 들고 나오는 동양인으로 보이는 관광객의 모습이 보이며, 웃으면서 옆을 보고 있는 캐릭터 아저씨가 눈에 띈다. 또 빨간 벽을 배경으로 유럽 남성의 캐릭터가 관광객의 시선을 사로잡았다.

산 중턱에 나무로 만든 집과 수공예 작품으로 만든 나무 돼지와 부엉이가 시선을 끌었다. 또한, 건너편 상점의 모직으로 만든 수공예

부엉이 가방이 눈에 띄는데, 원색의 컬러가 할슈타트의 동화와 같은
아름다운 이미지와 어우러져 독특하게 보였다.

　　높은 산과 그 밑에 있는 나무로 만든 집의 형태가 특히 아름다웠
으며, 저 멀리 높이 솟아 있는 산과 푸른 산 밑의 중·저채도의 집이
관광객의 시선을 사로잡았다. 그곳을 배경으로 촬영하는 관광객의
모습도 눈에 들어왔다.

　　빨간색의 집을 배경으로 촬영하는 유럽 관광객의 모습, 현지 특
산품을 구매하려고 제품을 보고 있는 관광객의 모습도 발견할 수 있
었다.

　　마을 오른쪽 위에는 동화 같은 아름다운 흙집과 나무집을 배경으
로 아름다운 모습이 눈에 들어왔다. 부엉이와 돼지가 이 마을의 특산
품이라고 하였으며, 매장에서 독특하고 다양한 돼지를 만나볼 수 있
었다. 제주의 돌하르방 친구인 할망을 할슈타트 마을 한복판에서 만

날 수 있었다. 제주의 돌하르방과 비슷한 이미지의 돌조각이었는데, 아마도 이 지역을 수호하는 하나의 상징적인 모습처럼 보였으며, 자세히 보면 무언가를 어깨에 메고 걸어가는 모습으로도 보였다.

우리 가족 일행이 함께 탄 배를 통해서 할슈타트의 아름다운 모습을 볼 수 있었으며, 멀리서 우리를 향해 건배를 외치는 유럽 관광객의 모습이 눈에 들어왔는데, 그 모습을 보고 웃고 있는 우형이의 모습이 밝아 보여서 보기 좋았다.

때로는 우리를 향해서 엄지손가락을 올리고 있는 멋쟁이 유럽 친구들을 향해서 우리도 환영의 손짓으로 밝게 화답했다. 이렇게 1시간 동안 호수를 구경하면서 행복한 시간을 보냈다. 물론 중간에 차홍이와 우형이의 말싸움으로 긴장감이 돌기도 했지만, 나름대로는 꽤 행복한 시간이었다.

멀리서 한 가족이 교대로 다이빙하는 모습을 보면서 어렸을 때 수영하던 생각이 떠올랐으며, 선착장에 거의 도착해서는 실제 백조 부부를 쫓아가면서 한참 웃던 기억도 이곳에서만 만날 수 있는 흥미로운 순간이었다.

유람선으로 돌아오는 길에 할슈타트의 박물관이 있었는데, 계단에 '시간 여행'이라고 한글로 쓰여 있었다. 특히 다양한 외국어로 쓰인 글들이 눈에 들어왔으며 관광객의 시선을 사로잡을 만한 요소라고 생각했다. 전 세계의 관광객들이 다양한 언어를 통해서 동질감을 느낄 수 있지 않겠는가.

돌아오는 유람선에서는 중년의 유럽 여행객 두 분이 갑자기 리코더를 연주하는 모습이 눈에 들어왔는데 잠깐이나마 마음의 안식을 느낄 수 있었던 시간이었다. 곡명이 무엇인지는 모르겠지만, 호수 위의 유람선에서만 느낄 수 행복한 시간이었다.

할슈타트의 역에서 QBB 기차를 타려는 많은 관광객이 매표소에 줄을 서 있었다. 관광객이 너무 많아 잘하면 기차를 탈 수 없을 수도 있겠다고 생각하며 매표소 근처로 갔는데, 멀리서 기차가 들어오는 소리가 들렸다. 앞쪽에는 3명의 관광객이 표를 사기 위해서 기다리는 상황이었고, 거의 기차가 도착해서 표를 구매할 수 있었다. 그리고 우리 일행이 기차에 오르자마자 기차가 잘츠부르크로 출발하였다. 급하게 기차에 탔는데 밝고 온화한 승무원을 보면서 좀 전에 일어났던 일을 잊을 수가 있었다. 중년의 나이에 안경을 쓰고 흰 와이셔츠에 빨간색 넥타이를 매고 검표를 하는 승무원의 모습이 너무도 인자해 보였다. 친절한 승무원의 서비스에 잘츠부르크로 돌아오는 기차 여행 재미를 더할 수 있었다.

*Italy*

# Chapter 6

# 이 탈 리 아

# 산타 루치아 Venezia Santa Lucia 역에서
# 리알토 Rialto 다리까지

7월 26일 아침 잘츠부르크에서 출발하여 인스브루크 Innsbruck를 거쳐 이탈리아 베네치아 Venice로 가는 기차에 몸을 실었다. 기차로 이동하는 중간에 높은 산이 보였으며, 인스브루크 뒤편으로 만년설로 뒤덮인 알프스 산이 보였다. 하늘과 맞닿는 곳에 있는 산 정상은 하늘보다 더 하얀 모습으로 우리에게 다가왔다.

이곳까지 왔는데 알프스 Alps 산에 올라가지 못한 아쉬움을 뒤로할 수밖에 없었다. 알프스 산에 올라가기 위해서 오스트리아에서 꼭 거칠 수밖에 없는 아름다운 도시인 인스브루크의 풍경을 차창 밖으로 볼 수밖에 없음이 너무나 아쉬웠다.

기차 안에서 바라본 알프스 산의 경치는 무척 아름다웠다. 구름이 멈춰서 놀다가 조금 시간이 지나면 산 너머 언덕 뒤편으로 숨어버리고 갑자기 나타나 넘실대기도 하였다. 알프스 산을 무대로 재미있게 놀고 있는 구름의 변화에 감탄사를 연발할 수밖에 없었다. 더없이 아름다운 풍경이었다.

알프스 산자락에 가지런히 나무로 지어진 집들이 차창 밖 너머로 가끔 보였는데, 알프스의 만년설과 함께 어우러져 있는 모습이 무척 아름다웠다. 멀리 보이는 눈 덮인 하얀 산의 모습에 여행객들 사이에서 간간이 감탄사가 쏟아져 나왔다. 건너편에서 연신 그 모습의 아름다움을 담는 유럽의 젊은 부부가 눈에 들어왔다. 아마도 신혼여행을 하는 것으로 보였다.

오스트리아 잘츠부르크 역에서 이탈리아 베네치아 산타 루치아 Santa Lucia 기차역까지는 4시간 30분 정도의 걸리는 거리였다. 베네치아 역에 도착하여 광장을 나오는데 왼쪽에는 프랑스 화장품 브랜드 록시땅 Loccitane 매장이 있었으며 오른쪽에는 이탈리아 색조 화장품 브랜드 키코 KIKO 매장이 관광객을 맞이하고 있었다.

록시땅은 1976년 올리비에 보송에 의해 프랑스 남부 지역인 프로방스 록시땅에서 출발하였다. 프랑스 안에서만 머무르던 록시땅은 10여 년 만에 전 세계 80개국에서 1,000여 개 매장을 운영하는 글로벌 브랜드로 성장하였다. 탈 지역화를 위한 글로컬 브랜딩 전략을 위해 1990년에 록시땅은 기업 로고와 브랜드 로고를 같이 사용한 원 브랜드 One Brand의 제품이다.

록시땅은 전통과 신뢰성, 감각의 즐거움, 존중을 주요 가치로 삼아 진실된 이야기를 전달하고자 한다. 록시땅은 지중해의 온화한 기후, 맑은 하늘, 풍요로운 토양, 태양이 미소 짓는 곳, 온화하고 친절한 사람들이 있는 곳인 프로방스를 배경으로 태양, 값진 토양으로부터 얻어진 자연의 산물, 사랑과 존중, 자연에 대한 진정성을 고객에게 전달하기 위한 브랜드와 디자인 요소를 채택하였으며 디스플레이와 실내외 인테리어는 자연주의 콘셉트를 이용하였다.

대한민국의 클리오$^{Clio}$ 색조브랜드라고 볼 수 있는 이탈리아의 중저가 키코$^{KIKO}$ 색조 브랜드 역시 이곳에서 볼 수 있었다. 메이크업 밀라노$^{Make\ Up\ Milano}$라는 캐치프레이즈로 현대적인 트렌드에 맞는 립스틱을 포함한 키코$^{KIKO}$ 색조 브랜드는 전 세계 젊은이들 사이에서 유명하다. 중저가 색조 브랜드의 명성을 그대로 유지하고 있는 이탈리아의 대표적인 색조 브랜드를 이곳 베네치아 역에서 만날 수 있었다. 특히 이곳 색조 화장품 매장을 찾는 해외 관광객들은 대부분 30대 미만의 젊은 고객들이었다.

베네치아 산타 루치아 기차역에 내려서 호텔까지는 걸어서 10분 이내로, 호텔의 사장님으로 보이는 분의 자세한 안내에 품격 있는 호텔이라는 것을 피부로 느낄 수 있었다.

호텔에 도착한 시각은 오후 6시 40분경이었다. 체크인은 차홍이와 우형이가 담당하였는데 능숙한 영어로 이야기하는 모습이 보기에 좋았다. 이탈리아 베네치아를 보지 않고서는 유럽 여행을 했다고 할 수 없을 만큼 유명한 이곳에서 2박을 하기로 하였는데, 이틀 동안 우

리가 해야 할 것에 대해서도 우형이가 물어보는 듯했다. 우형이의 이야기에 웃으면서 말씀하시는 모습과 유럽 중년의 외모에서 풍기는 기운이 보기에 참 좋았다. 그러한 호텔 사장님과 직접 이야기하는 차홍이와 우형이의 모습 속에서 자식을 키우는 뿌듯함을 느꼈다.

호텔에서 간단하게 짐 정리를 하고 산타 루치아 역에서 리알토 다리까지 산책하기로 하였다. 가족이 묵고 있던 호텔은 지리적으로 아주 좋은 곳에 있었다. 역과의 거리가 5분 정도밖에 안 되었으며, 스칼치<sup>Scalzi</sup> 다리와 베네치아의 수상 버스인 바포레토<sup>Vaporetto</sup>까지도 500m가 채 안 되었다.

저녁 식사는 호텔 건너편의 중

국 식당에서 하기로 하였다. 허름해 보이는 식당에는 중국 사람들과 아시아 사람들로 보이는 여행객들이 자리를 잡고 각자의 나라 언어로 이야기하는 중이었다. 중국 사람들이 제일 많았으며, 태국과 베트남 사람들도 일부 있었다. 그리고 칸막이 뒤편에서는 한국 학생들로 보이는 이들 5~6명이 식사를 하고 있었다.

저녁 식사의 메뉴는 우형이가 선택하였다. 차오판<sup>炒飯</sup>(볶음밥)이라고 하는 중국 음식과 야채와 생선류 등 몇 가지를 주문하여 식사하고 스칼치 다리에 도착했다. 이 지역이 사람들이 제일 많이 오가는 지역이기에 많은 관광객이 분주하게 이동하고 있었다. 산타 루치아 역에 도착해서 바깥으로 나오는 무리와 반대로 역으로 들어가는 무리들이 서로 부딪치고 사람과 사람 사이로 빠져나가고 있었다. 리알토 다리<sup>Rialto Bridge</sup>까지 걸어가려고 스칼치 다리를 올라가는 사람들과 내려오는 사람들로 인해 복잡한 사거리에 도착하였다.

그 사이에서 장사꾼들이 관광객들을 상대로 물건을 흥정하면서 제품을 판매하고 있었다. 대부분 동남아 사람들로 보였다. 능글맞게 관광객을 상대하는 모습에 보는 사람들은 재미가 쏠쏠했다. 이렇게 수많은 관광객을 보면서 유럽 최대의 수상 도시이며 관광 도시라는 것을 피부로 실감할 수 있었다.

이곳 스칼치 다리<sup>Ponte degli Scalzi</sup>는 산타 루치아 기차역을 빠져나와서 왼쪽에 있으며, 산 시메오네 피콜로 성당<sup>S. Simeone Piccolo</sup>과 산타 루치아 기차역을 연결해 주는 아치형 다리이다. 이곳은 큰 화물선과 군함은 물론 작은 베네치아의 수상버스 바포레토<sup>Vaporetto</sup>가 제일 많이 이용하는 다리이기도 하다.

베네치아의 본섬 안에는 자동차가 없으며, 수상 도시에 맞는 독특한 교통수단인 바포레토 수상 택시, 곤돌라 등의 교통수단이 섬과 섬을 연결해 주는 역할을 한다.

베네치아 산타 루치아 역 앞의 스칼치 다리에서 산타 루치아 섬의 저녁놀을 바라보는데, 무척이나 아름다운 장면이었다. S자 운하가 시작되는 곳이며, 관광객이 제일 많은 곳이다. 잠시 스칼치 다리에서 바라본 '산 시메오네 피콜로<sup>San Simeone Piccolo</sup> 성당'과 운하의 모습은 장관이었다.

운하 양쪽 사이에 작은 배들이 정박하여 있었으며, 바다 쪽에서 운하 쪽으로 불어오는 바람과 운하를 가르고 지나가는 배로 인해서 물결이 묵직하게 움직이는 모습이 눈에 들어왔다. 특히 운하 왼편에

파란 아치형 건물인 산 시메오네 피콜로 성당이 우뚝 솟아 있는데, 주위 환경과 조화를 이루어 보기에 참 좋았다.

스칼치 다리를 지나자마자 프랜차이즈 아이스크림 상점이 나왔는데 차홍이가 무언가를 잡고 있었다. 그 장면을 사진에 담았으면 하는 마음을 알기에 대형 아이스크림을 잡은 장면을 촬영하였다. 여름에 관광객들의 더위를 식히기에 알맞은 장소인 아이스크림 가게에는 아이스크림을 사려는 관광객들이 많았으며, 그 옆 상점에는 이탈리아

ITALIA , 베네치아VENEZIA 등의 로고를 이용한 가방이 진열되어 있어 관광객들의 시선을 끌기에는 충분했다.

이탈리아 브랜드라고 쓴 가방에는 콜로세움의 이미지와 예쁜 미인이 함께 들어가 관광객의 시선을 끌었으며, 영문 이탈리아, 베네치아의 타이포 그래픽을 이용한 가방 디자인도 눈길을 끌었다. 그 가방이 예뻐서 그런지 상점 안에서는 그와 유사한 가방을 들고 흥정하는 관광객도 있었다.

산타 루치아 섬의 명물인 리알토 다리로 가기 위해서는 많은 미로를 통과해야 한다. 가끔 길을 잃어버렸을 때 기둥의 모퉁이에 이정표가 쓰여 있어서 그 이정표를 보고 그곳으로 향하였다. 가는 길에 작은 건물을 지났는데 내 눈에 무언가를 촬영하는 유럽의 젊은이가 보였다. 자세히 보니 동영상을 담는 듯했다. 파스텔 조의 고풍스러운 멋이 있는 이곳에서 곤돌라와 모터보트를 이용하는 관광객의 모습을 카메라에 담고 있었다. 멀리서 카메라 앵글을 보다가 가까이 촬영하려고 줌 인, 줌 아웃을 해 가면서 영상을 담고 있는 젊은이의 모습이 보기 좋았다.

그 젊은 작가가 촬영을 마치고 나서 앵글을 봤는데 정말 환상적이었다. 잔잔한 운하를 중심으로 양쪽에 고풍스러운 느낌의 건물과 채색된 건물이 세월의 흐름으로 탈색된 모습, 운하의 물 위로 비추는 잔상과 그 중간을 가로질러 지나가는 곤돌라와 모터보트를 타고 환호를 지르는 관광객들의 모습, 그 광경을 멀리서 보고 있는 관광객의 모습들이 조화를 이루어 무척 아름다웠다.

　　건물 곳곳에는 음식점과 토산품을 파는 매장이 있었는데 그중에서도 눈에 띈 것은 다양한 가면이었다. 가면무도회에서나 볼 수 있는 다양한 가면을 이곳에서는 흔하게 볼 수 있었다.

　　첫 번째로 여성 전용 마스크로 가면과 모자를 함께 연결한 고전적인 마스크가 가장 먼저 눈길을 잡았으며, 두 번째로 눈에 띈 마스크는 눈만 가리는 안경 스타일의 마스크였다. 유럽 영화에서 백작 부인이 한 손에는 부채를 들고 다른 한 손으로는 안경 마스크를 살짝 올리는 듯한 이미지로 우리에게 많이 알려진 그런 마스크가 전시되어 있었다. 세 번째로는 매부리코 아저씨를 연상케 하는 남성용 마스크가 보였다. 네 번째로는 눈에 띈 마스크는 롯데월드 혹은 에버랜드에서 본 듯한 정숙한 여성의 이미지에 다섯 가지 방울이 달린 유럽의 만화 영화에 자주 등장하는 마스크였다.

　　뮤지컬 〈오페라의 유령〉의 주인공이 쓴 반쪽짜리 가면 마스크도 가끔 눈에 들어왔다. 다양한 종류의 마스크가 이곳의 건물과 아주 자연스럽게 어우러져 있었다.

　　그렇게 관광을 하고 있는데 멀리서 선상 파티를 하면서 우리 쪽으로 다가오는 관광객을 볼 수 있었다. 자세히 보니, 이곳의 젊은이들로 보였다. 초대받은 이들로 보이는 이탈리아 현지인 두 쌍이 노래를

부르고 있었고, 서로 손뼉 치면서 포도주를 마시는 모습이 관광객의 시선을 사로잡았다.

점점 가까이 배가 오고 있었는데, 다시 보니, 가운데 하얀 옷을 입고 누워 있는 여인이 생일인 것 같았으며, 그 주위의 젊은이들은 그녀가 초청한 친구들로 보였다.

영화에서나 볼 수 있는 선상 파티를 직접 눈으로 볼 좋은 기회였다. 우리 일행이 있는 다리 쪽으로 올 때부터 다리를 지나서 안 보일 때까지 우리의 시선은 그들을 향해 있었다. 가끔 우리를 향하여 손을 흔들어 주는 밝은 모습의 그들을 보고 잠시 부럽다는 생각을 하였다. 순서에 맞추어 노래를 부르는 모습은 무척 자연스러웠으며, 때로는 한 쌍의 남녀가 때로는 혼자서 부르는 모습이 정말 보기 좋았다.

베네치아의 상징물과 같은 리

알토 다리에 도착했는데 불행하게도 공사 중이었다. 리알토 다리는 물의 도시 베네치아의 대표적인 다리이다. 이 다리가 유명하게 된 것은 베네치아에서 처음으로 만들어진 다리이기 때문이다. 이 부근을 중심으로 상권이 형성되었으며, 이러한 상권이 확장되면서부터 새로운 다리가 필요하게 되었다. 16세기 말에 공모를 통해 당선된 안토니오 다 폰테가 설계, 건축하여 완성된 최초의 다리이다. 당대 최고의 조각가인 팔라디오<sup>Andrea Palladio</sup>와 미켈란젤로<sup>Michelangelo Buonarroti</sup>를 비롯한 경쟁자들을 물리치고 당선된 작품이기에 더 유명하게 되었다. 1854년 아카데미아 다리가 지어지기 전까지 대운하를 건너는 유일한 다리라고 전해진다.

　리알토 계단식 다리는 귀금속과 가죽 제품 등을 파는 점포들과 그것을 구경하는 관광객들, 다리와 운하를 배경으로 사진을 촬영하는 관광객들로 인산인해를 이루는 곳이었는데, 다리 공사로 불편함이 있었다. 우리 일행은 리알토 다리 밑에서 간단하게 맥주를 한 잔 마시면서 관광객들을 구경하는 시간을 가졌다. 건너편에는 가면을 쓰고 식사를 하면서 사진 촬영을 하는 이들이 있었는데, 젊은 학생이 엄마의 어깨에 손을 올리고 활짝 웃는 모습이 우리의 시선에 들어왔다. 리알토 다리 아래의 야외 식당에서 멋진 가면을 쓰고 베네치아 문화를 즐기는 모녀의 모습이 무척 자연스러웠으며 한편으로는 부럽기도 하였다.

저녁 8시가 넘은 여름의 베네치아는 여전히 아름다웠다. 곤돌라가 정박하여 있는 건너편에는 중세 고딕 양식의 건물들이 운하에 빛과 함께 투영되어 있었고, 고풍스러운 건물 뒤편의 잿빛 하늘에 살짝 드리워진 달의 모습이 더없이 인상적이었다.

9시가 지나자 마을은 조금은 음산한 모습으로 다가왔다. 시민들의 모습은 없고 가끔 골목을 지나가는 관광객이 보일 뿐이었다. 낮의 모습과는 사뭇 다른 어둡고 음침한 분위기였다. 또한, 어두운 건물 사이로 보이는 가로등과 건물 뒤편의 구름이 파란색에서 갑자기 연회색으로 변하며 그 위로 어두운 회색 구름의 이동을 볼 수 있었는데, 음침함 속에도 아름다운 모습으로 다가왔다. 그런데 내

옆을 지키고 있던 차홍이가 좀 무섭다고 했다. 사실 리알토 다리 아래에서 야경을 구경하면서 식사할 때까지는 괜찮았는데, 호텔로 돌아오는 길에는 조금 오싹하기도 했던 것이 사실이다. 그나마 가족 4명이 함께 움직여서 위안이 되었지만, 골목길에서 길을 잃고 헤맬 때는 차홍이의 좀 무섭다는 말에 나 역시 "그래, 좀 음침하지…" 하면서 숙소 쪽으로 발걸음을 옮겼다.

20분 정도 걸어서 오던 길로 돌아왔는데 도착한 시각은 9시 30분이 조금 넘은 시각이었다. 스칼치 다리에서 바라본 산타 루치아 섬의 야경은 2시간 전의 모습보다 어두웠으나 늦은 밤의 경치는 나름대로 묘한 아름다움이 있었다.

왼쪽의 산 시메오네 피콜로 성당은 18세기에 건축된 로마의 판테온Pantheon에 기원을 둔 돔 형 성당이다. 아치형의 원형 성당 지붕 위쪽에 작은 달이 떠 있고, 잔잔한 오른쪽에는 베네치아의 수상 버스인

바포레토 여객선의 모습이 보였다. 그 뒤편으로 베네치아 산타 루치아 역의 모습이 눈에 들어왔다.

스칼치 다리를 건너자 가족들은 마음이 좀 편해진 것 같았다. 이곳이 원래 소매치기가 많은 곳임을 여러 매체를 통해서 알고 있던 터라 관광하는 2시간 동안 긴장감을 늦추지 말자고 서로 격려했던 것이 호텔에 가까이 오게 되자 좀 풀어질 수 있었다. 아내와 차홍이는 쉬겠다고 하면서 먼저 호텔로 들어갔으며 우형이와 나는 스칼치 다리 바로 아래의 식당에서 맥주 2병을 시켜서 오붓하게 부자간의 정을 나눌 수 있었다.

현지의 맥주를 마시면 좋겠다고 해서 종업원이 소개한 맥주로 하루 일정을 마무리하였다. 대학 2학년에 재학 중인 우형이는 나름대로

고민이 많은 것 같았다. 자기 나이 때 무엇을 했으며, 어떤 생각을 했었는지 나에게 물어보는 것이었다.

돌이켜 생각해 보면 1980년대 초중반의 대학 생활은 그리 넉넉한 편은 아니었다. 노태우 정권 때 워낙 데모가 많아서 데모에 참가했던 기억이 있으며, 한편으로는 학과 공부와 공모전에 힘을 기울였던 것으로 기억된다. 국내 여행은 많이 했지만, 해외여행은 꿈도 꾸기 어려운 환경이었다. 그렇게 우형이한테 이야기하니까 이해하는지 모르는지 그냥 끄떡이기만 했다.

모처럼 부자간의 오붓한 시간을 가졌는데, 우형이가 곧게 자라줘서 자랑스러웠다. 베네치아의 첫날밤은 그렇게 저물어 갔다.

# 07.27 초대형 유람선과 산 마르코 광장 Piazza S. Marco
## 카페 플로리안 Caffè Florian 연주자들

베네치아의 2박 3일 일정 중에 본 섬인 산 마르코 대성당이 있는 산 마르코 광장을 보기 위해 아침에 일찍 서둘러서 호텔을 빠져나왔다. 수상 버스인 바포레토 역에서 산 마르코 역까지 적어도 100m는 넘어 보였다. 바포레토 정류장에 도착해서 24시간 수상 택시를 이용할 수 있는 티켓을 구매하였다. 이른 시간이지만, 전 세계에서 모여든 관광객들로 정류장은 매우 복잡했다. 베네치아는 118개의 섬과 400여 개의 다리와 운하로 이루어진 수상 도시이다. 멀리 섬과 섬을

이어 주는 다리가 눈에 들어왔다. 베네치아의 상징인 리알토 다리는 공사로 인해서 가깝게 접근하지 못해서 멀리서 밖에 볼 수 없는 아쉬움이 있었다. 오늘의 일정인 산 마르코 대성당과 광장으로 향하는 가족들은 기대가 클 수밖에 없었다. 물론 나는 1994년과 2002년에 왔던 곳이라 가족들이 생각하는 기대치보다는 덜하였으나 그래도 베네치아의 설렘은 남달랐다.

잠시 22년 전과 14년 전에 베네치아를 생각하고 있었는데, 갑자기 건너편에 하얀 배가 눈에 들어왔다. 처음 보았을 때는 커다란 건물로 보였으나 점점 가까이 가면서 거대한 유람선 임을 알게 되었다. 이 거대한 유람선의 위엄에 우리 모두 입을 다물지 못했다. 우리 일행뿐만 아니라 이 배에 탄 여러 사람이 초대형 유람선이 보이는 왼쪽으로 모여들기 시작했는데, 커도 너무 큰 초대형 유람선이었다. 옆에 보이는 이탈리아 국적의

코스타 클라시카<sup>KOSTA CLASSICA</sup> 유람선은 바다 위에 호텔이 세워진 것처럼 보였다. 한때 영화로 유명세를 치른 '타이타닉<sup>Titanic</sup>'보다도 훨씬 큰 유람선이었다.

더 놀라웠던 건 앞쪽의 초대형 유람선 뒤편에 그보다 더 큰 유람선 1대가 더 있었는데, 그 규모에 또 한 번 놀라지 않을 수 없었다. 1대도 보기 어려운데 실제로 2대의 유람선을 한꺼번에 본 것은 태어나서 처음이었다. 1대의 유람선의 길이는 족히 200~300m는 넘어 보였다. 2개의 대형 유람선이 나란히 서 있는 모습은 말로 표현할 수 없는 아름다움이었다.

앞쪽에 있던 유람선은 이탈리아 국적의 코스타 클라시카<sup>Coata Classica</sup>

였으며, 위에 있던 유람선은 네덜란드 국적의 홀란드 아메리카호<sup>Holland</sup> <sup>America Line</sup>였다. 두 유람선 모두 5만 톤이 넘는 초대형 유람선으로 각각 2,300명에서 2,999명을 수용하는 초호화 유람선이었다. 일반적으로 호화 유람선은 적게는 1개월에서 3개월까지 긴 여행을 통해서 전 세계의 유명한 곳을 방문하는데, 이번 우리의 여행 시기와 맞추어 유럽 최고의 수상 도시인 베네치아 선착장에 정박하고 있는 것으로 보였다.

산타 루치아 페로비아<sup>FERROVIA</sup>, 바포레토 수상 버스를 이용하여 산 바실리오<sup>S. Basilio</sup> 선착장과 자테레<sup>Zattere</sup> 선착장을 거쳐서 최종 목적지인 산 자카리아 선착장<sup>S. Zaccaria</sup> 산 마르코 광장<sup>Piazza San Marco</sup> 역에 도착한다 는 안내 방송이 나오는데, 유람선 오른쪽으로 커다란 산 마르코 광장

99m 종탑이 먼저 눈에 들어왔다. 산 마르코 광장에 높이 솟은 종탑은 10세기에 있던 종탑을 허물고 1514년에 다시 건축되었으며, 1902년 화재로 인하여 1912년 새롭게 세워졌다. 이 종탑은 베네치아 전체를 볼 수 있는 곳으로 유명하며 날씨가 좋으면 유럽 전체와 알프스 산까지 볼 수 있다고 한다. 멀리 바다에서 바라본 대종루<sup>Campanile</sup>는 사각형 기둥으로 우뚝 솟아 하늘을 찌르고 있는 모습이었다.

산 마르코 광장 선착장에 도착한 우리 가족 일행을 맞이한 것은 가면을 쓰고 퍼포먼스를 하는 2명의 행위 예술가였다. 온갖 포즈를 취하면서 관광객들을 즐겁게 해 주고, 함께 사진 촬영에 응해 주면서 그 대가로 받는 비용이 그들의 주 수입원이다. 파란 드레스를 입고 있고 양산을 쓰고 있는 사람과 하얀 드레스를 입고 관광객과 이야기를 하는 사람이 있었는데, 그 주위를 지나가면서 관심을 두는 관광객이 생각보다 많았다.

약간의 강제성이 있긴 했지만, 관광객이 느끼는 그들의 퍼포먼스는 나름대로 재미가 있었다.

이러한 광경을 보면서 산 마르코 대성당<sup>Basilica di San Marco</sup>에 도착했다. 산 마르코 대성당은 12사도 가운데 한 명인 성 마르코의 유해를 모시기 위해 세운 성당이며, 마르코(마가)는 성경 내용 중 하나인 복음의 저자이기도 하다. 전 세계의 수많은 관광객이 이곳을 찾는 것은 그의 유해를 직접 만나기 위해서이기도 하다. 산 마르코 광장은 사람 반 비둘기 반이었다. 과거에 그런 것처럼 역시 비둘기가 엄청나게 많았으며, 먹이를 주는 관광객 주변에는 수를 헤아릴 수 없을 만큼의 비둘기 떼들이 여행객과 함께 어우러져 있었다. 산마르코 광장 안에는 과거 베네치아 수상이 거주하던 두칼레 궁전이 이곳에 있다.

산 마르코 성당을 마주했을 때 광장 오른쪽에는 그 유명한 카페 플로리안<sup>Caffe Florian</sup>이 있다. 야외 광장에서는 음악가들이 연주하는 모습을 볼 수 있었으며, 1720년에 카페가 오픈하였다고 하니 그 역사가 300년 가까이 된다. 워낙 유명한 곳이기에 많은 관광객이 자리를 잡고 연주를 들으면서 여유로운 시간을 보내곤 한다.

과거 유명한 시인인 바이런<sup>Baron Byron</sup>, 릴케<sup>Rainer Maria Rilke</sup>, 시인이자 철학자인 괴테<sup>Johann Wolfgang von Goethe</sup>, 셰익스피어<sup>William Shakespeare</sup>, 헤밍웨이<sup>Ernest Hemingway</sup>와 유럽 최고의 로멘티스트이자 바람둥이인 카사노바<sup>Giacomo Girolamo Casanova</sup>도 이곳을 자주 찾았으며, 카사노바의 경우 베네치아 감옥

에서 탈출하면서도 마지막으로 이곳에 와서 차를 마셨다고 하는 일화로 유명하다. 아마도 스토리텔링을 위한 것이 아닐까 하는 생각을 잠시 해 보았다. 한국에서도 음식점이나 카페가 오픈하면 연예인 마케팅을 하는데 그때도 비슷한 유형의 매장 활성화를 위한 노력을 하였던 것으로 보인다.

특히 프랑스의 나폴레옹도 이곳에 자주 들렀다고 하는데 정확히 확인되지는 않지만, 전쟁의 승리로 이곳을 다스렸기에 가능했던 것으로 보인다. 물론 프랑스 지배

와 독일의 지배뿐 아니라 1800년경에는 오스트리아
도 지배했던 도시이니 유럽의 수많은 예술가가 이곳
에서 많은 영감을 받고 가지 않았을까 하는 생각이
들었다. 가끔 즉석에서 음악 신청을 받는 것으로도
보였다. 과거보다 좀 더 고객과 함께 호흡하는 모습
이 보기 좋았다.

아코디언 연주를 하면서 살짝 웃으시는 중년의
음악가도, 미모의 바이올리니스트가 여행자를 향
해서 미소 짓는 모습도 모두 아름다웠다. 그 옆에서
피아노 연주를 하면서 묵직하게 여행자를 바라보는
모습이 이 카페의 명성을 실감시키는 장면이었다. 또
한, 왼쪽에는 첼로 연주자가 시선을 사로잡았는데
어딘가 먼 곳을 보면서 연주하는 모습이 좀 시크하
게 보여 관광객의 시선을 사로잡고 있었다.

광장의 꽤 넓은 범위에 테이블이 놓여 있었는데
앉을 자리도 없을 만큼 많은 관광객들이 있었다. 가
족과 함께 자리를 잡고 간단한 음료수를 주문해서
마시면서 그들이 오케스트라 연주를 잠시 감상하는
여유를 갖기도 하였다. 카페가 있는 건물은 이미 낡
고 검게 그을려 있었으며, 유럽 중세의 건물에서 볼
수 있듯이 세월의 흔적을 볼 수 있었다.

카페 플로리안 뒤쪽의 누오베 건물 안쪽은 이탈
리아의 명품 브랜드와 글로벌 브랜드들이 있는 곳으

로 유명하다. 특히 베네치아의 수공예 제품인 유리 공예 제품은 물론 가방, 액세서리, 시계, 넥타이, 스카프 등의 제품들이 다양하게 전시되어 있었다.

특히 형태적인 아름다움과 천연적인 색상의 미*를 반영한 제품이 전 세계 관광객의 시선을 사로잡고 있었다. 산 마르코 광장을 빠져나오면서 보니 왼쪽 피아차<sup>Piazza</sup> 거리의 두칼레 궁전<sup>Palazzo Ducale</sup> 1층에서 특별 전시회를 하고 있었다. 이곳에서의 전시 작품은 뜻밖에도 비잔틴 양식 건축물의 기둥 조각 작품이었다. 기둥

윗면에 있는 부분을 전시하고 있었는데, 자연의 상징인 나뭇잎과 인간과 종교적인 형상이 건물 기둥의 윗단 주춧돌에 조각된 것을 가까운 곳에서 관람할 기회였다. 이탈리아에서 운영되고 있는 카페 중 가장 오래된 역사를 가지고 있다.

산 마르코 대성당은 전 세계 관광객이 좋아하는 여행지 중 한 곳이다. 특히, 비잔틴 건축 양식의 대표적인 건축물 가운데 하나로 손꼽히는 곳이기도 하다. 산 마르코 광장과 두칼레 궁전은 서로 인접해 있으며 이탈리아의 대표적인 여행지이다.

나폴레옹이 베네치아를 점령(1792)하고 산 마르코 광장을 "세상에서 가장 큰 응접

실"이라고 이야기한 것처럼, 세상에 알려지기 시작한 시기가 18세기 이후이다. 산 마르코 대성당에 올라가서 산 마르코 광장을 보면 나폴레옹이 이야기한 것에 대해서 공감할 수 있을 만큼 엄청난 크기의 응접실처럼 보이는 것이 사실이다.

물론 이곳이 비잔틴 문화와 십자군 원정의 중심지 역할을 했던 것도 사실이다. 베네치아의 정치적, 사회적, 종교적 중심지이며 유럽 여행의 마지막 종점이자 유럽 여행의 꽃 중의 꽃이라고 불리는 이곳에서 함께한 가족이 고마웠다.

# 07.27 곤돌라Gondola를 타고 탄식의 다리Ponte dei Sospiri를 가족과 함께 보다

산타 루치아의 호텔에서 아침에 출발하여 산 자카리아 선착장을 거쳐 산 마르코 광장 역에 도착해서 처음 만날 수 있었던 것은 두칼레 궁전과 프리지오니 누오베Prigioni Nuove 감옥을 연결해 주는 커다란 다리였다. 그 다리에 멈춰서 아래 운하를 통해서 건너편 쪽으로 이동하고 있는 곤돌라 행렬을 보았다. 수상 택시도 가끔 보였는데 제일 인상 깊었던 장면은 뭐니 뭐니 해도 탄식의 다리를 건너는 곤돌라 행렬이었다. 한참 동안 그 행렬을 바라보았다. 수많은 관광객이 그 광경을 보고 있는 모습 또한 아름다웠다. 밖으로 표출할 수 없지만, 나름대로 여행 목적을 가지고 이곳에 온 사람들이기에 품고 있는 마음은 비슷하지 않을까 하는 생각이 들었다.

다리 아래쪽에서 유럽의 젊은 부부로 보이는 두 사람이 우리 쪽을 바라보고 손을 흔들어 주는 모습이 눈에 띈다. 아마도 우리와 같은 목적으로 곤돌라를 타고 있는 모습으로 보였으며, 젊음과 둘만이 오붓하게 낭만을 즐기는 모습이 무척 좋았다. 신랑으로 보이는 사람이 오른손으로 셀카봉을 잡은 모습과 멋진 선글라스를 머리에 올려놓은 모습도 유쾌했다.

베네치아에서 섬과 섬을 이동할 때 제일 많이 이용하는 교통수단은 단연 수상 버스인 바포레토이다. 그러나 섬과 섬의 작은 골목의 운하에서는 수상 버스를 이용하기가 힘들며 보통 모터보트를 이용한 수상 택시를 타는 방법과 곤돌라를 이용하는 두 가지의 방법이 있다.

30분이 조금 지났을 무렵에 한국에서 온 2명의 관광객과 동석할 수 있었는데, 그 두 분도 우리와 같은 생각을 하고 있었던 것으로 보였다. 우리는 서로 협의해서 인당 25유로를 지불하기로 합의하고 멋지게 생기신 곤돌라 주인의 안내로 태어나서 처음으로 곤돌라를 탈 수 있었다. 과거 L 회사에서 모바일 핸드폰을 광고할 때 보았던 포즈를 취하면서 곤돌라에 승선하였다. 처음에 곤돌라에 올라갈 때는 배가 기우뚱거렸으며, 순서대로 올라타면서 약간의 긴장감이 있는 설렘이 느껴졌다.

한국에서 온 젊은 여성 두 분은 중간에 앉았으며, 아내와 차홍이, 우형이는 곤돌라를 운전하는 멋쟁이 이탈리아 아저씨 바로 앞에

자리를 잡고 앉았다. 마지막으로 내가 뱃머리 앞쪽에 자리를 잡았다.
곤돌라는 멋쟁이 아저씨에 의해 조금씩 움직였으며, 그 움직임이 꽤
좋았다. 살짝 긴장감도 있었으며 반대편에서는 관광을 마치고 돌아오
는 관광객들의 미소 속에서 기대를 품을 만했다. 원래 40분을 운행
하는데, 곤돌라 주인아저씨가 60분을 태워 주겠다고 이야기해서 그
런지 우리의 곤돌라 선장이 멋있게 보였다. 50대 전후로 보이는 훤칠
하게 큰 키에 선글라스와 하얀색 머리가 유난히 멋있어 보였다.

  곤돌라를 타고 처음 만날 수 있었던 것은 오늘 산 마르코 광장 역
에 도착해서 처음 보았던 탄식의 다리였다. 아침에 바라본 탄식의 다
리와 곤돌라를 타고 바라본 탄식의 다리는 사뭇 달랐다. 다리 위에
서 서서 탄식의 다리를 보았을 때는 객관적인 상태에서 보는 듯했고,

곤돌라를 타고 바라본 탄식의 다리는 내가 직접 체험한 것처럼 느껴졌다. 건너편 다리를 중심으로 왼쪽은 두칼레 궁전이고 오른쪽은 죄수들이 수감되어 있는 누오베 감옥이다. 멀리서 두칼레 궁전과 누오베 감옥을 연결해 주는 유일한 다리가 눈에 들어왔다.

베네치아에서는 죄를 지으면 먼저 두칼레 궁전에서 재판을 받고 재판의 결과에 따라 건너편에 보이는 다리를 건너서 감옥으로 걸어가야 하는데, 중간에 멋진 다리를 건너는 죄인들이 한숨을 쉬는 것은 당연지사였으리라. 17세기에 만들어졌다고 하는 이 다리는 카사노바가 이 다리로 탈출했던 것으로도 유명하다. 서쪽의 두칼레 궁전에서 동쪽의 누오베 감옥 중간에 있는, 관광객의 눈과 눈을 통해서 입과 입으로 전해져 내려오는 스토리가 있는 명소 중의 명소가 우리의 눈앞에서 나타난 것이었다.

17세기 총독부가 있었던 두칼레 궁전의 '10인의 평의회'에서 집행형을 받은 모든 죄인은 모두 이곳의 지나가야 한다. 이곳을 통해서 지나가던 죄인들은 '탄식의 다리'의 창을 통해 밖을 보면서 다시는 베네치아의 아름다움을 볼 수 없는 것에 탄식했을 것으로 보인다. 특히 이 다리에서 이어지는 감옥은 유럽의 로맨티스트이며 뭇 여성들의 사랑을 받아온 '조반니 카사노바'가 수감되었던 곳으로도 유명하여 밑으로 지나가는 동안 많은 생각을 하게 해 준 곳이었다. 이러한 스토리텔링은 베네치아를 알리는 데 좋은 소재이기도 하다. 또한, 여행하는 관광객에게는 시공간을 초월해서 300~400년 전의 유럽을 간접적으로 경험케 하는 펀Fun하고 유익을 줄 수 있는 요소를 제공해 준다.

나는 곤돌라 뱃머리에 있어서 자연스럽게 앞쪽의 가족과 곤돌라 선장의 모습을 볼 수밖에 없었다. 곤돌라 선장의 모습을 카메라에 담는 것도 곤돌라에서 누릴 수 있는 쏠쏠한 재미였다. 여름의 강렬한 햇빛과 하얀 갈색의 머리…. 뒤쪽으로 보이는 오래된 베네치아의 풍경과 어우러져 아웃포커스 된 배경과 선장의 인상적인 모습이 눈에 들어왔다. 가끔 섬과 섬을 이어 주는 다리 위에서 손뼉을 치거나 손을 흔들어 주는 사람들을 보면 주인공이 된 듯한 착각에 빠지기에 충분한 환경이었다.

60분 동안의 곤돌라 여행은 너무나 빨리 지나갔다. 중간에 만났던 관광객들과 또 다른 곤돌라 선장들의 모습, 그들의 삶의 터전에 잠시 머물다 지나가는 객으로서 융숭한 대접을 받는 느낌이었다. 유럽의 베네치아에서만 느낄 수 있는 곤돌라 여행은 마음속에 낭만을 심어 주기에 충분했다.

곤돌라 여행을 마치고 돌아오는 길에 또 다른 곤돌라 선장 2명과 관광객의 모습이 보였으며, 그들의 머리 위로 50분 전에 우리가 보았던 탄식의 다리가 보인다. 곤돌라 여행을 하면서 처음 보았던 탄식의 다리와 돌아오면서 바라본 탄식의 다리는 좀 다르게 느껴졌다. 처음에 본 탄식의 다리는 설렘과 들뜸이었는데, 지금 보는 탄식의 다리는

아쉬움과 서운함으로 느껴졌다.

또한, 탄식의 다리 너머로 많은 관광객이 이곳을 보고 있으며, 그 아래 다리 아래로 한 대의 곤돌라가 우리의 눈에 들어왔다. 어김없이 반복되는 우리의 인생처럼 보이기도 했고, 우리 일행이 지나온 삶의 여정을 그대로 따라 하는 것처럼 보이기도 했다. 물론 같은 여행지를 다녀도 각자 느끼는 유기적인 생각은 차이가 있을 것이지만, 이곳에서 느낄 수 있는 것은 모두 비슷하지 않을까 하는 생각도 들었다.

베네치아에서 흥분과 희망의 상징인 곤돌라와 아픔과 고통의 상징인 탄식의 다리를 가족과 함께 경험할 수 있는 여행이었다. 짧지만 길었던 60분 동안의 곤돌라 여행을 통해서 많은 배움이 있었다. 곤돌라를 직접 탈 수 있는 흥미와 재미가 있었으며, 재미와 기쁨을 주는 곤돌라를 통해서 직접 체험한 섬들의 모습과 골목골목 다양한 경치와의 만남은 말로 표현하기 힘들었다. 가족 4명이 각각 다른 생각을 했을 것이다. 본인을 돌아볼 수 있었던 시간과 미래를 향한 꿈을 꾸기에 충분한 시간이었을 것이다. 나도 나름대로 행복한 시간이었으며, 특히 그날 만난 곤돌라 선장이 인상 깊었다.

곤돌라 선장을 통해서 프로페셔널을
곤돌라를 통해서 희망과 설렘을
탄식의 다리를 통해서 과거의 고통을
관광객을 통해서 동행을
가족을 통해서 미래의 행복을 느낄 수 있는 소중한 시간이었다.

07.27 제일 행복했던 리도 <sup>Lido</sup> 섬의 해수욕장과
불행을 자초한 부라노, 무라노 섬의 여행 일기

리도<sup>Lido</sup> 섬은 아드리아 해<sup>Adriatic Sea</sup>를 바라보고 있는 섬 중의 하나이며, 우리가 도착한 해수욕장은 Lido Des Bains Hotel에서 운영하는 개인 해수욕장이었다. 멀리서 리도 섬이 보였으며, 우리 배를 기다리는 관광객들의 모습이 눈에 들어왔다. 역 뒤편에 과거 한국의 중앙청 모습을 한 원형 건물이 눈에 들어왔다. 역에 내려서 가족과 함께 간단하게 파스타로 식사하고 해수욕장으로 발길을 돌렸다.

왼쪽에는 많은 인파가 해수욕을 즐기는 곳이었으며, 우리 일행은 오른쪽에서 운영하는 좀 있어 보이는 해수욕장으로 들어섰다. 보기에도 방갈로가 가지런히 있었으며, 비싸 보이는 해수욕장이었다. 종업원의 말로도 이 지역에서 제일 고급스러운 개인이 관리하는 해수욕

장이라고 하였다.

　그 모습을 본 차홍이, 우형이가 해수욕을 했으면 하는 의견을 냈고, 준비하지 못한 수영복을 사기 위해서 상점원들과 상의를 하였다. 우리가 2~3시간 묶을 방갈로나 파라솔을 꼭 사용해야만 입장할 수 있다고 해서, 먼저 관리 사무실로 자리를 옮겨서 가격 흥정을 해서 원래 가격보다 많이 할인받았다. 그렇게 관리소에서 상담하는데 흑인 2명이 치고받고 하는 큰 싸움이 일어났고, 아내가 잠시 앉아 있던 의자를 덮쳤다. 두 사람 모두 180㎝가 넘는 거구에 100㎏ 이상 되는 사람들이었다.

　관리소에서 방갈로가 아닌 4인용 파라솔 2개 사용에 대한 가격 흥정을 마치고 나서 우리 부부는 관리소 입구에 나와서 기다리고 있었고, 차홍이가 관리소 안에서 계산하고 있을 때 밖에서 웅성웅성하는 소리가 들렸다. 유리창 밖에서 본 상황으로는 건장한 남자 두 명이 서로 다투면서 관리소 안으로 들어오려다가 몸싸움이 벌어졌다. 밖의 의자에 앉아 있던 아내는 깜짝 놀라서 어쩔 줄을 몰랐는데, 문을 열고 나와서 아내를 데리고 잽싸게 화단을 건너서 그 자리를 피했다.

그러던 중 1, 2초도 안 되어서 입구 화단 쪽으로 두 사람이 엉겨붙어 넘어지는 것이었다. 처음에는 빨간색 입은 건장한 남자가 흰색을 입은 흑인의 위에 자리를 잡고 싸움의 우위를 보였으나, 오래가지 않아 흰옷을 입은 건장한 사람이 위에서 주먹을 날리고 있었다. 자세히 보니 빨간색 옷을 입은 사람은 입술과 코에서 피를 흘리고 있었다. 관리소 사람들이 있었지만, 워낙 거구들의 싸움이라 말릴 수가 없었다. 잠시 후 여러 사람이 나타나서 말리는 것을 보니, 관리하는 사람과 장사를 하는 사람의 영역 싸움에서 일어난 사건임을 알 수 있었다.

개인이 운영하는 해수욕장에서 허가 없이 들어온 장사꾼과의 말싸움에서 시작한 것이 주먹 싸움까지 진행된 상황을 나와 아내는 멀찌감치 뒤에서 볼 수밖에 없었다. 왜냐하면, 차홍이, 우형이가 싸움을 하고 있는 관리사무소에서 미처 빠져나오기 전의 일이었기 때문이다. 우리 부부는 기다릴 수밖에 없었다. 우리는 싸움하기 바로 전에 관리소 입구에서 빠져나왔기에 화는 면했으나, 일촉즉발의 상황임을 생각하면 무척 다행인 상황이었다.

15분여의 소요 사태 이후, 무사히 차홍이와 우형이도 관리소에서 나와 파라솔이 있는 곳으로 자리를 옮겼는데, 그곳에서도 두 사람의 다툼은 여전히 진행되고 있었다. 두 사람 모두 피를 본 상태여서 격노함은 쉽게 사라지지 않았다. 그래도 우리 가족이 옆을 지나오는데 관리원들 10여 명이 두 사람을 말리고 있었으며, 경찰이 올 때까지 두 사람의 숨소리가 크게 들렸었다.

우리 일행은 방갈로 바로 뒤편의 파라솔에 자리를 잡았다. 차홍이와 우형이는 수영복을 갈아입으러 탈의실로 자리를 옮겼으며, 나와 아내는 파라솔에서 짐 정리를 하고 휴식 시간을 가졌다. 바닷가와 백사장 바로 앞에는 방갈로가 있었으며 방갈로 뒤편에 파라솔이 있었

는데 방갈로와 가까이 있는 첫 번째 줄이 제일 비쌌으며 두 번째, 세 번째 줄은 그다음 순이었다.

차홍이와 우형이가 어렸을 때를 빼곤 성장해서 가족과 함께 수영장을 가 본 적이 없기에 성장해서 수영복을 입은 모습이 조금 어색해 보였다. 한편으로는 아이들에게 미안한 생각이 들었다. 성장하는 동안 스킨십을 많이 하지 못했으며, 가족과 함께 수영장 또한 같이 가지 못한 게 못내 아쉬웠다.

오늘 이곳 리도 섬의 환상적인 수영장에서 가족과 함께한 시간이 영원히 잊히지 않을 것이다. 방갈로의 형태와 색상은 지푸라기를 새끼

로 꽈서 만든 것처럼 내추럴한 컬러였으며, 파라솔 바닥의 녹색과는 자연스럽게 어울리는 색상을 띠고 있었다.

차홍이와 우형이가 해변가로 가서 수영을 즐기고 있는 동안 아내와 나는 휴식을 취하고 있었는데, 옆자리의 어린아이들이 눈에 들어왔다. 5살 전후의 오빠 2명을 둔 아기였는데, 2살이 넘지 않은 유럽 계통의 아기가 무언가를 먹고 있는 모습이 무척 예뻤다. 먹고 있는 동안 오빠가 무슨 이야기를 이야기하는데 웃는 모습도 참 예뻤다. 이야기하는 모습이 이탈리아 현지의 아이들인 것으로 보였다.

리도 섬의 Des Bains의 해수욕장에서 일광욕을 즐기면서 책을 보고 있는 관광객의 모습이 눈에 들어왔다. 또한, 해수욕장에서 아이들이 수영하는 모습을 해수욕장 해변에서 바라보고 있는 모습이 시선을 사로잡았다. 부모로서 수영하는 자녀를 바라보는 눈빛이 정말 좋았다. 그들을 보면서 좀 더 일찍 아빠로서 아이들과 함께하지 못한 것이 못내 아쉬웠다. 그들 오른쪽에서 수영하고 있는 차홍이와 우형이가 눈에 들어왔다. 날씨가 좀 추운지 우형이가 살짝 추워 보였으며 뒤쪽에서는 차홍이가 수영하는 모습이 참 좋았다. 어느 사이에 모두 성장해 버린 차홍이와 우형이의 모습을 보니 한편으로는 대견스러웠으며 또 한편으로는 평상시에 자녀들과 함께 즐기지 못한 것이 못내 아쉬웠다.

한참 동안 해수욕을 즐기고 해가 질 즈음 갑자기 방갈로 건너편에서 갈매기 떼가 소리를 지르며 우리가 있는 파라솔 쪽으로 오고 있었다. 저녁 무렵의 갈매기가 흡사 까마귀 떼처럼 보였다. 갑작스러운 주위 환경의 변화에 우리는 짐을 싸고 정리를 하였다. 베네치아 영화제로 유명세가 있는 이곳 리도 섬에서 계획에 없었던 리도 해수욕장의 추억을 뒤로하고 선착장으로 발걸음을 옮겼다.

리도 섬은 베네치아의 휴양지로 유명한 곳이다. 특히 이곳은 매년 열리는 세계 4대 영화제 중 하나인 베니스 영화제가 열리는 곳이다. 영화의 섬이라 불릴 만큼 유명한 곳에서 석양에 고요하게 빛나는 해변에서 가족과 함께한 시간이 참으로 행복했다. 오히려 상해에 돌아와서 유럽 여행 사진을 정리하면서 정말로 환상적이었다는 사실을 알 수 있었다. 그날 오후 리도 섬의 해변에서의 우연히 만든 우리 가족의 추억은 영화의 한 장면으로 내 마음에 남아 있다.

베네치아에서 가장 인기 있는 섬은 리도 섬이었다. 특히 이곳은 '황금 섬'이라고 불릴 만큼 귀족과 부유층을 위한 화려한 섬이기도 했

으며, 베네치아 최초로 해수욕장이 생긴 곳이기도 하다. 여기까지의
여행은 더할 나위 없이 좋았다. 오늘의 여행을 정리하고 산타 마리아
의 호텔로 돌아와야 했었는데
무라노, 부라노 섬을 가는 게
좋겠다고 강행한 것이 가족의
마음을 상하게 했다.

이전까지만 해도 아주 좋
았는데, 욕심을 내서 내 의지
대로 움직이면서 감행한 2시
간 정도의 유람선 여행을 통해
서 가족 간의 사이에 조금씩
금이 가기 시작했다.

그렇게 가족의 돌봄이 없
는 상태에서 진행한 일정으로
인해 저녁을 먹지 못했으며 그로 인해 아내는 물론이고 차홍이까지
아빠를 보는 눈이 보통 때와 달랐다.

리도 섬에서 너무 오래 있었던 탓에 전제적인 스케줄에 이상이 생
긴 것이었다.

부라노Burano, 무라노Murano 섬의 아름다움을 보여 주고 싶었던 것이
내 욕심이었다는 것을 깨달은 것은 무라노 섬에 도착해서였다.

이미 저녁을 먹기에는 시간이 지난 상태였고 리도 섬에서 8시 15

분에 출발한 여객선이 여러 섬을 거쳐 이곳에 도착한 시각은 9시 30분이 넘어서였다.

밖이 너무 어두워서 섬을 구경하지 못할 정도의 환경이었다. 또한, 그곳 선착장에서는 중학생 정도 되어 보이는 학생들이 20여 명 있었는데, 이 친구들이 단체로 담배를 피우며 고성방가는 물론이고 이곳 무라노 섬을 점령하고 있는 듯하였다.

어른들이라고는 우리 가족과 건너편에 앉아 있는 커플 한 쌍밖에 없는 터라 그들의 잘못을 잡아 주지 못하는 환경이었다. 조금 있으니까 담배를 피우던 학생들은 우르르 밖으로 나갔으나 얼마 시간이 지나지 않아서 두 학생이 선착장 안의 대합실로 들어왔다. 그런데 자세히 보니 일반 담배가 아니고 대마초로 보이는 것을 피우고 있었다.

이러한 과정을 우리 가족도 함께 보고 있었는데 어떠한 대응도 하지 못하는 상황이었고, 늦은 시간에 이곳까지 오게 된 것이 가장인 나의 잘못된 결정으로 발생한 일이기에 너무나 미안했다. 미안하다는 이야기도 하기 어려운 환경이었다.

가끔 맞은편의 학생이 우리를 보고 대마초를 피우는데도 어른으

로서 아무 말도 할 수 없는 상황이 한편으론 너무 씁쓸했다. 그 대합
실에서 기다린 30분 내내 가족들에게 지금 생각해도 미안한 생각이
든다. 말은 못하고 대합실에서 가족의 눈치만 보았던 빵점 아빠의 기
억이 난다.

그러한 환경 속에서 얼마쯤 시간이 지났는지 선착장 대합실 건너
편에 불빛이 보이기 시작했다. 산타 루치아 역으로 향하는 유람선인지
확인할 겨를도 없이 우리 일행은 바로 온 유람선에 몸을 실었다.

산타 루치아 역으로 돌아
오는 시간 내내 가족들의 대
화가 없었으며, 침묵의 시간이
이어졌다. 그래도 우형이가 아
빠 편이라고 아빠 어깨를 두들
겨 주곤 했는데 별로 위로가
되지는 않았다.

무리하게 강행한 일정으로 가족들이 힘들어했던 기억이 난다. 10
시 30분이 넘어서 산타 루치아 역에 도착하여 호텔 앞의 야외 레스토
랑에서 가족과 함께 식사했다.

나는 어렵게 식사 중에 아내와 아이들한테 미안하다고 이야기를
했지만 이미 2시간 이상 고생을 해서 그랬는지 아내는 물론이고 아이
들까지 시큰둥한 표정이었다. 그렇게 늦은 저녁 식사는 무거운 분위
기 속에서 마쳤으며 가족과 함께 호텔로 돌아오는 발걸음이 한없이
무거웠다.

# 마약 퇴치 단체와 한여름 밤의 음악 콘서트

아침 일찍 베네치아 산타 루치아 역을 출발해서 예술의 도시인 피렌체<sup>Firenze</sup> 산타 마리아 역에 도착하였다. 그리고 걸어서 10분 이내인 산타 크로체<sup>Santa Croce</sup> 광장 근처의 운치가 있는 호텔에 도착하였다. 시내 중심 1층에 작은 어닝에 니차<sup>NIZZA</sup>라고 쓰인 호텔 이름이 눈에 들어왔다. 입구의 계단을 올라가자 2층에서 호텔 주인으로 보이는 분이 우리 가족 일행을 맞이하였다. 1층 계단 입구에는 오래된 그림이 걸려 있었고, 그 밑으로는 시저의 석고상이 전시되어 있었다.

호텔 입구에서부터 예술의 도시라는 것을 쉽게 알 수 있었다. 진열된 그림은 무채색의 그림으로 배경은 우피치 미술관<sup>Uffizi Gallery</sup> 쪽에서 시뇨리아 광장 쪽을 바라본 화면을 채택하였으며, 특히 건물과 건물을 양쪽에 위치하게 하여 대각선의 원근법을 고려한 화면 구성이 돋보였다. 중앙의 종탑이 그림의 중심을 잡아 주며 종탑 위의 뭉게구름이 피렌체의 평화로움을 느끼게 해 주는 작품으로 보였다.

　산타 크로체 성당 왼쪽에는 큰 조각상이 있는데, 그 조각상의 주인공은 피렌체에서 태어나서 자라고 성장하였으나 나중에 추방당하는 역경을 딛고 훗날 이탈리아 언어의 틀을 구축한 단테였다. 알리기에리 단테는 13세기 이탈리아의 시인이며 예언자, 신앙인으로서, 이탈리아뿐 아니라 전 인류에게 영원불멸의 거작 〈신곡〉을 남긴 인물이며, 중세의 정신을 종합하여 문예 부흥의 선구자가 되어 인류 문화가 지향할 목표를 제시한 사람이기도 하다.

　알리기에리 단테<sup>Dante Alighieri</sup>는 1321년 라벤나 영주 폴렌타의 외교 사절로 베네치아에 다녀오는 길에 사망하여 라벤나에 무덤이 있다. 그의 업적이 세상에 널리 알려지게 되면서 피렌체는 그의 시신을 되찾아 오려고 노력했지만, 시신을 성당 안에 모시지는 못했다. 다만 빈

무덤이 있을 뿐이다. 특히 이 산타 크로체 성당의 지하는 미켈란젤로 Michelangelo, 갈릴레이Galileo, 마키아벨리Machiavelli 등 250명의 유명인이 잠들어 있는 곳으로 유명하다.

마키아벨리의 무덤에는 묘비명이 이렇게 쓰여 있습니다.

TANTO NOMINI NULLUM PAR ELOGIUM

(No eulogy would be adequate to praise so great a name)

어떤 위대한 찬사로도 이 위대한 사람을 칭송할 수는 없다.

피렌체의 오후는 무척 아름다웠다. 호텔에서 짐을 풀고 산타 크로체 성당 앞쪽의 광장으로 나왔다. 마침 그곳에서는 마약 퇴치 운동을 하는 자선 단체에서 관광객을 대상으로 홍보 활동을 벌이고 있었다. 우리 일행은 자연스럽게 마약 퇴치 운동을 하는 그들의 생각을 지지한다는 서명을 하려고 하는데, 갑자기 얼마의 유로화를 내지 않겠느냐고 했다. 처음부터 모금한다고 했으면 좋지 않았겠나 하는 생각이 들었다. 사인 유도를 통해서 모금 활동을 하는 것이 썩 좋아 보이지는 않았다.

우형이도 그들의 태도에 문제가 있다고 하면서 투덜댔다. 마약 퇴

치를 위한 모금 활동이라고 하면 오히려 공감하는 사람들이 좀 더 있었을 텐데, 처음에는 사인만 하면 된다고 하고 사인을 다 하고 나서 정해진 금액을 냈으면 좋겠다고 강요하는 모습은 그렇게 좋아 보이지 않았다.

피렌체 시내 여행을 마치고 돌아오는 길에 동화에나 나올 법한 풍경을 접하게 되었다.

저녁 9시가 넘었는데 산타 크로체 성당을 배경으로 한 편의 귀여운 연극이 펼쳐졌다. 두 아이가 산타 크로체 광장 왼쪽 뒤편의 돌 위로 올라가서 발레 동작을 취하고 있었다. 약간 어설픈 동장이었으나 어두운 밤이었기에 간접 조명을 통해서 그들의 동작이 눈에 들어왔다.

연녹색의 원피스와 노란색 모자를 쓴 여자아이와 흰옷을 입은 여자아이가 서로 마주 보면서 표현하는 하나하나의 율동이 아름다움으로 다가왔다. 가끔 동작을 표현하다가 기우뚱거리기도 하였는데 이내 제자리로 돌아와 동작을 마무리하였다.

그러던 중에 그 뒤편에서 음악 소리가 들렸다. 많은 이들이 2명의 음악가의 공연을 관람하고 있었다. 공연이 끝나고 나중에 알았던 사실이지만 영어, 프랑스어, 이탈리아어 등 3개국 언어를 사용해서 노래를 부르고 있었다.

피아노를 연주하면서 노래를 부르는 사람과 기타를 반주하면서 노래를 하는 사람 2명이 보였다. 어두운 밤이라 조명을 통해서 악보

를 보기 힘든 상황이었는데 음악을 모두 외워서 즉석에서 부르면서 관광객과 일일이 아이 콘택트를 하는 모습이 보기 좋았다. 산타 크로체 광장에서 공연을 보면서 남자친구한테 기대어 있는 여인의 모습 건너편으로 기타리스트의 모습이 보였다.

산타 크로체 광장은 연주자들을 중심으로 앞쪽에 의자가 2줄 있어서 맨 앞쪽이 1등석, 두 번째 줄이 2등석으로 구분될 수 있었는데, 나름대로 재미가 쏠쏠했다. 프랑스어와 이탈리아어로 부르는 노래는 물론이고 영어로 부르는 노래 또한 관광객 모두가 소화할 수 있는 노래로 선곡해서 그런지 음악에 맞추어 즐기는 관광객들의 모습이 참 아름다웠다. 우리 가족은 2등석 의자에 운 좋게 앉을 수 있었는데 서서 음악을 관람하는 사람들 측면에서 보면 부러움의 대상이었다.

맨 뒤쪽에서 야외 공연을 관람하는 이들은 가끔 환호성과 박수로 그들의 연주를 응원하고 있었으며, 핸드폰으로 촬영하거나 동영상으로 담는 이들이 눈에 많이 띄었다.

또한, 왼쪽 뒤편에서는 젊은 유럽 여인이 카메라로 동영상을 담는 모습이 눈에 들어왔다. 한 손으로 동영상을 담며 노래하는 이들을 보고 웃는 모습에서 여행의 기쁨을 함께 나눌 수 있었다. 피렌체에서의 첫날 저녁에 맞이한 한여름 밤의 야외 콘서트. 호텔과 아주 가까운 광장에서 열렸는데, 이러한 공연이 11시를 넘어서까지 끝나지 않았다.

최소 2시간 이상의 공연을 공짜로 본 것이었다. 물론 공연자들에

　　호텔에 돌아와서 1층 계단에서 기념 촬영을 하였는데 의상이 모두 화이트 톤이어서 호텔의 배경과 잘 어우러져서 촬영하는 내내 마음이 뿌듯했다. 어제저녁 가장의 무리한 일정으로 베네치아의 마지막 밤은 그야말로 고통스러운 시간이었는데, 예술과 꽃의 도시인 피렌체에서의 야외 콘서트는 무척이나 인상적이었다. 가족들의 표정만 봐도 피렌체의 첫날밤은 말할 나위 없이 아름다웠다.

# 07.28 두오모 성당 앞에서 바이올리니스트를 만나다

호텔에서 나와서 두오모 성당<sup>Basilica di Santa Maria del Fiore</sup> 쪽으로 발걸음으로 옮겼다. 큰길로 가다가 중간에 골목길로 들어가서 한참 구경하고 있는데, 골목길 건너편의 커다란 건물이 눈에 들어왔다. 감각적으로 두오모 성당이라는 것을 감지하였다. 산타 마리아 노벨라 중앙역을 지나 우리가 묶고 있는 산타 크로체 광장을 거쳐 곧장 올라오면 피렌체의 상징이기도 한 두오모 성당이 나타난다. 보통 두오모는 영어의 '돔<sup>Dome</sup>'과 같은 의미로, 집을 의미하는 라틴어 '도무스<sup>Domus</sup>'에서 유래된 말이며 이탈리아로 두오모는 '대성당'을 의미한다.

이탈리아에서 두오모는 밀라노와 피렌체가 유명하다. 밀라노<sup>Milano</sup>의 두오모<sup>Duomo</sup>는 위압적이며 웅장한 반면에 이곳 두오모는 고딕 양식의 첨탑으로 되어 있으며 둥근 지붕의 형태를 보이고 있어서 푸근하며 친근한 모습이다. 대부분 르네상스 양식으로 지어졌으며 외관은 흰색을 기초로 연한 핑크색과 연녹색의 대리석을 이용하여 화려하게 꾸며졌다.

피렌체는 도시 전체가 유네스코 세계 문화유산으로 지정된 곳으로, 어디를 가든지 화려한 문화유산이 있다. 이곳 두오모 성당은 13세기 말(1296)에 아르놀포 디 캄비오<sup>Arnolfo di Cambio</sup>에 의해서 140년의 세월에 걸쳐서 완성된 걸작품이다. 1대에서 건축을 시작하여 3대에서

완성한 르네상스 최대의 작품이라 볼 수 있다.

　중세 시대는 종교가 생활이고 생활이 종교였는데, 피렌체의 두오모가 그 생활의 중심이 되었던 것이다. 두오모에는 높이가 106m에 이르는 돔(큐폴라<sup>Cupola</sup>)이 있어 피렌체 어느 곳에서 볼 수 있다. 소설 〈냉정과 열정 사이〉의 영향일까, 현대에 와서는 젊은이들의 약속 장소로도 유명하다. 두오모 성당의 정식 명칭은 산타 마리아 델 피오레 대성당<sup>Basilica di Santa Maria del Fiore</sup>으로 '꽃의 성모 교회'를 뜻하며, 15세기 이후부터는 피렌체 두오모 성당이라고 불렸다. 이곳은 정치와 경제적인 지배력을 상징하며 피렌체의 랜드마크의 역할을 하고 있다.

　두오모 성당에서 2명의 정열적인 음악가를 만날 수 있었다. 먼저

만난 음악가는 성당 건너편에서 휴식
을 취하는 관광객들 틈에서 클래식
기타를 연주하였는데, 본인의 음악에
심취하고 있었다. 가끔 감동하는 관
광객들로부터 감사의 표시를 받고 있
었는데 괘념치 않고 음악에 몰두해
있는 모습이 보기 좋았다. 다음으로
만난 음악가는 흰옷을 입고 입장하

는 사람들 사이에서 바이올린으로 열심히 연주했다. 이곳 두오모 성
상의 이미지와 그녀가 연주하는 모습이 매우 잘 어울렸다. 살며시 눈
을 감고 연주하는 모습 속에서 중세 르네상스 시대의 대표적인 피렌
체의 음악 예술 정신을 간접적으로 경험할 수 있었다.

그렇게 무심의 세계에서 음악을 할 수 있는 환경이 무척 부러웠
다. 물론 보이는 부분에서 그렇게 느껴질 수도 있었으나 맑고 청아한
모습으로 음악을 들려주는 그녀의 모습을 통해서 감동했다.


두오모 성당과 시뇨리아 광장Piazza della Signoria을 연결하는 명품 칼차이
우올리 거리Via dei Calzaiuoli를 가족과 함께 관광하게 되었다. 오스트리아
잘츠부르크의 게트라이데 거리보다는 좀 더 규모가 커 보였으며 아기
자기하고 고풍스럽지는 않았지만, 문화 예술의 도시에 걸맞게 전 세
계의 명품 패션, 화장품, 안경, 가죽 공예, 직물 공예 등의 다양한 매
장이 줄지어 있었다. 특히, 피렌체 전통 피혁 제품의 인기가 높아서
그런지 관련 매장에서 고객들이 많은 관심을 보이면서 직접 구경하는

모습이 눈에 들어왔다.

칼차이우올리 거리의 대표적인 브랜드는 몽블랑<sup>MONTBLANC</sup>, 프라다<sup>PRADA</sup>, 조르조 아르마니<sup>Giorgio ARMANI</sup>, 세이브 더 퀸<sup>SAVE THE QUEEN</sup>, 펜디<sup>FENDI</sup>, 다미아니<sup>DAMIANI</sup>, 아르마니 주니어<sup>ARMANI JUNIOR</sup>, 솔라리스<sup>Solaris</sup>, 록시땅 등으로, 다양한 글로벌 브랜드 매장이 이곳에 있었다.

우리 가족은 관심 있는 브랜드 매장을 기호에 맞게 보면서 아이 쇼핑을 즐기고 있었다. 아내와 차홍이는 프라다, 에르메스, 아르마니 등의 핸드백과 액세서리 브랜드에 관심이 많아 주로 패션 브랜드 매장의 제품들을 구경하였으며, 우형이와 나는 화장품 매장에 관심이 많아서 프랑스 록시땅 매장에 들어가 제품을 구경하고 선크림을 1개 구매했다. 록시땅은 프랑스 프로방스 지방에서 1980년에 시작한 로컬 브랜드인데, 현재는 글로벌 브랜드로 성장한 프랑스의 대표적인 자연주의 화장품 브랜드이다. 유럽과 미국은 물론 한국, 일본을 비롯한 여러 나라에서 사랑받고 있으며, 최근 5년 사이에는 중국을 포함한 아시아 시장에도 성공적으로 진입한 브랜드로 평가받고 있다. 즉, 전 세계 다양한 국가에서 고객들을 확보하고 있는 유럽의 대표적 로드숍 화장품 브랜드이다.

## 07.28 로마 시대의 마지막 다리, 베키오 Vecchio 다리를 만나다

르네상스의 운동을 주도한 피렌체의 유명한 명소 중 하나는 700년 전 로마 시대의 마지막 다리로 불리는 베키오 다리[Ponte Vecchio]이다.

피렌체 시내 중심에 있는 아르노 강의 대표적인 다리이며, 이곳은 14세기 초에는 일반 서민들이 이용하던 일상용품과 식품을 파는 노점, 대장간, 가축의 처리장이 있던 곳이었으나 16세기에는 악취 등의 이유로 모두 추방하였다. 그들을 대신해서 금 세공인과 귀금속 상인들이 이곳에 들어와서 다양한 보석을 팔기 시작했고, 이후에는 가죽 제품을 비롯한 수공예 제품을 판매하는 장소로도 유명해졌다. 특히 수공예 제품들은 관광객들에게 인기가 많다.

미켈란젤로 공원에서 바라본 피렌체의 시내는 환상적이다. 두오모 성당과 돔이 한눈에 들어오며 아르노 강 위에 성냥갑처럼 놓여 있는 다리가 그 유명한 베키오 다리다. 가까이서 바라보는 베키오 다리도 인상적이나 멀리 피렌체의 아름다운 언덕이라고 하는 미켈란젤로 공원에서 관광객의 어깨너머에서 바라보는 베키오 다리는 참으로 매력적이었다.

낮에는 시내의 유적지를 걸어서 구경하고 오후에는 관광버스를 타고 구경하기로 하였다. 오픈형 2층 관광버스에 올라타서 바라본 베키오 다리는 더욱 환상적이었다. 1345년에 건설된 아르노 강$^{Arno R.}$ 위에 당당하게 자리 잡고 있던 제일 오래된 베키오 다리. 700여 년 동안 묵묵히 아르노 강을 지키고 살아온 고풍스러운 베키오 다리의 저력이 부러웠다.

아르노 강 위에서 저녁놀이 빛을 발하기 시작했다. 베키오 다리가 멀리 실루엣으로 보이는데 그 모습이 더 보기 좋았으며, 색상과 드러나지 않은 무채색의 다리, 자연 그대로의 모습이 아름다웠다.

두오모 성당 쪽에서 걸어가면 아르노 강과 다리가 보인다. 1944년 독일군이 점령하고 있던 이 지역은 연합군의 공격으로 모든 다리

를 폭파하고 퇴각했다고 하는데, 유일하게 베키오 다리만은 남겨 두었다고 한다. 유럽에는 많은 전쟁이 있었는데 그래도 문명을 존중할 줄 아는 지도자들이 문화 유적을 손상하지 않고자 노력한 모습은 현대를 살아가는 사람들이 본받아야 할 부분으로 보인다.

로마 시대에 지어진 가장 오래된 다리인 이곳 피렌체의 베키오 다리 주변은 무척 평화로웠으며, 아르노 강 주위의 도로를 따라 걷는 관광객의 여유로운 모습이 눈에 들어왔다. 건너편에는 관광객을 태운 우마차가 나타났는데, 우마차를 운전하는 마부와 뒤에 탄 유럽의 부

부 뒤편으로 베키오 건물이 보였다. 다리가 보이지 않는 상태에서 보면 다리 위에 지어진 건물이 아닌 4층 높이의 일반 주택으로 보였다.

우피치 미술관$^{Galleria degli Uffizi}$ 쪽의 도로에서 바라본 베키오 다리의 모습은 더욱 아름다웠다. 잔잔히 흐르는 아르노 강 아래로 배가 지나가며, 베키오 다리의 건물, 뒤편의 파란 하늘 위로 뭉게구름이 어우러지는 모습이 무척 아름다웠다.

우피치 미술관에서 전시된 작품을 보다 우연히 창문을 통해서 바라본 베키오 다리는 3일 동안 바라본 베키오 다리 중의 으뜸이었다. 첫 번째로 미켈란젤로 언덕에서 바라본 베키오 다리는 피렌체 도시 전체를 중심으로 베키오의 위치를 조명할 수 있는 곳이었다.

두 번째로는 베키오 다리의 모습을 저녁 일몰 때 건너편 다리에서 바라볼 수 있었다. 세 번째로 두오모 성당 쪽에서 걸어오면서 바라본 베키오 다리는 걸어서 일반적으로 볼 수 있는 베키오였다. 네 번째는 우피치 미술관에서 걸어오면서 1층에서 바라본 다리였다. 마지막 다섯 번째로 우피치 미술관 3층에서 몰래 바라본, 시내를 중심으로 흐르는 아르노 강과 베키오 다리의 형태미는 그야말로 조형적이었다. 산 중턱의 고풍스러운 건물과 하얀 뭉게구름의 색채적 조화로움이 정말 아름다웠다.

1355년에 건설되어 700여 년의 세월 속에서도 아르노 강을 묵묵히 지켜온 베키오 다리의 역사가 부러웠다.

# 07.28 미켈란젤로 언덕에서 꿈을 품어 보다

피렌체에 도착한 7월 28일 오후에 호텔에서 짐을 풀고 도시 시티 투어 버스 티켓을 구매하러 나왔다. 시티 투어 버스가 있는 호텔 앞에서 시내버스 종점까지는 버스로 20분 정도 떨어져 있었다. 1시간 30분 정도의 투어 시간에 1인당 20유로의 금액으로, 우리 가족은 80유로를 지급하였다. 버스 정류장에는 비교적 많은 사람이 줄을 서고 있었다. 50여 명 정도 되어 보이는 관광객들이 서 있었으며, 음료수와 온갖 피렌체 수공예 제품들을 판매하는 상인들 4~5명이 버스 정류장 근처에서 상행위를 하고 있었다.

시티 투어 버스를 탈 때 안내해 주는 사람은 동남아시아의 사람들로 보였다. 그들의 이야기를 들어보니 방글라데시에서 온 사람이었다. 이곳에서 버스를 안내해 주는 사람이 방글라데시인이니, 아마도 방글라데시 사람들이 이곳에서 장사할 수 있는 터전을 마련해 주는 것으로 비추어졌다. 3~4명 함께 능청맞게 제품을 판매하는 솜씨가 제법이었다. 잘 알아듣지는 못했지만, 이탈리아어가 아닌 프랑스어, 영어 등을 골고루 섞어서 고객들과 이야기하고 있었다. 제법 현지 수제 제품을 잘 판매하고 있었으며 그중에서도 물을 제일 많이 판매하고 있었다. 동남아시아에서 먼 곳인 피렌체에 와서 함께 서로 의지하면서 살아가는 모습이 보기에 참 좋았다.

　15분여 정도 지났는데 갑자기 방글라데시 리더가 "줄을 바로 서십시오. 시티 투어 버스가 도착합니다." 하는 소리가 들렸다. 그가 여기에서 유일하게 목소리를 높일 수 있는 게 '줄 잘 서십시오'이다. 중간에 끼어들다 걸린 유럽 사람도 있었는데, 여기에서는 그 방글라데시 안내원이 대장인 것같이 보였다.

　그의 지시를 듣지 않으면 시티 버스를 마음대로 탈 수 없었기에 우리 가족 일행은 물론 관광객 모두가 그의 지시를 따를 수밖에 없었다. 5분 전에 새치기하려다 들킨 유럽 남자의 모습을 보았기에 꼼짝없이 줄을 제대로 서서 기다릴 수밖에 없었다.

　이러한 구경을 하는 사이에 버스가 도착하였다. 앞쪽에 줄을 섰던 사람 중에서 40여 명이 버스에 탔으며 그 뒤에 있었던 가족 일행은 다음 버스를 기다렸다. 이번에는 10분이 안 되어 도착하였으며, 도착한 버스는 잠시 문을 잡고 있었다. 몇 분이 지나지 않아 버스 안의 휴지통과 함께 앞쪽 문이 열렸으며 안내원이 차례대로 버스에 타라고 하는 소리가 들렸다. 우리는 그 버스 안내원의 요청대로 줄을 서서 버스에 올랐다. 우리가 앞쪽에 있었기에 자연스럽게 2층으로 올라갔다. 아무래도 1층보다 2층이 시내 관광하기

에 좋을 것 같아서 올라갔는데 또 하나의 복병은 햇빛이었다.

도시를 관람하기에는 좋으나 햇빛이 너무 강해서 차홍이와 아내는 걱정하는 것 같았다. 강한 햇빛으로 얼굴에 기미가 생긴다면서 투덜대고 있었다.

그렇게 투덜대고 있을 무렵 버스는 시내 곳곳을 돌았다. 대부분 두오모 성당을 기준으로 아르노 강을 이용하여 언덕 위로 올라가면서 버스 뒤편의 시내가 점점 멀어지고 있었으며, 동시에 시내의 윤곽이 눈에 들어오곤 했다. 확실히 다 보이지는 않았지만, 듬성듬성 나무 사이를 통해서 대략 피렌체 시내를 볼 수 있었다. 안내 표지판을 보고 있던 차홍이가 다음이 미켈란젤로 언덕이니 미리 1층으로 내려가서 준비하라고 신호를 보냈다.

그렇게 해서 피렌체의 미켈란젤로 언덕에 도착했다. 건너편에 아이스크림 파는 곳이 있어서 그곳으로 이동하는데, 갑자기 차홍이가 소리를 지르면서 이야기했다. 무궁화가 자기 얼굴만 한다고 하는 것이었다. 시티 버스에서 내려서 무심코 걷다가 한국에서 본 무궁화의 5배 이상은 되어 보이는 무궁화를 이곳 유럽의 피렌체에서 만날 수 있었다. 정말로 차홍이 얼굴이랑 크기가 비슷해 보였다. 잠깐이

라도 한국의 국화國花를 만나보게 되어 매우 기뻤다.

무궁화를 보면서 길을 건넜는데 맞은편으로 재미있는 풍경이 보였다. 자그마한 모터사이클을 타고 남녀가 헬멧을 쓰고 있는 모습이 무척 독특했다. 두 쌍 모두 성인으로 보였는데 헬멧은 아이들이 좋아하는 원형 디자인이었다. 그 자체를 즐기는 피렌체 국민들의 독특하면서도 재치 있는 패션이 눈에 들어왔다. 아이스크림을 먹으면서 바라본 모터사이클 일행이 한편으로는 부러웠다.

그렇게 가족과 함께 아이스크림을 먹고 있는 동안에 건너편에서는 빨강, 녹색, 회색의 소형차가 우리 앞에 살짝 나타났다가 우리 있는 쪽으로 좌회전하면서 멀리 사라졌다. 찰나에 일어난 광경을 보면서 재미있는 곳이라는 생각이 들었다. 좀 전에 보았던 모터사이클보다 좀 더 흥미로웠다. 2인용 초소형 미니카에 타고 있었는데, 환한 얼굴로 살짝 웃는 모습도 보기 좋았다. 검소하고 자연 친화적인 소형차를 사랑하는 이들이 부러웠다. 한국은 좀 더 큰 차를 혹은 좀 더 큰 집을 선호하는데, 이곳에서 만난 미니 가족들은 좀 더 선진국형이라는 생각이 들었다.

소형차는 미켈란젤로 언덕에 있는 커다란 소나무 옆을 날렵하게 지나갔다. 주차장 옆쪽을 지나치는데 그 주차장에도 초소형 전기차가 주차되어 있었다. 좀 전에 보았던 차종은 아니었지만, 유사한 소형 전

기 차였다. 유럽의 타 도시에서는 볼 수 없었던 전기 소형차를 이곳 피렌체에서는 자주 볼 수 있었다. 자세히 살펴보지는 않았지만, 아마도 자연환경을 고려한 전기차로 보였다. 한국도 전기차를 개발하여 시장에 판매하기 위해서 투자하고 있는데, 피렌체는 벌써 다른 도시보다 앞선 마인드를 가지고 있었다. 시내 곳곳에서 전기 충전소가 눈에 많이 띄었는데, 좀 전에 본 소형차들이 모두 그런 전기차였다.

드디어 미켈란젤로 언덕에 도착하였다. 멀리 왼쪽에는 아르노 강이 흐르고 있으며 피렌체 도시가 한눈에 들어오는 멋진 곳이다. 배산임수가 잘 되어 있는 명당의 조건을 지닌 곳으로도 유명하다. 언덕 밑에서 대학생들이 졸업 사진을 촬영하는 것이 눈에 들어왔다. 피렌체 시내의 대학생들로 보이는 멋쟁이 예비 졸업생들이 깔끔하게 정장 차림을 하고 기념 촬영을 하려고 준비 중이었다.

르네상스 혁명의 발상지이며 예술과 문화가 숨 쉬는 피렌체를 배경으로 졸업 사진을 촬영하는 모습이 무척 인상적이었다. 얼마나 멋진 그림인가. 13세기 이후에 300년의 영광을 이어온 이곳에서 태어나서 초, 중, 고등학교를 졸업하고 대학생 졸업 기념사진을 촬영할 수 있다니. 이보다 아름다울 수 없었다. 그 장면을 보기만 해도 설렘이 차올랐다. 그들의 꿈을 담고 있는 배경이 피렌체인 것이 참 부러웠다.

체코 프라하의 페트르진 언덕$^{Pet\check{r}in}$ $^{Hill}$에서 블타바 강$^{Vltava\,R.}$을 바라보면 그야말로 그림처럼 멋지다. 프라하 시내와 강의 어우러짐은 유럽에서 도 최고 관광 도시로 손꼽는다. 그 러나 이곳 미켈란젤로 언덕에서 바 라본 피렌체의 풍경도 결코 그에 뒤지지 않는다.

특히 로마 시대부터 이어져 온 베키오 다리 아래로 흐르는 아르 노 강이 눈길을 사로잡는다. 그리 고 그들 배경 중간에 시뇨리아 광 장$^{Piazza\,della\,Signoria}$의 94m 종탑이 우 뚝 솟아 피렌체의 중심을 잡아 주 며, 그 오른쪽의 장미 색상 두오모 성당과 하얀 돔이 시선의 마침표 를 찍어 주는 역할을 한다.

미켈란젤로 언덕에서 그림을 파는 곳이 인상적이었으며, 미켈란젤로 최대의 걸작품이 이곳 언덕의 중앙을 지키고 있는 모습이 인상 깊었다. 그렇게 우리는 언덕의 이름 을 상징적으로 보여 주는 조각 작품을 만날 수 있었다.

언덕 중앙 높은 곳에 있어서 그런지 시뇨리아 광장의 조각 작품보

Italy

다는 크게 보였다. 파란 하늘을 배경으로 시내를 바라보는 모습 또한
참으로 아름다웠다.

피렌체 시내가 한눈에 바라다보이는 미켈란젤로 언덕은 시내에서
동남쪽에 있었으며, 유럽 문화의 꽃인 르네상스의 문화 전체를 볼 수
있었던 점에서 우리의 여행을 즐겁고 유익하게 만들어 준 공간으로
기억된다. 또 하나 흥미로운 점은 미켈란젤로 언덕에서 관광버스와
전기 자동차를 보면서 미래를 향한 피렌체의 꿈도 볼 수 있었다. 최
근 한국의 제주도에서도 온실가스 감축을 위하여 전기 자동차 보급
을 확대하고 있다. 그러나 피렌체는 도시 곳곳에 전기 충전소를 두고
있으며 전기 자동차 보급에 박차를 가하고 있는 대표적인 도시로 보
였다.

미켈란젤로 언덕에서 피렌체 시내를 품고 무언가를 염원하는 우형
이와 차홍이의 모습을 보면서 그들이 품고자 하는 여행의 꿈을 다시
한 번 생각해 보는 소중한 시간이었다. 이 멋진 피렌체의 미켈란젤로
언덕에서 차홍이, 우형이가 미래를 위한 귀한 꿈을 품어 보는 시간이
되었으면 한다. 좀 더 멀리 생각해 보면 대한민국은 물론 아시아와 더
나아가서는 전 세계를 대상으로 어떠한 모습으로 성장할지 미래를 위
한 본인들의 계획을 스스로 설계할 수 있는 시간이었으면 하는 아빠
의 바람도 함께 전하고 싶은 시간이었다.

## 07.28 르네상스 운동의 중심지인 시뇨리아 광장을 보다

피렌체는 14세기에 여러 미술 활동이 시작되면서 르네상스, 즉 문예 부흥 운동의 중심지로 성장하였다. 이후 300년이 넘는 동안 유럽의 예술 중심지로 자리매김했다. 15세기 초부터 메디치 가문이 피렌체를 통치하였으며 그때 이후에 자치 국가로 성장하면서 학문, 음악, 미술 등 다양한 분야에 꽃을 피우게 되었다. 단테를 비롯하여 보카치오, 마키아벨리 등의 당대 대문호들의 이곳 출신이며, 특히 미켈란젤로, 라파엘로, 레오나르도 다빈치 등이 예술 분야에서 꽃을 피웠다. 이곳 시뇨리아 광장의 조각품도 대부분 이 당시에 제작되었다.

시뇨리아 광장은 13세기 중반쯤 만들어진 광장으로, 피렌체의 정치, 사회적 중심지로 유명하다. 현재 피렌체는 로마와 더불어 세계의 관광객이 제일 많이 찾아오는 곳이다. 다양한 예술과 문화적 유산이 있는 이곳에서는 역사적으로 유명한 작품들이 많이 보관되어 있는데, 예술을 통해서 역사를 새로이 인식하고 개인의 삶을 돌아보기에 충분한 시간이었다.

광장을 빠져나오는데, 광장 중앙에 마부와 말들을 보았다. 지금은 관광객을 모시는 교통수단으로 변했지만, 시간을 거슬러 700여 년 전의 중세 르네상스 시대에는 말을 탄 군사가 이곳에 집결해서 전쟁터로 가기 전에 사열했던 곳으로 보였다. 역사의 흐름 속에서 유네스코가 지정한 세계 문화유산을 다양하게 볼 수 있었던 시뇨리아 광장, 그 위대한 문화 예술을 마음속에 담을 수 있었다.

베키오 궁전 앞의 광장에는 르네상스 시대를 시작한 메디치 가문의 청동 기마상이 있으며, 포세이돈과 물의 요정이 함께 모여 아름다운 분수를 이룬 포세이돈의 분수가 있다. 피렌체 원로 의회에서 의뢰해서 만든 미켈란젤로의 유명한 작품 중 하나인 다비드상은 1501년부터 1054년까지 3년에 걸쳐 한 덩어리의 대리석으로 만든 작품으로, 미켈란젤로는 골리앗과의 싸움 직전의 긴장된 순간을 작품으로 표현하였다. 골리앗을 똑바로 응시하면서 돌을 쥐고 바로 던

지려는 순간의 모습을 나체의 16세 청년상으로 균형감 있게 조각한 작품이 이곳에 있다. 그 옆에 있는 헤라클레스가 카쿠스를 죽이는 조각상이 다비드상과 대조를 이룬다. 또 야외 조각 전시장에서는 첼리니Cellini의 작품인 〈메두사의 머리를 든 페르세우스〉 상이 과거의 역

사를 대신해서 이야기해 주고 있다. 대부분 모조품이라고 하는데, 작품의 재현력을 볼 때 일반 사람들은 알아볼 수 없을 정도의 정교함이 묻어 있는 작품들이다.

시뇨리아 광장의 베키오 궁전을 상징하는 건물은 94m에 달하는 거대한 탑이다. 중세 시대에는 베키오 궁전으로 사용되었으나 근대에 와서는 피렌체 시청으로 사용되고 있으며, 외부에서 볼 때 웅장한 외관은 중세풍의 고풍스러움이 묻어난다. 또한, 건물 내부에는 르네상스 이후 다양한 예술가들의 작품들이 전시되어 있어서 품격을 더해 준다. 여러 예술가의 수많은 작품으로 장식되어 있어 외관과는 다른 느낌을 준다.

우피치 미술관 쪽에서 시뇨리아 광장 쪽으로 올라오는 길에 행위 예술가의 퍼포먼스를 볼 수 있었다. 흰옷을 입고 관광객들과 함께 다양한 포즈를 취하면서 관객들과 함께 호흡한다. 환하게 웃는 모습과 짓궂은 관광객을 자연스럽게 거절하는 모습으로 보아 아마도 여성 행위 예술가인 듯했다. 또한 여성 관광객과 함께 촬영하는 모습 속에서는 천진난만한 모습도 볼 수 있었다. 중세식 복장에 얼굴 부분만 그래픽 처리하여 얼굴의 특별히 돋보이는 분장이었다.

첫 번째 행위 예술가의 모습을 뒤로하고 앞으로 오는데 갑자기 관객들이 웃는 소리가 들렸다. 처음에는 관객들이 왜 웃는지 몰랐다.

메두사의 머리를 든 페르세우스 상 앞쪽에는 많은 관광객이 앉아 있었다. 한여름의 햇볕을 피하기 좋은 휴식 공간이었는데, 웃음소리는 그곳에서 들려왔다. 잠시 그곳에 가서 보니까 마스크를 한 사람이 앞에 지나가는 관광객을 흉내 내면서 시작된 것이었다.

시뇨리아 광장 쪽에서 우피치 미술관 쪽으로 오고 있는 건장한 남성의 걷는 모습을 행위 예술가가 똑같이 표현하는 것을 보고 관객들이 웃는 것이었다.

불과 1~2분 정도의 퍼포먼스인데 똑같이 표현하는 행위 예술가를 통해서 대리 만족을 느끼는 것 같았다. 실제로 그렇게 따라 하고 싶은 마음이 누구에게나 있다. 어린 시절 상대편을 흉내 내면서 깔깔대던 경험이 누구에게나 있을 것이다. 그래도 대중이 바라보는 공간에서 성인의 행동을 따라 한다는 것은 쉽지 않으리라. 문화 예술의 도시인 피렌체 시뇨리아 광장에서 경험할 수 있는 반짝 이벤트이다.

그렇게 첫 번째 덩치 큰 사람을 흉내 내고 이어서 부부로 보이는 중년 커플이 지나갔는데, 이번에는 중년 부부의 입 모양을 흉내 내며 걸어갔다. 그리고 그 모습을 보고 웃는 관객의 모습이 눈에 들어왔다. 그렇게 웃고 있는 사이에 신랑으로 보이는 사람이 하늘을 보는데, 행위 예술가는 벌써 그 모습을 똑같이 재현하고 있었다. 물론 중년 부부는 뒤에서 똑같이 따라 하는 것을 모르고 있다. 조금 후에 그 부부의 엉덩이를 살짝 친다. 돌아서서 흰 마스크를 쓴 사람을 바라보면서 같이 웃는 모습이 무척 흥미로웠다. 현장에서 즉흥적으로 연출하고 공연하는 행위 예술가의 표현 능력에 모두 박수갈채를 보내곤 한다.

시뇨리아 광장에서 매일 펼쳐지는 퍼포먼스…

주연은 피렌체 시뇨리아 광장에 나타난 관광객, 조연은 행위 예술가, 관객은 시뇨리아 광장의 계단에 앉은 사람으로 구성된다.

이 퍼포먼스의 주인공은 단연 행위 예술가이다.

관중은 그의 모션에 따라 반응한다.

## 07.28 유럽 최고의 화가들

피렌체에 온 여행자들이 제일 많이 찾는 곳이 두오모 성당이다. 두오모 성당은 피렌체 시내 한가운데에 있으며 이곳을 통과해야 다른 곳으로 갈 수 있는 사통팔달과 같은 지역이다.

14세기 이후 300년에 걸쳐 르네상스 문화를 꽃피웠던 대표적인 곳이라고 볼 수 있다. 입장하기 위해서 많은 관광객이 줄을 서서 기다리고 있었다. 또한, 한쪽에서는 화가들이 이젤을 펴 놓고 관광객들을 대상으로 초상화를 그리는 장면이 눈에 들어왔다.

첫 번째로 만난 화가는 목탄을 이용하여 유럽 젊은 청년의 얼굴을 그리고 있었는데, 처음 구도를 잡아서 종이 화면에 배치하는 모습과 얼굴 형태를 잡은 상태에서 눈, 코, 입을 묘사하는 능력이 탁월하였다. 정식으로 회화 작업을 하는 분의 솜씨로 보였으며, 모델의 장점을 살짝 부각해서 표현한 작품의 수준 역시 매우 뛰어났다. 런던, 프랑스, 인터라켄, 루체른, 잘츠부르크, 할슈타트, 베네치아 등에서 만난 작가들보다 수준이 훨씬 높아 보였다.

두 번째로 만난 작가는 작은 연필로 초상화를 그리는 화가였는데, 연세가 제법 드신 분으로 환한 얼굴로 작품에 임했다. 한참 초상화를 그리다가도 옆에서 말을 거는 관광객의 이야기를 들으면서 살며시 웃는 모습이 무척 여유로워 보였다. 화가들이 초상화의 구도를 잡을 때

는 전체 형태를 먼저 그리고 세부적으로 들어가는 게 보통이다. 그러나 초상화를 많이 그려 본 화가들은 눈, 코, 입을 직접 그리면서 형태를 잡아가는 초상화 기법을 사용한다. 초상화는 일반적으로 연필로 밑그림을 그린 후에 수채화나 유화로 그리는 경우가 대부분이다. 그러나 두 번째 화가는 연필심을 이용하여 디테일하게 초상화를 그리는 모습이 인상적이었다. 특히, 과거에 그린 초상화인지 색상이 바래 버린 종이 위의 피비 케이츠<sup>Phoebe Cates</sup>, 마이클 잭슨<sup>Michael Jackson</sup> 이외의 유명한 인물들을 그린 작품을 통해서 화가의 작품 수준 정도를 이해할 수 있었다.

　세 번째로 만난 화가는 애니메이션에나 나올 법한 재미있는 인상의 화가였다. 뒤에 보이는, 본인이 직접 그린 캐릭터 형태의 자화상이 무척 인상적이었다. 과거 르네상스 시대의 미술은 신화와 종교적인 이념을 바탕으로 그림을 그렸다면, 현대에 와서는 다양한 이념을 담은 장르로 변화되어 발전하였다. 특히 기원전과 기원후에는 신화적 요소와 종교적인 색상이 강한 작품들이 주류를 이루었으며, 유럽의 중세 시대에는 왕권의 강화에 따라 왕과 왕비들의 초상화가 주류를 이루고 있었다. 근대에 와서는 초상화의 개념이 지배 계층뿐만 아니라 일반 서민들에게도 보편적으로 알려지면서 다양한 장르로 변화되었다. 특히 매스 미디어의 발달로 사실적인 자화상에서 추상적인 자화상으로 변화되었으며, 개개인의 다른 얼굴 형태를 좀 더 과장하여 특징을 부각하는 캐릭터형 자화상으로 변화되었다. 최근에 사람뿐만 아니라 다양한 동식물 캐릭터들이 등장하게 된 배경도 캐릭터 유형의 작품들과 무관하지 않다.

　네 번째로 만난 화가는 두오모 성당에서 시뇨리아 광장 쪽으로 연결되는 거리, 일명 칼차이우올리 거리에서 만났다. 피렌체의 대표적인 쇼핑가이며, 유명 브랜드 숍, 가죽, 직물 등의 판매점이 모여 있는 거리에서 모나리자를 그리는 화가를 만날 수 있었다. 작품의 머리 왼쪽과 오른쪽 위에 영국, 프랑스, 스위스, 이탈리아, 터키의 국기를 사실적으로 묘사하였다. 아시아에서는 유일하게 일본 국기가 있었다. 대한민국 국기가 없는 것이 조금은 섭섭했다. 곰곰이 생각해 보니 태극기를 외국 사람이 그리기는 쉽지 않았을 것 같았다. 4괘를 유럽의 화가가 이해하기는 어렵겠다고 생각하니 마음이 편해졌다. 오늘 칼차이우올리 거리에서 만난 각국의 국기는 심플하고 화가가 표현하기에 쉬운 것을 볼 때, 대한민국 국기의 형태가 평범하지 않구나 하는 생각이 들었다. 좀 더 심플하고 임팩트 있게 국기를 만들었으면 하는 아쉬움이 살짝 스쳐 갔다.

모나리자를 바닥에 그린다는 것이 얼마나 힘들지 생각하였다. 모나리자를 바닥에 정교하게 그리는 일은 일반 작품의 서너 배는 힘들어 보였다. 땡볕 아래 바닥에 엎드려서 파스텔로 모나리자의 얼굴을 표현하기는 쉽지 않으리라는 생각이 들었다. 영국의 내셔널 미술관 앞에서 그림을 그리던 화가가 생각났다. 그 또한 본인의 창작 작품을 종이가 아닌 길거리 바닥에 그리고 있어 흡사 고행의 길을 걷는 수도승의 모습이었다. 가끔 길거리 바닥의 작품에 감탄하여 관광객들이 조금씩 감사의 표현을 하지만, 생활하기에는 턱도 없이 부족한 금액이었다. 오로지 작품을 위한 생활을 하는 것으로 보였다.

베키오 다리에서 우피치 미술관으로 들어오는데, 1층에도 많은 화가와 관광객들이 몰려 있었다. 마지막 다섯 번째 화가를 만난 곳도 이곳이었다. 피렌체의 수공예 제품과 유명 화가의 작품을 파는 상인들 사이사이에 화가들이 자리를 잡고 있었다. 그런데 장사하던 사람들이 짐을 정리하면서 베키오 다리 쪽으로 뛰어갔다. 갑자기 일어난 상황에 우피치 미술관 입구 1층 주변은 순식간에 아수라판이 되어 버렸다. 화가한테 저들이 왜 저렇게 뛰어서 도망가느냐고 하니까 이곳은 장사하면 안 되는 지역이어서 경찰들이 가끔 나타나서 단속한다는 것이었다. 아마도 우피치 미술관의 이미지를 보호하기 위해서 신정부에서 취하는 정책인 것 같았다.

한바탕 소란이 일어난 후의 이곳은 더없이 평온했다. 여러 화가의 작품을 구경하는 가운데 한 명의 화가를 만났다. 연세가 제법 있으신 화가였는데 적어도 60은 넘어 보였으며 인도 사람으로 보이는 두 명과 무언가 이야기를 하고 있었다. 초상화를 그리기 위한 흥정을 하는 것으로 보였는데, 밝게 웃으면서 이야기를 하는 모습이 눈에 들어왔다. 어머니로 보이는 사람이 딸에게 초상화를 그리라고 권했고, 딸은 모델로 서는 게 창피에서 그랬는지 반대 의사를 보냈다. 얼마 지나지 않아 딸은 화가가 보이는 맞은편 의자에 앉아서 포즈를 취하고 있었다.

인도의 젊은 학생으로 보이는 친구가 자리에 앉자마자 화가의 손은 빠르게 움직였다. 워낙 이목구비가 뚜렷하게 생긴 학생인지라 몇 분 지나지 않아 얼굴의 형태적 특징이 화면에 나타났다. 처음의 구상이 뚜렷해질 때까지 10분여를 본 것 같았는데, 30분이란 시간이 그렇게 빨리 지나갈지 몰랐다. 처음에 얼굴의 눈, 코, 입을 그리더니 왼쪽의 머리카락과 오른쪽의 머리카락을 그리면서 중간에는 얼굴의 음각과 양각을 살리기 위해 엄지손가락으로 명암을 주었는데, 그 모습이 굉장히 멋있었다.

워낙 화가의 손놀림이 유려해 나의 시선을 사로잡았다.

작품의 선과 색상이 변해 버릴까 봐 픽서티브<sup>Fixative</sup>를 사용하면서 마무리하는 모습에 프로 화가라는 생각이 들었으며, 일부 수정해 달라고 하는 부분까지 수용하시는 모습이 참 좋았다.

작품을 마치고 정리해서 통에 넣으려고 할 때 보니까 이미 이 작품을 그리기 전에 완성한 그 여학생의 어머니 초상화가 이젤 뒤편에서 같이 나왔다. 화가와는 이미 구면인 상태에서 학생 작품을 그렸던 것이었다. 아마도 학생의 어머니께서 먼저 그리고 그 작품이 마음에 들어서 학생의 자화상을 그리게 했던 듯하다.

우리 가족이 몽마르트르에서 그랬던 것처럼 이 아주머니도 자녀를 위해서 초상화를 선물하고 싶었던 모양이다. 우리를 향해서 브이자를 그리는 모녀의 모습이 무척 아름다웠다.

# 시내 관광버스 City Sightseeing Bus Tour 를 통해서
# 중세 로마의 유적을 보다

오전에 피렌체를 떠나 이탈리아의 수도인 로마 테르미니<sup>Termini</sup> 역에 도착했다. 전 세계 사람들이 가장 방문하고 싶어 하는 여행지 중의 하나인 이곳 로마에 도착한 시각은 오후 12시가 되기 전이었다. 우리 가족은 테르미니 역에서 나와 숙소가 있는 만초니<sup>Manzoni</sup> 역까지 버스를 타고 이동한 후 민박집으로 발걸음을 옮겼다.

산타 마조레 성당 다음 역이 바로 만초니 역이었고, 민박집까지는 10분 거리였으니 짐이 없는 상태에서 걸어오면 그리 멀지 않은 곳이었다.

민박집에 도착했는데 바로 앞에 리미니<sup>Rimini</sup> 버스 정류장이 있었다. 순간 지리적으로 좋은 위치에 민박집을 구했구나 하는 생각이 들었다. 1층 입구에서 아주 색다른 경험을 할 수 있었다. 바로 철창으로 된 미니 엘리베이터. 유럽 영화에 자주 등장하는 그런 작은 미니 엘리베이터였다. 1~2명이 타면 좋고
3~4명이 타기에는 꽉 차는 그런
엘리베이터를 이용하는 것도 나름
대로 즐거운 긴장감을 주는 하나
의 여행 요소였다.

민박집 상호는 뮤직 하우스<sup>Music</sup>
House였다. 이탈리아 사람으로 보이
는 30대 초반의 남성이 관리인이
었는데, 덩치는 꽤 컸지만 관리하는 모습은 매우 섬세했다. 손님이 있
으면 민박집 관리를 하고 그렇지 않으면 외부에서 음악 관련 일을 하
는 분이었다. 방이 4개였는데 온통 음악 관련 포스터로 장식된 게 특
징이었다. 친절한 주인아저씨의 배려로 로마의 하루를 즐겁게 시작할
수 있었다.


테르미니 역<sup>Termini station</sup> 광장 근처에 있는 도시 관광버스를 타기 위
해서 버스 정류장 쪽으로 자리를 옮겼다. 테르미니 역에 도착하자 우
리 일행을 보고 말을 걸어오는 사람이 있었다. 동남아시아인으로 보
였다. 필요한 것이 있느냐고 물어봐서 괜찮다고 우리가 알아서 한다고
해도 계속해서 우리를 따라왔다. 우형이가 도시 관광버스를 탈 거라
고 하니까 좀 더 접근해서 표를 사는 데까지 안내해 주었다. 물론 걸
어서 얼마 안 되는 곳에 매표소가 있었으며 그곳에 우리 일행과 함께
들어가서 이야기를 했다. 이분들 도시 관광버스를 타려고 하니 표를
팔면 된다고 이탈리아 말로 하는데, 대략 이해할 수 있었다.

우리는 계획한 대로 사흘 동안 대부분 이 티켓을 이용해서 여행하기로 하고, 1인당 32유로를 투자해서 72시간 이용권을 구매하고 건너편의 정류장으로 발걸음을 옮겼다. 좀 전에 만난 그 친구는 아마도 소개비 조로 얼마를 받고 그런 안내를 해주는 것으로 보였다. 고맙다는 말을 잊지 않고 하고 나서, 좀 전에 표를 구매했던 곳으로 들어가

는 모습이 눈에 들어왔다. 로마 시내 관광버스를 기다리는 사람들이 생각보다 많았다. 며칠 전에 피렌체에서 시내 관광버스를 타고 투어한 경험이 있어서 왠지 기다리는 여유까지 생겼다. 그런데 놀랍게도 이곳에서도 동남아 사람들로 보이는 사람이 버스 정류장 맨 앞에서 안내하고 있었으며 줄을 서서 기다리는 사람들도 그와 같은 동료임을 바로 눈치챌 수

있었다. 가끔 그들끼리 주고받는 말은 영어 혹은 이탈리아어가 아니 동남아시아에서 사용하는 언어로 들렸다. 한여름 오후 2시경의 로마 날씨는 장난이 아니었다. 2주 전 프랑스에서 만난 여행객들이 로마는 엄청나게 덥다고 했던 이야기가 피부로 와 닿았다.

워낙 길게 늘어서 있어서 다음 버스를 탈 수밖에 없었다. 앞쪽의 동남아에서 온 아저씨의 안내로 우리는 버스에 올라탔으며 우형이와

나는 2층으로 올라갔다. 아내와 차홍이는 더워서 1층에 있겠다고 했
는데 우리가 2층에 올라갈 때쯤 밑에서 따라오고 있었다. 자외선 때
문에 얼굴에 기미가 생긴다고 투덜대면서도 아마도 로마 시내를 보고
싶은 욕망이 얼굴의 기미, 주근깨보다는 앞섰던 것으로 보였다.

　버스에 탄 지 얼마 안 되어 안내원이 2층에 올라와서 표를 검사하
고 있었다. 아마도 이곳에서도 무임승차하는 사람들이 제법 되나 보
다. 고객들 한 사람 한 사람 표를 확인하고, 관광에 관해서 물어보는
사람들을 상대로 친절하게 안내해 주는, 관광 대국인 이탈리아 로마
승무원의 모습이 참 보기 좋았다.

　물론 로마 현지의 시내 관광버스에서 봉사하는 여승무원이 훨씬
세련돼 보였지만, 버스에서 하는 일은 40년 전이나 별다른 차이가 없
었다.

　로마 최고의 랜드마크인 콜로세움Colosseum이 눈에 들어왔다. 이곳은
기원후 81년경에 건설된 검투사들의 경기장으로, 로마를 배경으로 한

영화에 가끔 등장하는 곳이다. 특히 〈글래디에이터〉의 배경으로 유명하다. 로마 황제들의 그들만의 리그를 위해서 사용됐던 곳으로 2000년 유럽 역사의 한 장면을 볼 기회였으며, 2층 시내 관광버스에서는 그 모습을 담기 위해 관광객들의 분주하게 촬영을 하는 모습이 눈에 들어왔다. 2000년 전의 모습을 보기 위해서 많은 관광객이 이곳에서 하차하였다.

콜로세움을 보고 감탄할 사이도 없이 바로 옆에는 콘스탄티누스 Constantino의 개선문이 있었다. 콘스탄티누스 1세가 '밀비오 다리 전투'에서 승리한 것을 기념하기 위해 건설된 것으로, 파리의 개선문도 이곳 콘스탄티누스 개선문을 모델로 했다.

관광버스에서 바라본 로마가 시작된 곳, 팔라티노 언덕은 콜로세움과 포로 로마노 사이에 있는 조그마한 언덕이다. 언덕이라고 하기엔 구릉에 가까운 이곳은 이탈리아 건국 신화에 따르면 로마 왕국의

시조인 로물루스<sup>Romulus</sup>가 팔라티노 언덕<sup>Colle Palatino</sup>의 루페르칼레<sup>Lupercale</sup> 동굴에서 쌍둥이 동생 레무스<sup>Remus</sup>과 함께 늑대의 젖을 먹고 자랐다고 하여 역사적 의미가 있는 곳으로 유명하다.

관광객으로 보이는 남녀가 팔라티노 언덕 쪽을 향해 앉아서 이야기하는 모습이 눈에 띄었다. 영화 〈벤허〉에 나온 4륜 말을 타고 경주하는 로마 장군의 모습이 떠오르는 곳이기도 했다. 한때 홍수로 이곳이 묻혔다고 하는데, 최근 유적들이 조금씩 출토되면서 2000년 전의 역사가 조금씩 발굴되고 있다고 한다.

비토리오 에마누엘레 2세의 기념관<sup>Vittorio Emanuele II Monument</sup>은 로마의 중심 지역에 있다. 이 기념물은 이탈리아 통일을 성취한 비토리오 에마누엘레 2세가 1878년에 서거하자 그의 죽음을 애도하기 위하여 건립하기로 하였으며, 1885년에 착공하였다.

베네치아 광장이라는 이름은 16세기 베네치아 공화국의 로마 대사관 역할을 하던 베네치아 궁전에서 따온 것이다. 베네치아 궁전은 제2차 세계 대전 때는 독재자 무솔리니가 집무실로 사용한 곳으로 유명하다. 무솔리니<sup>Benito Mussolini</sup>는 이 궁전의 발코니에서 광장에 모여든

군중에게 연설하거나 2차 세계 대전 참전 선포를 하기도 했다. 베네치아 궁전은 현재 르네상스 예술품 박물관인 국립 베네치아 궁전 박물관Museo Nazionale del Palazzo di Venezia으로 사용되고 있다.

123년에 설계된 테베레 강은 원래는 로마 황제 하드리아누스Publius Aelius Hadrianus가 자신과 가족을 위한 영묘로 만들었다. 성 천사의 다리인 산탄젤로 다리Ponte Sant'Angelo에는 서로 다른 모습을 한 아름다운 10개의 천사의 조각상들이 있으며 영화 〈천사와 악마〉를 촬영한 장소로도 유명하다. 이 산탄젤로 다리 위의 천사들은 각각 다양한 물건을 들고 있어서 채찍을 든 천사, 가시 면류

관을 든 천사, 손수건을 든 천사, 긴 옷옷과 주사위를 든 천사, 못을 든 천사, 십자가를 든 천사, 두루마리를 든 천사, 스펀지와 초를 든 천사, 창을 든 천사가 있다.

관광버스에서 바라본 산 피에트로 대성당San Pietro Basilica은 세상에서 가장 작은 국가인 바티칸 시국에 있다. 특히 미켈란젤로의 천지 창조, 라파엘로의 아테네 학당 등 주요 예술 작품을 많이 볼 수 있는 곳으로 유명하다. 시내 관광버스에서 1시간 40분 동안의 관광을 통해서 로마의 유적을 스케치하면서 볼 수 있는 귀한 시간을 가졌다.

# 08.06 콜로세움<sup>Colosseum</sup>, 콘스탄티누스 개선문<sup>Arch of Constantine</sup>, 티투스 개선문<sup>Arch of Titus</sup>을 보다

로마에서 둘째 날 우리는 콜로세움 근처의 유적을 여행하기로 했다. 콜로세움 근처의 티투스 개선문<sup>Arch of Titus</sup>은 기독교 디아스포라<sup>Diaspora</sup>의 상징으로 받아들여지고 있는 개선문으로 유명하며, 콘스탄티누스 개선문<sup>Arch of Constantine</sup>은 250년 박해에서 벗어나 기독교를 로마의 국교(313년)로 선언한 시기에 완성된 유적으로 유명하다. 최근 유럽의 테러 발생으로 인해서 프랑스는 물론 이곳 로마에도 유네스코 지정 유산(콜로세움)을 보기 위해 관광객의 안전을 위해서 군인들이 근무하고 있는 것이 인상적이었다.

"역사상 그 어느 지배자도 콘스탄티누스만큼 '대제'라는 칭호에 완벽하게 어울리는 인물은 없다."

영국의 역사가 존 노리치는 〈비잔티움 연대기〉에서 이렇게 콘스탄티누스를 높이 평가했다. 콘스탄티누스가 전통적으로 다신교를 인정한 것과는 달리 기독교를 로마의 국교로 정립하고, 과거 로마의 비잔티움<sup>Byzantium</sup>인 콘스탄티노플<sup>Constantinople</sup>을 로마 제국의 중심으로 세움으

로써 정치적, 이념적으로 '새로운 로마'를 정립하여 로마의 역사가 사라진 이후에도 유럽의 문화 및 아시아 문화에 영향을 미친 것을 볼 수 있었다.

콘스탄티누스 황제는 독실한 기독교 신자였던 어머니 헬레나<sup>Saint Helena</sup>의 영향을 많이 받았다. 또 막센티우스<sup>Marcus Aurelius Valerius Maxentius</sup>와의 밀비오<sup>Ponte Milvio</sup> 전투(312)에서 승리한 것이 결정적인 계기가 되었다. 결국 313년, '밀라노 칙령'으로 수백 년 동안 탄압받아 온 기독교를 공인하였다. "이제부터 모든 로마인은 원하는 방식으로 종교 생활을 할 수 있다. 로마인이 믿는 종교는 무엇이든 존중을 받는다."라고 하여, 종교의 자유를 인정하면서 기독교가 로마에서 정식으로 인정받게 되었다. 물론 다음에 기독교의 탄압을 받는 역사적 사건도 있었으나 결국 서방 세계에 기독교를 알리게 되는 중요한 역사적 의미를 지닌 문화재로 볼 수 있다. 또한, 1700년대의 대규모 복구 작업과

1990년대 후반의 복구 작업으로 현재 유지되고 있는 로마 최고의 개선문이다.

티투스 개선문은 서기 81년 티투스가 사망한 직후 그의 뒤를 이어 황제로 즉위한 동생 도미티아누스의 명에 따라 건설되었다. 서기 70년에 예루살렘을 함락시켰을 때 최고조에 달했던 유대인 반란을 진압한 일을 칭송하는 내용이 조각으로 꾸며져 있으며, 특히 기독교 디아스포라의 상징인 개선문으로 유명하다.

티투스가 재위 중인 서기 79년 베수비오 화산Le Vésuve이 폭발하여 폼페이Pompeii 시가 땅속에 묻히기도 하였으며 수천 명이 사망하는 최대 참사가 일어났다. 80년에는 로마에 대화재가 일어났으며, 81년에는 페스트가 만연하여 수많은 사람을 잃었다. 이처럼 크고 작은 일들을 수습하는 데 대부분의 시간을 보냈다. 그러면서도 티투스는 로마의 재건과 구제 사업에 총력을 기울였으며, 아버지 베스파시아누스 황제가 착공하여 티투스에 의해 80년에 완성한 유물이 콜로세움이다.

파리의 개선문은 나폴레옹 1세가 군대의 승리를 기념하기 위하여 1806년에 세운 것이다. 보통 에투알 개선문으로 부르는데, 기본적인 형식은 큰 아치 하나로 된 단공식單拱式과 그 좌우에 작은 아치를 곁들인 삼공식三拱式 등이다. 현존現存 최고最古의 단공식 개선문은 로마 시대

에 만들어진 티투스 개선문인데, 1800년 만에 근대적으로 재해석해서 만든 개선문이 바로 파리의 에투알 개선문이다.

콜로세움의 정식 명칭은 '플라비우스 원형경기장<sup>Amphitheatrum Flavium</sup>'이라고 한다. 베스파시아누스 황제가 착공하여 80년 그의 아들 티투스 황제 때에 완성하였다. 글라디아토레<sup>劍鬪士</sup>의 시합과 맹수<sup>猛獸</sup> 연기<sup>演技</sup> 등이 이곳에서 이루어졌다. 313년, '밀라노 칙령' 이전까지 200여 년 동안의 그리스도교 박해 시대에는 신도들을 학살하는 장소로 이용되기도 하였으며, 고대 로마의 지배층은 물론 시민들에게 1차적인 욕망을 추구하는 곳으로 오랫동안 유지되었다.

동서 로마의 분할과 서로마 제국<sup>Western Roman Empire</sup>의 멸망(1453) 등 관점에 따라 다르게 볼 수 있으나 대략 콜로세움은 완공 이후 최소 1000년 동안 왕권 강화와 지배층들의 놀이 문화를 담당했다. 중세에까지 남아 있었던 문화 현장을 가족과 함께 보게 되어 뜻깊었다.

입구에는 많은 관광객이 줄을 서 있었으며 우리는 차례를 기다리면서 입구에서 시간을 보냈다. 1층의 동선을 따라 3층까지 올라왔는데 거대한 원형 경기장이 눈에 들어왔다. 어쩐지 고통 속에서 죽은 수많은 검투사의 울음소리가 들리는 것 같았다.

기원후 80년에 시작한 경기들은 시민들에게 많은 볼거리를 제공하여 지배층이 자신들의 정치적 입지를 굳히고 화합을 도모하는 데 이용되었으며, 콜로세움은 때로는 로마 귀족의 권위에 불복했을 때 보복을 거행했던 장소로도 유명하다. 5만 명 이상을 수용하는 좌석은 계단식 방사상<sup>放射狀</sup>인 중앙의 한 점에서 사방으로 거미줄이나 바퀴살처럼 뻗어 나간 모양으로 배치되었다. 방사상의 배치는 검투사들의 싸움을 구경하기에 더없이 좋은 형태이다. 그러나 1900년이 지난 현 시점에서는 전 세계의 관광객들이 콜로세움 중앙의 검투사를 바라보는 것이 아니다. 이제 콜로세움은 유럽의 로마 시대 유산에서 벗어나 시대적, 역사적, 문화적 가치를 뛰어넘는, 유네스코에서 지정한 인류 문화유산으로서의 권위를 획득하였다.

세월의 흐름 속에 변해버린 로마 유적의 흔적과 그곳에서 숨 쉬고 있는 다양한 역사적 기록과 기록되지 않는 세계적 문화의 흐름 속에서 가족과 함께할 수 있었던 이곳 여행. 하지만 기쁨보다는 세계사적 인식과 특히 로마 역사를 제대로 공부하지 않은 상태에서 여행을 시작한 부분이 미안하고 죄송스러울 따름이었다. 역사적, 문화적 관점에서 미리 공부하지 않고 이곳 로마의 유적을 관람하게 된 점에 부끄러운 생각이 들었다.

# 08.02 트레비<sup>Trevi</sup> 분수, 스페인 광장, 콘도티<sup>Condotti</sup> 거리에서 역사를 만나다

〈로마의 휴일<sup>Roma Holiday</sup>〉에 나오는 앤 공주<sup>Princess Ann</sup>(오드리 헵번 분) 와 어느 신사<sup>Joe Bradley</sup>(그레고리 펙 분)의 만남의 장소로 유명해진 곳이 다. 이곳의 조각 작품이 단 하나의 원석으로 만들어졌다는 사실은 워낙 유명한 이야기며, 피렌체의 시뇨리아 광장 앞의 다비드상(높이 5.17m)도 단 하나의 원석으로 만들어져 르네상스 최고의 찬사를 받 는 조각 작품이다. 트레비 분수의 조각상은 포세이돈이 마차를 타고 있는 모습을 하나의 원석으로 만들었다는 점에서 다비드상의 몇 배 의 크기이며, 작품성 또한 그에 못지않다.

또한, 트레비 분수의 배경이 되는 나폴리 궁전은 12개의 유리창 으로 되어 있는데 이곳 트레비 분수를 돋보이게 하는 역할을 한다. 하얀 대리석에 세월을 이겨낸 흔적이 남아 있었다.

트레비 분수 안에는 전 세계의 동전이 가득하다. 사랑하는 남녀 들이 이곳에 와서 서로 등지고 어깨너머로 동전을 떨어트린다. 그렇게 해서 로마에 올 수 있다는 기대와 평생을 같이 할 수 있다는 의미, 또 한 파트너와 헤어진다는 의미 등을 나타내기도 하다. 특히 로마에는 분수가 많은데, 로마의 수천 년 된 수로를 이용하여 관광 자원으로 잘 활용하는 사례로 보였다.

포세이돈의 마차를 보기 위해 이곳에 왔는데 마침 분수를 볼 수

없었다. 로마 곳곳에 보수하는 곳이 많았는데 이곳도 마찬가지의 상
황이었으며, 아내와 가족은 약간 실망할 수밖에 없었다. 여느 남녀
커플처럼 아내와 함께 동전을 트
레비 분수에 떨어트리려고 했는데
아쉬움을 남기고 트레비 분수 맞
은편 의류 매장을 구경하고 자리
를 옮겼다. 트레비 분수 공사 덕인
지 이곳 매장에는 수많은 관광객
이 패션 의류를 구매하고 있었다.

오드리 헵번의 아이스크림, 〈로
마의 휴일〉 촬영지로 유명해진 스
페인 광장은 17세기에 스페인 영
사관이 있었던 곳이다. 그래서 그
이후에는 이곳을 '스페인 광장Piazza
di Spagna'으로 부르게 되었다. 스페인
계단은 모두 137개로 되어 있으며
트리니타 데이 몬티 성당Chiesa della Trinità dei Monti의 종탑과 오벨리스크Obelisk
를 배경으로 구성되어 있다. 광장에서 바라보는 계단과 오벨리스크와
성당의 조화로움은 일몰 때 특히 더 분위기 있고 아름답기로 유명하
다. 또한, 광장 중앙에는 '난파선의 분수'가 있는데, 이곳에서 품어 나
오는 분수는 관람객이 함께하는 공간에 생기와 휴식을 더한다.

분수 건너편에는 세계적인 명품 브랜드들이 줄지어 있는데, 이 거
리가 그 유명한 콘도티 거리Via dei Condotti이다. 특히 이곳은 중세풍의 마

차가 항상 대기하고 있으며, 관광객에게 인기가 많은 지역이기도 하다. 가끔 꽃을 판매하는 상인이 많은 것이 하나의 특징이다.

스페인 광장에는 '난파선의 분수<sup>Fontana della Barcaccia</sup>'가 있는데, 이 분수는 로렌초 베르니니<sup>Giovanni Lorenzo Bernini</sup>와 아버지인 피에트로<sup>Pietro Bernini</sup>가 만

들었다. 그 분수 건너편에는 콘도티 거리가 있는데 이곳에는 이탈리아 주요 명품 숍을 포함해서 전 세계의 명품 브랜드 매장들이 관광객을 맞이하고 있다.

콘도티 거리에는 전통적인 고가 브랜드인 루이뷔통<sup>Louis Vuitton</sup>, 살바토레 페라가모<sup>Salvatore Ferragamo</sup>, 막스 마라<sup>Max Mara</sup>, 몽블랑, 에르메스<sup>HERMES</sup>, 셀린느<sup>CELINE</sup>, 버버리<sup>BURBERRY</sup>는 물론이고 쿠튀르 라인<sup>Couture Line</sup> 수 미주라 라인<sup>Su Misura line</sup>, 사르토리얼 라인<sup>Sartorial Line</sup>, 어퍼 캐주얼 라인<sup>Upper Casual Line</sup>을 겸비한 이탈리아 남성 브랜드로 유명한 에르메네질도 제냐<sup>Ermenegildo Zegna</sup>도 이곳에서 만날 수 있었다.

네덜란드 프리미엄 데님 브랜드인 '지스타<sup>G-STAR</sup>'는 미니멀한 스타일과 독특한 절개선, 디테일이 특징이며 최대 강점인 지스타 로<sup>G-Star RAW</sup> 브랜드 등이 콘도티 거리를 빛나게 하여 주었다.

## 08.02 바티칸 시국이 준 선물을 모두 담을 수 없었다

2층 시내 관광버스에 있던 관광객들은 환성을 지르면서 연신 카메라로 촬영에 열중이었다. 뒤에서는 잘 안 보인다고 머리 좀 내려 달라고 하는 관광객의 목소리도 들렸다. 투어 버스는 바로 정차하지 않고 성 베드로 광장 오른쪽으로 지나간다. 안내원의 설명이 없어서 잠시 의아해 했다. 오른쪽으로 한참 돌더니 좀 전에 있었던 곳을 다시 와서 정차했다. 우리는 그곳에서 내려서 광장 쪽으로 걸어갔다.

광장 한가운데는 오벨리스크가 우뚝 세워져 있었다. 아이러니하게도 오벨리스크는 고대 이집트인들이 숭배하던 태양신 라[Ra]를 상징하는 기념물인데 이곳에 있는 것이 종교적으로는 이해하기 어려웠다.

특히 이탈리아에서는 오벨리스크를 여러 곳에서 볼 수 있어서 종교적인 개념을 고려하지 않고 설치한 것으로 보였는데, 이 오벨리스크는 고대 로마의 칼리굴라 황제가 이집트를 침략했을 때 가져왔던 것으로 전해진다. 또한, 오벨리스크 양쪽에 로렌초 베르니니와 카를로 마데르노가 만든 2개의 아름다운 분수가 여름의 더위를 식혀 주는 역할을 한다.

성 베드로 대성당은 콘스탄티누스 황제에 의해 349년에 베드로 성인의 묘지 위에 세워졌고, 349년에 실베스트르[Silvestro] 교황이 대성전으로 축성하였다. 이후 이민족의 잦은 침략으로 원래의 모습을 찾기 힘들어졌다.

1차 시기, 1503년 교황 율리우스 2세<sup>Julius II</sup>가 성전의 재건축을 명하여 브라만테<sup>Bramante</sup>의 설계에 따라 재건축되었다. 2차 때, 브라만테가 죽고 난 다음 건축 역사는 라파엘로<sup>RAPHAEL</sup>에게 넘어갔으며, 줄리아노 다 상갈로<sup>Giuliano da Sangallo</sup>와 베르나의 조콘도<sup>Fra Giovanni Giocondo</sup> 수사가 라파엘로를 도와 브라만테의 기본 설계를 유지하는 상황에서 건축하였다.

1517년 루터의 종교 개혁으로 중단되었으나 3차 시기는 1534년 바오로 3세가 즉위하면서 재개되었다. 안토니오<sup>Antonio da Sangallo</sup>가 주도하여 야코포 멜레키노가 보조로 참여하였다. 4차 시기에는 교황 바오로 3세가 집권하게 되었고, 안토니오가 죽자 73세 고령의 미켈란젤로가 안토니오의 설계를 바탕으로 초기 브라만테의 설계 모습으로 돌

아가 성당의 내부를 그리스식 십자가 형태로 재조정하여 돔의 형태는 현재의 모습으로 태어났다. 돔은 성 베드로 대성당의 꽃으로 비유된

다. 중앙 돔 밑에는 베르니니의 청동 제단인 "발다키노Baldacchino"가 성당의 중심을 잡아 주는 역할을 한다.

1564년 미켈란젤로가 죽자 공사는 잠시 중단되었다. 5차 때는 1605년 교황 바오로 5세가 등극하면서 카를로 마테르노가 대역사의 책임자가 되어 미켈란젤로의 정신을 철저하게 계승하여 진행하였으나 1627년에 마테르노가 죽었고, 마지막 6차는 잔 로렌초 베르니니에게 돌아갔다. 천재적인 조각가로 평가받고 있던 베르니니의 손에 의해 대성당은 완전한 예술 작품이 되어 세계 건축사에 길이 남는 명작의 반열에 올랐다. 성 베드로 성당은 브라만테, 라파엘로, 안토니오, 미켈란젤로, 카를로 마테르노, 잔 로렌초 베르니니로 이어져 1670년에 최종 완성한 작품으로, 혼과 영의 조화 속에서 탄생한 작품으로 평가받고 있는 곳이다.

성 베드로 성당은 349년 콘스탄티누스 황제의 의해 건립되었으며 1503년 교황 율리우스 2세에 의해 재건축되었고 길게는 1300년 짧게는 167년이 걸린 유럽 건축사의 찬란한 기록이다. 가톨릭 신자는

물론이고 전 세계 74억 인구가 보고 싶어 하는 유럽의 문화유산 가운데 으뜸인 이곳은 그야말로 아름다운 곳이었다.

성당 내부에 들어와서 오른쪽으로 향하니 사람들이 많이 모여 있었다. 가까이 가 보았는데 사람들이 많아서 작품이 잘 보이지 않았다. 돌아와서 보니 미켈란젤로의 명작 중 하나인 피에타 조각상이 있었다. 미켈란젤로가 23세에 제작한 피에타상은 프랑스 추기경 장 드 빌레르의 의뢰로 만들어진 것이다. 18세기에 이곳 성 베드로 대성전 입구에 있기 전까지는 장 드 빌레르 추기경의 장례 미사 기념비로 사용됐다. 또한, 미켈란젤로가 직접 자신의 이름을 새긴 작품으로도 유명하다.

원래 피에타를 주제로 한 예술 작품은 북쪽에서 유행한 것인데, 당시 프랑스 지역에서 유행하였다. 미켈란젤로의 피에타는 표현 양식이 이전과는 매우 다른 독창성을 가졌는데, 고전적인 아름다움을 강조한 르네상스 시대의 이상과 자연주의의 균형미가 어우러지는 예술학적인 가치를 지닌 위대한 작품이다. 미켈란젤로가 제작한 피에타는 미완성으로 남은 작품이 대다수이다. 이 거대한 조각 작품이 유일하게 완성한 작품이기에 더욱 귀한 작품으로 평가받고 있다.

이 작품은 예수 그리스도가 십자가에 못 박혀 죽은 이후 성모 마리아가 무릎에 놓인 예수 그리스도의 시신을 살며시 바라보는 작품이다. 마리아의 모습은 아들을 잃은 한 어머니의 슬픔이나 하나님의 구원 계획을 깊이 이해하는 단순한 측면에서 벗어나, 세상 사람들의 구원을 위한 예수의 희생을 어머니로서 도저히 받아들이기 어려운 복합적 정서를 조각 작품을 통해서 승화시켰다. 전 세계 관람객들이

함께 공감할 수 있는 작품 중의 작품으로 평가받는 이유 중 하나가 그의 숭고한 희생을 통해서 인간이 새롭게 구원받는다는 점이다.

최초 설계자인 도나토 브라만테<sup>Donato Bramante</sup>는 성당이 완성되는 것을 보지 못한 채 세상을 떠났다. 브라만테, 라파엘로, 안토니오, 미켈란젤로, 카를로 마테르노, 잔 로렌초 베르니니를 통해서 완성된 성 베드로 대성당은 그야말로 대성당의 관점에서 벗어나 이제는 순례지로 자리매김하고 있다. 종교를 떠나서 이곳에 오게 되면 천국에 온 느낌이 든다. 엄숙함과 고상함이 지그시 다가온다. 이 돔 역시 미켈란젤로의 기초 설계를 바탕으로 베르니니가 완성하였는데 대성당 내부는 매우 역동적이고 화려하다. 돔의 중앙 천장을 통해 들어오는 빛의 향연은 어디에서도 볼 수 없는 환상적인 분위기를 연출한다.

관광객들이 천국에 들어와 있는 듯한 착각을 일으킬 수 있는 시각적인 요소를 갖고 있다. 성당 안으로 들어서자마자 가족 일행은 입을 다물 수 없었다. "아빠, 엄청난 규모네." 하는 소리가 귀에 들려왔다. 가족들은 1시간 후에 입구에서 만나기로 약속하고 각자 관심이 있는 부분을 먼저 구경하기로 하였다. 우선 그 화려함과 웅장한 규모에 압도당하는 느낌이 들었으며, 입에서 감탄사가 자연스럽게 나올 수밖에 없었다. 가끔 모퉁이 의자에 앉아서 기도하는 사람들이 보였다. 중앙 통로의 길이가 약 186m, 폭이 140m, 높이는 46m이고 중앙의 제대에서 돔까지의 높이는 137m에 이른다. 로마에서 원형 돔으로는 가장 높은 건물이다. 미켈란젤로의 돔과 베르니니의 교황 제단의 천개Baldacchino는 르네상스 바로크 시대의 대표적 작품이며, 성당 내부 자체가 완벽에 가까운 미술관임을 알 수 있었다.

성 베드로 대성당의 화려한 꿈의 향연을 보면서 성당을 빠져나오는데, 출구 왼쪽 벽에는 성경에 나오는 내용의 부조 작품이 있었다. 자세히 볼 수는 없었지만 예수님의 부활 승천의 과정을 설명하는 것처럼 보였다.

성당을 빠져나와 오른쪽으로 나오는데 그곳에도 많은 사람이 모여 있었다. 자세히 보니 바티칸 시국을 지키는 근위병의 모습이 눈에 들어왔다. 언뜻 보기에는 축구팀 바르셀로나 유니폼을 연상케 하는 제복이었다. 순간 근위병과 눈이 마주쳤는데 친숙한 얼굴에서 나오는 표정이 무척 맑았다. 성 베드로 성당을 배경으로 중간에 근무 교대하는 모습에는 절도가 깃들어 있었다. 1시간 30분 이상 엄숙하고 장엄하고 화려한 곳에 있다 보니 밖에서 만난 근위병들의 모습이 새로웠다. 근위병들을 촬영하는 여행객을 이해할 수 있었다.

고풍스러운 성당을 배경으로 화려한 근위대 복장을 하고 근무하는 모습은 모습이 정말 멋져 보였다.

성 베드로 광장을 빠져나오는데 광장 왼쪽에 잠시 정차되었던 경찰차가 우리 일행이 오는 쪽으로 이동하고 있었다. 지난주 피렌체에

서 많이 보았던 전기 자동차였는데, 이곳 성 베드로 광장에서도 미니 경찰차를 발견할 수 있었다. 아마도 환경 문제를 고려한 로마 시의 정책에 따라 충전 방식의 전기차를 사용하는 듯했는데, 여행자 입장에서 바라본 전기차는 상당히 흥미로운 체험이었다. 아주 자그마한 미

니 경찰차가 성 베드로 광장 주변을 돌면서 치안을 유지하는 모습이 무척 보기 좋았다. 환경과 문화를 함께 고민하는 로마 시의 정책을 객관적으로 볼 좋은 기회였다. 이러한 다음 세대를 생각하는 정책이 우리 일행의 마음을 가볍게 만들었다.

전 세계에서 제일 작은 나라인 바티칸 시국의 찬란한 르네상스 문화 예술의 혼이 담긴 성 베드로 성당은 후대를 살아가는 우리에게 많은 것을 전해 주는 곳으로 영원히 살아 숨 쉬고 있었다. 멀리 바티칸 시국의 성 베드로 성당 야경을 보면서 로마가 우리에게 주는 선물을 모두 품지 못하고 돌아오는 발걸음이 적잖이 아쉬우면서도 행복한 시간이었다.

# 08.04 로마에서 두바이를 거쳐 상해로 돌아오다

공식적인 유럽 여행을 마치면서 맞이하는 아침. 어제 저녁에 예약한 택시가 어김없이 8시 정각에 도착했고, 내려오라는 전화가 걸려온 건 7시 55분이었다. 간단하게 멋쟁이 이탈리아 아저씨와의 작별 인사를 나누고 좁은 엘리베이터를 이용해서 1층으로 내려오는데, 살짝 덜컹덜컹하는 소리가 이곳에서 맛보는 마지막 긴장감이었다. 좁고 철망으로 되어 있는 엘리베이터에 대한 기억을 뒤로하고 1층으로 내려왔다. 미리 도착해서 기다리는 친절한 택시 기사는 우리의 짐을 받으면서 "부온 조르노Buon Giorno"라고 아침 인사를 했다. 가족들도 합창으로 "부온 조르노"라고 택시 기사에게 인사하였다. 택시 안에서 보낸 1시간여 동안 만감이 교차하고 있었다. 어젯밤 가족회의는 오늘 아침에 어떻게 공항까지 이동할지가 안건이었다. 숙소에서 테르미니Termini 역까지 20분, 테르미니 역에서 공항까지 35분이니 대중교통을 이용하면 1시간 10여 분이 소요되나 비용과 시간과 우리가 움직여야 할 짐을 고려해서 택시를 이용하기로 한 결정했는데, 아주 잘한 결정인 것 같았다.

7월 5일 상해에서 출발해서 시작한 여행의 마지막 지역인 로마의 시내에서 레오나르도 다 빈치 공항Leonardo da Vinci Fiumicino Airport으로 이동하는데, 맑은 날씨에 가족들의 마음도 평온해 보였다. 아마도 가족 전체가 30일간 여행하면서 두 번째 타는 택시여서 그런지 마음은 모두 편해 보였다. 나는 갑자기 레오나르도 다 빈치를 생각했다. 왜 이탈리아에서 공항의 이름을 레오나르도 다 빈치라고 명명했을까?

로마 국제공항은 이탈리아에서 제일 큰 규모의 국제공항으로, 공항의 이름은 지역의 이름을 따서 피우미치노Fiumicino 공항 또는 비행 물체를 세계 최초로 설계한, 이탈리아 출신이자 르네상스가 낳은 최고의 화가인 천재 화가의 이름을 빌려서 레오나르도 다 빈치 공항이라고 불린다.

공항 이름은 지역의 이름을 사용하는 것이 일반적이다. 예를 들면, 런던의 히스로 공항, 독일의 프랑크푸르트Frankfurt 공항, 스페인의 마드리드Madrid 바라하스Barajas 국제공항, 일본의 도쿄국제공항Tokyo International Airport 또는 하네다공항이 그러하다. 대한민국 역시 인천국제공항Incheon International Airport이라고 한다.

이와 달리 프랑스 공항은 전임 대통령 이름을 사용하여 샤를 드 골Charles de Gaulle 공항이고, 이탈리아는 레오나르도 다 빈치 공항인데, 유럽의 어느 국제공항보다 품위와 격조가 있는 브랜드로 볼 수 있었다. 그렇게 생각한 원인 중 하나는 2주 동안 베네치아, 피렌체, 로마 등의 도시를 여행하면서 느꼈던 이탈리아 2000년 역사에 감명하고 문화를 몸으로 체험한 결과일 것이다.

어찌 보면 로마 국제공항 브랜드로 "레오나르도 다 빈치" 이름을 사용할 수 있음은 이탈리아에 대한 고마움보다는 오히려 천재 화가인 레오나르도 다 빈치에게 후손들이 감사한 마음이 들어야 하지 않나 하는 생각을 잠시 해 보았다. 후대 사람들에게도 로마 피우미치노 국제공항이라는 이름보다는 르네상스가 낳은 천재 화가인 레오나르도 다 빈치 공항으로 영원히 불렸으면 하는 생각을 해 보았다.

이런 생각을 하면서 숙소를 출발한 지 1시간이 안 되어서 레오나르도 다 빈치 공항에 도착했다. 공항에서 막 도착해서 우형이가 멋쟁이 로마 기사님한테 "꽌떼<sup>Quant'è</sup>"라고 물어보는데 기사님은 환하게 웃으면서 이탈리아 말이 아닌 영어로 얼마를 내라고 말씀하셨다. 전혀 생각하지 못했던 상황에서도 미소를 잃지 않으시는 기사님의 자세한 안내에 로마의 친절함을 새삼 느낄 수 있었다. 택시 비용을 내고 헤어질 때 기사님은 또 한 번 이탈리아 말로 "아리베데르치<sup>Arrivederci</sup>"라고 하였으며 연이어 "그라치에<sup>Grazie</sup>"라고 말했다. '잘 가라, 고맙다'는 이야기인데 멋진 마지막 인사말이었다.

레오나르도 다 빈치 공항 안으로 들어와서 두바이 항공사 프런트에 가서 두바이 경유 상해행 비행기표를 확인하고 짐을 부쳤다. 특유의 스튜어디스 복장이 눈에 들어왔다. 빨간색 모자와 연한 살색의 의상에 중동 국가 특유의 머리와 얼굴을 감싸는 하얀 히잡이 눈에 띄어, 다른 항공사와 차별되는 의상을 보고 쉽게 두바이 항공 카운터를 찾을 수 있었다.

입국 심사를 통과한 가족 일행은 수많은 외국인을 한곳에서 볼

수 있었으며, 차분하게 두바이행 비행기를 기다렸고, 예정된 시각에 두바이국제공항<sup>Dubai International Airport</sup>에 도착할 수 있었다.

두바이 공항에 도착해서 에스컬레이터를 타고 면세점 구역으로 이동하였다. 이곳에서 4시간 동안 기다리면서 맛있는 음식도 먹고, 화장품도 사고, 선물들을 구매하기로 하였다. 제일 먼저 눈에 들어온 제품들은 아내와 차홍이가 좋아하는 화장품 코너였다. 놀란 것은 환승을 위해서 기다리는 사람들 200여 명 빼고는 매장 직원들이 전부였다. 20년 이상 화장품 관련 비즈니스를 한 내 눈에는 태어나서 처음 만나는 깨끗한 매장이 제일 먼저 눈에 들어왔다. 일반적으로 백화점이나 공항 면세점에는 화장품을 구매하는 고객들이 많기에 매장 내에 고객이 없는 경우는 보기 드물었다. 또 한 번 놀란 건 화장품 매장 구역에 있는 매장 전체가 MD 개편을 했는지 눈에 들어오는 매장 모두가 한 달 전에 설치한 매장으로 보였다.

두바이국제공항에서 휴식을 취하면서 매장구경을 했는데 어느덧 새벽 2시가 다 되어 있었다. 우형이와 나는 에미레이트<sup>Emirrates</sup> 비행기를 타기 위해 자리를 이동했는데, 문을 열면 바로 탑승구가 있는 게 아니라 전철을 타고 한 정거장을 더 가야 탑승구가 있었다. 우리가 도착한 시각은 1시 10분경이었는데 좀 늦은 시간이었다. 차홍이와 아내가 아직 도착하지 않았기 때문이다. 2시 30분이면 정확히 출발해야 하니 시간이 20분 밖에 남지 않았는데, 기다리고 있던 손님 중 50%는 이미 비행기에 오른 상태여서 우리는 안절부절못할 수밖에 없었

다. 그러다가 사람이 안 보일 정도 멀리서 차홍이가 뛰어오는 것을 볼 수 있었다. 정확히 2시 25분에 가족 모두가 비행기에 오를 수 있었다.

이미 비행기 안에는 사람들이 자리를 잡고 있었으며, 우리는 50번째 줄 한가운데 4명의 자리에 앉았다. 국제항공이라서 그런지 자리는 일반 비행기보다 넓고 쾌적했다. 에미레이트 항공기 내에는 좌석마다 개인별 모니터가 있었으며, 이코노미 클래스<sup>Economy class</sup>에는 10.6인치 와이드 스크린 탑재되어 있어 가끔 나오는 기내의 정보를 상세하게 볼 수 있었다. 특히 승무원의 자상한 서비스를 통해서 에미레이트 항공사의 브랜드 인지도를 느낄 수 있었다.

　30일간의 유럽 여행을 마치면서 상해로 돌아오는 비행기 안에서 가족이 많이 피곤해 보였다. 비행기가 새벽에 출발한 것도 원인이었지만 그보다는 쉬지 않고 4시간 넘는 동안 면세점을 쇼핑하는 것이 힘들었던 모양이다. 좌석 옆으로 가족들의 얼굴이 눈에 들어왔다. 왼쪽 옆에는 나의 자랑스러운 딸 차홍이가 피곤한 모습을 보여 주기 싫어서인지 선글라스를 끼고 있었으며, 든든한 아들 우형이는 여전히 취리히의 크로커다일^Crocodile 로드숍에서 구매한 빨간 티셔츠를 입고 피곤하지만, 행복한 얼굴로 나를 보았는데, 표정이 너무도 피곤해 보였다. 그 옆에 아내의 모습이 보인다. 공항 면세점에서 사고 싶은걸 사서 그랬는지 세 사람중에 아내의 표정이 제일 행복해 보인다.

가족 유럽 여행을
마치면서

　1남 1녀의 아빠로서 한 가정의 50대 가장으로서 '가족과 함께한 30일간의 유럽 여행'을 통해서 가족 모두가 거듭날 수 있었다. 빵점 아빠에서 벗어나 가족을 품을 수 있는 용기를 가질 수 있는 여행이었으며, 가족공동체를 통해서 나의 미래와 가족의 행복을 위해서 새롭게 출발할 수 있는 계기는 역시 가족과 함께하는 여행이었다.

　개인의 여행은 자기를 돌아보지만
　가족의 여행은 가족 공동체를 향한 사랑이다.
　특히 가족 여행은 꿈 실현을 위한 강력한 동기 부여이며
　매개체이다.

　이 책이 세상 밖으로 나올 수 있도록 함께 하신 주님께
　감사드립니다.

# 빵점 아빠,
# 가족을 품다

**초판 1쇄 발행** 2016년 06월 22일
**초판 2쇄 발행** 2016년 09월 21일

**지은이** 정운성
**펴낸이** 김양수
**표지 본문 디자인** 이정은          **교정교열** 장하나

**펴낸곳** 도서출판 맑은샘    **출판등록** 제2012-000035
**주소** (우 10387) 경기도 고양시 일산서구 중앙로 1456(주엽동) 서현프라자 604호
**대표전화** 031.906.5006   **팩스** 031.906.5079
**이메일** okbook1234@naver.com   **홈페이지** www.booksam.co.kr

ⓒ 정운성, 2016

ISBN 979-11-5778-137-9 (03920)

*이 책의 국립중앙도서관 출판시도서목록은 서지정보유통지원시스템 홈페이지(http://seoji.
nl.go.kr)와 국가자료공동목록시스템(http://www.nl.go.kr/kolisnet)에서 이용하실 수 있습니다.
(CIP제어번호 : CIP2016014761)